汉语国际教育专业选修课教材

本教材受北京语言大学院级项目资助

对外汉语信息检索

Information Retrieval for International Chinese Education

主编 刘 丽

编者（按作者姓氏笔画排序）

邓亚文 李易宁

杨林坡 何 玲

北京语言大学出版社
BEIJING LANGUAGE AND CULTURE UNIVERSITY PRESS

图书在版编目（CIP）数据

对外汉语信息检索 / 刘丽主编. — 北京：北京语言大学出版社，2013.7

ISBN 978-7-5619-3562-0

Ⅰ. ①对… Ⅱ. ①刘… Ⅲ. ①汉语—口语—对外汉语教学—情报检索 Ⅳ. ①G252.7

中国版本图书馆 CIP 数据核字（2013）第 152106 号

书　　名：对外汉语信息检索
DUIWAI HANYU XINXI JIANSUO
中文编辑：王亚莉　纪　成　　**英文编辑：**孙玉婷
装帧设计：冯志才　　**责任印制：**姜正周

出版发行：北京语言大学出版社
社　　址：北京市海淀区学院路 15 号　　**邮政编码：**100083
网　　址：www.blcup.com
电　　话：发行部　010-82303650 / 3591 / 3648
编辑部　010-82303647 / 3592 / 3395
读者服务部　010-82303653 / 3908
网上订购电话　010-82303668
客户服务信箱　service@blcup.com
印　　刷：北京中科印刷有限公司
经　　销：全国新华书店

版　　次：2013 年 7 月第 1 版　　2013 年 7 月第 1 次印刷
开　　本：850 毫米 ×1168 毫米　1/32　**印张：**9.125
字　　数：232 千字
书　　号：ISBN 978-7-5619-3562-0 / H·13138
定　　价：35.00 元

凡有印装质量问题，本社负责调换。电话：010-82303590

前　言

当今时代，技术不断变革，知识不断更新，信息飞速膨胀，不管是在学术研究、工作还是在日常生活中，每个人都面临着丰富繁杂的信息选择。如果不具有较强的信息意识，不了解各种信息源，不能有效地利用图书馆，不会使用Internet与外界沟通，不能利用现代技术手段快速获取、处理、检索信息，我们就无法充分利用丰富的信息资源。信息素养已成为人们在网络环境中适应能力的决定性因素。

北京语言大学是我国唯一一所以汉语国际教育和对来华留学生进行汉语、中华文化教育为主要任务的国际型大学，留学生人数在学生总数中占了相当大的比重，如何提高我校留学生的整体素质一直是我们思考和关注的问题。信息素养是当代大学生必须具备的基本素质，对于来华留学生而言也是如此。

培养来华留学生的中文信息素养是国际汉语教学的需要，是提高留学生教育质量的需要，也是高校图书馆提升服务能力的需要。信息素养的培养有助于来华留学生提高汉语言综合应用技能，有助于他们的专业学习以及今后的工作与研究，对其在信息社会中的发展具有非常重要的意义。我们在重视语言教学、专业教学的同时，也应将面向留学生的信息素养教育列为留学生综合素质培养的重要组成部分。像培养阅读、写作能力一样，信息素养的提高不是一朝一夕能够完成的。文献检索课是对大学生进行信息素养教育的重要途径。本书编者试图编写一本适合来华留学生的文献检索课教材。

教材共分八章，第一章介绍了信息素养的相关内容及开设文献检索课的必要性，第二章介绍了信息检索的基础知识，第三章介绍了图书及图书馆，第四、五、六章分别从不同的信息需求角度介绍了书刊论文、知识点及网络信息的检索，第七章介绍了对外汉语专题资源的检索，第八章介绍了个人文献信息的管理及学位论文的撰写。

各章节作者如下：

第一、二、三章由邓亚文编写；

第四章由李易宁编写；

第五章由刘丽编写；

第六章由杨林坡编写；

第七章由刘丽编写；

第八章由何玲编写；

附录由刘丽编写；

全书由刘丽统稿。

在本书的写作过程中，得到了单位领导和老师们的大力支持，尤其得益于张凯老师的悉心指导和帮助，在此表示感谢！

尽管经过努力，由于时间紧迫和编者水平有限，本书仍可能存在缺点甚至错误，敬请读者指教。

主编 刘丽

2013年1月18日

目　录

第一章　信息素养

本章提要 ………… 1
1.1 引言 ………… 1
1.1.1 信息、知识与文献 ………… 2
1.1.2 文献的主要类型 ………… 3
1.2 信息素养 ………… 9
1.2.1 信息素养的内容 ………… 9
1.2.2 信息素养的标准 ………… 10
1.2.3 信息素养如何养成 ………… 11
1.2.4 信息素养教育的意义 ………… 12
1.2.5 世界各国信息素质教育的现状 ………… 13
1.3 来华留学生信息素质教育 ………… 18
1.3.1 来华留学生在信息检索能力和信息素养方面的特点 ‥ 18
1.3.2 对留学生开设文献检索课的必要性探讨 ………… 20
思考与练习题 ………… 21

第二章　信息检索基础知识

本章提要 …… 22
2.1 文献信息检索原理 …… 22
2.1.1 什么是文献信息检索 …… 22
2.1.2 文献信息检索的意义 …… 24
2.2 文献信息检索的入口 …… 25
2.2.1 什么是分类语言 …… 26
2.2.2 什么是主题语言 …… 29
2.2.3 其他检索语言 …… 37
2.3 文献信息检索的工具 …… 39
2.3.1 纸本型检索工具 …… 39
2.3.2 数字型检索工具 …… 46
2.3.3 纸本型检索工具与数字型检索工具的比较 …… 49
2.4 文献信息检索过程 …… 51
2.4.1 提出问题 …… 52
2.4.2 分析研究课题 …… 52
2.4.3 选择检索工具 …… 52
2.4.4 选择检索途径 …… 52
2.4.5 选择检索方法 …… 54
2.4.6 优化检索策略，获取原始文献 …… 55
思考与练习题 …… 56

第三章　图书与图书馆

本章提要 …… 57
3.1 图书的演变历程 …… 57
3.1.1 从远古到东汉初年纸发明之前的时期 …… 58

3.1.2 从东汉初期到北宋印刷术发明之前的时期 …… 59
3.1.3 从印刷术发明到20世纪末期 …… 61
3.1.4 从鸦片战争以后到现在机械化印刷术时期 …… 63
3.2 图书的基本知识 …… 64
3.2.1 图书的基本结构 …… 64
3.2.2 图书的类型 …… 66
3.2.3 中国古代典籍之最 …… 66
3.3 图书馆基本知识 …… 70
3.3.1 现代图书馆职能与馆藏特点 …… 70
3.3.2 图书馆之最 …… 76
3.4 图书是如何分类的 …… 77
3.4.1 图书馆文献的分类 …… 77
3.4.2 图书馆目录组织 …… 82
3.5 图书馆里有哪些服务 …… 86
3.5.1 图书馆的内部结构与相互关系 …… 86
3.5.2 图书馆的服务 …… 87
思考与练习题 …… 90

第四章 如何检索书刊论文

本章提要 …… 91
4.1 图书的检索 …… 91
4.1.1 利用工具书检索图书 …… 91
4.1.2 利用网络资源检索图书 …… 94
4.2 期刊、报纸的检索 …… 99
4.2.1 利用工具书检索期刊和报纸 …… 99
4.2.2 利用网络资源检索期刊和报纸 …… 101
4.3 学位论文的检索 …… 116
4.3.1 利用工具书检索学位论文 …… 116

4.3.2 利用网络资源检索学位论文 …………………………… 117
4.4 会议论文的检索 ………………………………………… 122
4.4.1 利用工具书检索会议信息 ……………………………… 122
4.4.2 利用网络资源检索会议论文 …………………………… 124
思考与练习题 ………………………………………………… 128

第五章 如何检索知识点

本章提要 ……………………………………………………… 129
5.1 语词信息的检索 ………………………………………… 129
5.1.1 综合性字典、词典 …………………………………… 130
5.1.2 专门性字典、词典 …………………………………… 134
5.2 百科知识的检索 ………………………………………… 140
5.2.1 《中国大百科全书》及其数字版 ……………………… 140
5.2.2 《不列颠百科全书》及其数字版 ……………………… 145
5.2.3 其他 …………………………………………………… 147
5.3 数据信息的检索 ………………………………………… 149
5.3.1 纸本工具书选介 ……………………………………… 149
5.3.2 数据库资源选介 ……………………………………… 150
5.4 人物信息的检索 ………………………………………… 152
5.4.1 纸本工具书选介 ……………………………………… 154
5.4.2 数据库资源选介 ……………………………………… 156
5.5 机构信息的检索 ………………………………………… 158
5.5.1 纸本工具书选介 ……………………………………… 158
5.5.2 数据库资源选介 ……………………………………… 159
5.6 地理信息的检索 ………………………………………… 161
5.6.1 地名工具书 …………………………………………… 161
5.6.2 地图 …………………………………………………… 164

5.7 不同历法的检索 …… 166
5.7.1 历法 …… 166
5.7.2 不同纪年法 …… 167
5.7.3 年表、历表的使用 …… 168
思考与练习题 …… 170

第六章 如何检索网络信息

本章提要 …… 171
6.1 网络信息资源 …… 171
6.1.1 网络信息资源的特点 …… 172
6.1.2 搜索引擎 …… 172
6.2 搜索引擎举解 …… 174
6.2.1 常用搜索引擎 …… 174
6.2.2 学术搜索引擎 …… 178
6.2.3 学科信息门户 …… 181
思考与练习题 …… 206

第七章 对外汉语专题资源的检索

本章提要 …… 207
7.1 专业工具书 …… 207
7.1.1 字典、词典、手册 …… 207
7.1.2 书目、索引、文摘 …… 212
7.2 专业数据库 …… 216
7.2.1 对外汉语教学数字图书馆 …… 216
7.2.2 语料库 …… 217
7.2.3 翰堂典藏 …… 220

7.2.4 国学宝典 …… 221
7.2.5 Linguistics & Language Behavior Abstract数据库 …… 222
7.3 专业网站 …… 222
7.3.1 语言学相关网站 …… 222
7.3.2 世界汉语教学相关网站 …… 225
7.4 推荐期刊及图书 …… 227
7.4.1 推荐期刊 …… 227
7.4.2 推荐图书 …… 229
思考与练习题 …… 236

第八章 信息资源的综合利用

本章提要 …… 237
8.1 文献信息的管理 …… 237
8.1.1 个人文献信息管理简介 …… 237
8.1.2 个人文献信息管理软件使用介绍 …… 238
8.2 学位论文的撰写 …… 245
8.2.1 学位论文的写作 …… 246
8.2.2 学位论文的格式 …… 248
8.2.3 引文规范与文后参考文献著录 …… 251
8.3 学术规范与知识产权保护 …… 256
8.3.1 学术规范 …… 256
8.3.2 知识产权保护 …… 257
思考与练习题 …… 263

参考文献 …… 264

附录一 常见术语中英文对照表 …… 269

附录二 中国大陆高校图书馆名录 …… 276

第一章　信息素养

本章提要

信息在不同领域有不同的含义，知识是系统化的信息集合，而文献则是知识信息的固化，因此文献检索是对知识信息的检索。信息素养是指一个人收集信息、检索信息和处理信息的能力。信息素养教育在不同国家有不同的标准和内容，在我国，对来华留学生的信息素养教育还在探索之中。

1.1　引言

信息，如同能源和水一样，已成为现代社会人们不可或缺的资源。而信息的分散性和不确定性却长期困扰着我们。网络、电视、图书等各种信息载体时时与我们相伴，每时每刻都影响着我们的思想和行为。我们必须学会在信息的海洋中有目的地搜索和寻找，为自己的学习、工作和生活提供保障。而当那些与信息相关的词汇如信息技术、信息系统、信息管理、信息检索、信息素养等，迎面向我们扑来时，我们需要对它们有一个深入的了解和学习，所以，我们首先必须了解什么是信息。

1.1.1 信息、知识与文献

信息，是个广泛用于各行各业、各门学科的概念。在不同专业领域，信息被赋予不同的含义。全国科学技术名词审定委员会对“信息”的定义是:“以适合于通信、存储或处理的形式来表示的知识或消息。”这是从通信科技的学科领域给的概念。而在管理学领域，“信息”则被认为是“为管理和决策提供依据的有效数据，信息可以和物质、能源相提并论，成为当今社会发展的三大资源”。[①]

不同行业的信息代表的内容也不一样，如商业信息主要指产品价格、供求关系；农业信息主要指粮食及经济作物的产量和价格等等；而在我们学习的语言学领域里，语言信息的处理则是自然语言的自动化信息处理技术，也就是人类语言活动中信息成分的发现、提取、存储、加工与传输。

所以，要定义信息的概念，先要明确我们这门课里所谈到的信息属于哪个学科门类。按照《中国图书馆图书分类法》对学科门类的界定,“信息检索”应该属于“图书馆学、情报学”这个学科门类。因此，我们这里的“信息”应该属于“图书馆学、情报学”范畴，它以文献信息为主要形式，包括各类型纸质文献、电子文献、网络知识单元、媒体资源等用户可以通过阅读、收听、收看等方式接收到的信息。

在图书情报学领域里，信息与其他物质相比，有其独特的性质：

（1）共享性。信息的共享与其他物质的共享是不一样的。例如，我有一个苹果，他有一个梨，如果我们要共享，必须我把苹果分给他一半，他把梨分给我一半，即我们都必须以一部分物质的消失为代价，来共同分享，这就是物质的共享。但是，信息的共享则不

---

① 笪佐领等主编.网络信息检索及应用教程[M].南京:南京大学出版社，2011.

同，如果我有一个信息，我告诉了别人，别人也将一个信息告诉了我，我们不仅谁都没有丢失原来的信息，而且能同时知道两个信息，这就是信息的共享。同一内容的信息可以在同一时间或不同时间里被多个信息用户使用，信息的总量不仅不会因为用户的增多而减少，相反，信息的共享程度越高，信息所发挥的作用就越大。如在网络上，一篇微博被多次分享后，发挥的能量是惊人的。

（2）附加性。信息必须借助于某种符号，并且承载于一定的载体上才能被表现和传递，不同符号、不同载体上所附加的信息不会随着符号和载体的变化而变化。比如，一种信息可以用汉语、英语或其他别的语言表达，而这些语言所表达的信息既可以承载于纸张上、胶片上，也可以存在于声波、电磁波等不同的载体媒介中，这些载体的变换并不能改变信息所传递的内容。

知识是人类对自然界和人类社会的规律产生的认识，是人的大脑通过思维重新组合的系统化的信息的集合。因此，知识是信息的一部分，它源于信息，高于信息，是经过加工的信息。人类不仅能通过信息感知世界、认识世界和改造世界，而且还能将获得的信息转化成为知识，将知识转化为智慧，从而使知识成为经济发展的重要动力。

文献是知识的固化，是人们将长期积累的知识通过一定的语言符号记录在某种物质载体上，使得知识通过文献载体得以传递，从而实现信息的可传递性。因此，文献的价值在于它的信息属性，而非载体本身。例如，同一本书的平装版和精装版比较起来，虽然价格有差异，但是其信息价值却毫无差异。

1.1.2 文献的主要类型

中国历史上“文献”一词最早出现在《论语·八佾篇第三》：“夏

礼，吾能言之，杞不能征也；殷礼，吾能言之，宋不能征也。文献不足故也，足，则吾能征之矣。”即孔子说：“夏朝的礼，我能说出来，但夏的后代杞国不能提供足够的证据来证明；商朝的礼，我能说出来，但商的后代宋国不能提供足够的证据来证明。因为这两国的典籍不足，了解夏礼、殷礼的贤人也太少。如果有记载夏礼、殷礼的典籍和熟悉夏礼、殷礼的贤人，我就能证明我所说的夏礼、殷礼了。”这段文字也说明了文献对于文明传承的重要意义。如果没有文献，祖先所积累的知识和文明我们无法继承，人类社会也无法向更高阶段发展。

（1）文献按照其载体形式的不同，主要有以下几种：

① 原始文献

文明社会早期，人们将信息记录在一些特有的物质载体上。例如，作为四大文明古国之一的中国，在商周时代就有刻在龟甲和兽骨上的文字——甲骨文；刻在青铜等金属器皿上的文字——金文；还有刻在石头上的文字；后来出现了以竹简、木牍等为载体的文献，国外还有羊皮文献、泥版文献等。这些文献的载体都十分厚重，搬运十分不便，因此也制约了文献信息的传递，使得知识成为少数人的财富，社会文明的发展也十分缓慢。

② 纸质文献

造纸术是中国古代的四大发明之一。蔡伦是中国东汉时期的一名宦官，他在民间经过多次的观察和实验，在总结和创新的基础上最终发明了造纸术，用树皮、鱼网和竹子压制成纸。造纸术的发明彻底改写了后世中国乃至世界的历史，也是人类文化史上的一个重大里程碑。纸质文献轻便、易于携带，且价格低廉，可以大量生产，因此，造纸术普及之后文献的传播速度和传播空间上升到前所未有的高度，知识不再成为少数特权阶层的财富，普通人也能享用到知识，文明社会的发展实现了飞跃。

纸质文献还分手写文献和印刷文献两个时期。印刷术发明之前，人们一般将信息用笔墨记录在纸张上，文献的生产周期长，在传播的过程中，由于抄录者的个人原因，容易出现谬误，文献传播的信息准确度受到干扰。后来人们从石刻和印章中得到灵感和启发，发明了印刷术，包括雕版印刷和活字印刷，印刷术也是中国古代的四大发明之一。印刷术的发明，使得文献的传播量得以激增，同时传播信息的准确度得以提高，人类文明进入一个新的时期。时至今日，印刷术已发展成激光照排、电脑印刷，印刷文献是目前人类历史上传播知识信息最主要的文献形式。

③ 缩微文献

它是以感光材料为载体，以照相为记录手段而形成的一种文献形式，包括缩微胶卷、缩微平片、缩微卡片等。缩微型文献的优点是体积小、便于收藏和保存、价格便宜等，但阅读需要有较复杂的阅读设备来支持。目前在整个文献体系中，所占数量较少，在一般的图书馆入藏也较少。

④ 声像文献

它是以磁性材料或感光材料为载体，以磁记录或光学技术为手段直接记录声音、视频、图像而形成的一种文献，如唱片、录音录像带、幻灯片、电影等。其优点是生动直观，缺点是成本较高而且不易检索和更新。

⑤ 数字文献

数字文献，又叫电子文献，指一切以数字形式生产和发行的信息资源。数字资源中的信息，都是以数字代码方式存储在磁带、磁盘、光盘等介质上，通过计算机输出设备和网络传送出去，最终显示在用户的计算机终端上。数字文献资源作为一种新型的信息资源，具有数据量大、内容丰富、形式多样、出版更新快等特点，它已成为当前除印刷型文献之外最重要的文献载体形式。

（2）文献按照其出版形式划分，有以下类型：

① 图书

图书是以传播知识为目的，用文字或其他信息符号记录于一定形式的材料之上的著作物。它一般有封面、书名页、目次、正文，并装订成册。

图书一般分为普通图书和工具书两种。普通图书又称阅读用书，包括教科书、专著、科普读物、文艺作品、专辑、论丛、多卷书和丛书等。这种书一般提供完整性、系统性、连续性的知识，可供读者系统阅读或精读。工具书专供人们在日常学习或工作中检索文献时参考，其范围广泛，涉及科学的一切领域。从其内容、用途和编排方式看，大致包括指南、百科全书、年鉴、手册、辞典、年表、统计数据汇编、地图、图谱、人名录、地名录以及索引、目录、文摘等。

② 期刊

期刊是指有固定名称、统一的出版形式和装帧，有一定的出版规律，按一定的编号顺序连续出版下去的一种出版物。期刊大多刊载原始材料，内容新颖，反映的信息迅速及时。期刊的种类繁多，按出版周期可分为旬刊、半月刊、月刊、双月刊、季刊、年刊等；按内容则分为学术性期刊、报道性期刊、检索性期刊及各种大众性期刊等。

③ 报纸

报纸是以刊载新闻和时事评论为主的、定期连续向公众发行的出版物，是重要的舆论工具。报纸按出版周期分有日报、周报等；按出版时间分，有早报、午报、晚报等；按内容分，有综合性报纸和专业性报纸等。期刊和报纸又统称为连续出版物。

④ 会议论文

会议论文是产生于会议过程中的一系列信息资源的集合体，主要指在国内外学术会议上参加交流和发表的论文与报告。会议文献的特点是内容新。各学科中的最新发现及研究成果，有很大一部分是通过会议文献向社会公布的。它能反映具有代表性的观点，有时能透露一些内部情况或正在进行中的研究情况。这类文献一般不公开发行，或者部分公开发行。

⑤ 学位论文

学位论文是高校或研究机构的本科生、研究生为了取得学位而撰写的学术论文，分学士论文、硕士论文和博士论文。学位论文是在导师的指导下，花了很长时间写成的研究论文，有的后来发展为一本专著。

⑥ 政府出版物

政府出版物是由政府机构包括国际组织（如联合国、欧盟、世界贸易组织等）及其所属机构发表、出版的各种文献资料。它涉及政治、经济、军事、文化等各个方面，具有政治性、权威性等特点。按其内容可分为行政性文献（如政治法律文件、政府决议报告等）和科技文献（如统计资料、科技报告、科普资料等）两大类，其中科技文献约占 30% 到 40%。

⑦ 档案文献

档案文献是指个人或组织在各种实践活动中形成的一些具有保存价值的文档，如收发电报的记录、会议记录、电话记录、人事档案材料、领导批文、报告、照片等。

⑧ 专利文献

专利文献是指专利发明人呈交的说明该项发明的目的、技术梗概和专利权限等的专利申请书和专利说明书以及专利主管部门审查批准后予以公布的专利公报等。

⑨ 标准文献

标准文献是指对产品与设备零部件及工程建设的质量、规格、参数及其检验方法等所做的技术规定，是从事科研、设计和生产建设工作必须遵循的技术法规。

（3）文献按信息的加工形式划分，有以下类型：

① 零次文献

严格意义上的零次文献并非文献，它只是一种特殊形式的情报信息源，指未来得及记录下来、尚未发表或不适合公开和大范围交流的比较原始的素材、底稿、手稿、文稿、原始统计数字、工程工艺图纸、实验记录以及各种口头交流的经验、意见和各种操作示范性方面的知识等。零次文献一般是通过口头交谈、参观展览、参加报告会等途径获取，不仅在内容上有一定的价值，而且能克服文献从信息的客观形成到公开传播之间费时甚多的弊病。

② 一次文献

一次文献即原始文献，指以科学研究、工作实践中的新成果、新知识和经验总结为根据而创作产生的文献，如专著、学术论文、调查报告等，这是最基本的文献信息源。其特点是具有创造性，有较高的理论价值和使用价值。

③ 二次文献

二次文献也叫检索型文献，指根据实际需要，按照一定的科学方法，将在特定范围内分散的一次文献进行加工整理而形成的文献，如书目、索引和文摘等。其特点是比较全面、系统地反映某学科、某专业文献的线索，是检索一次文献的工具。

④ 三次文献

三次文献也叫参考性文献，指通过二次文献提供的线索，选用一次文献内容，进行分析、综合后而编写的文献，如动态综述、专题述评和进展报告等。其特点是高度浓缩和深度加工，是知识在更高层次上的网络化和综合化。

1.2 信息素养

人们对于文献信息资源的使用能力可以用信息素养来加以评判。在今天的信息化社会，文献信息的使用能力成为人们不可或缺的能力之一，因此，信息素养已经成为人们在信息社会生存、学习、发展的重要能力与基本素质，是衡量个人综合素质高低必需的重要指标。

1.2.1 信息素养的内容

信息素养不是人与生俱来的能力，需要后天的培养和教育。人们普遍认为，信息素养的教育应该包含以下内容：

（1）信息意识教育

信息意识通常指当我们面对不懂的东西时，能积极主动地去寻找答案，并知道到哪里、用什么方法去寻求答案。信息意识具有很强的主观能动性，是产生信息行为的前提。信息意识具有一些外在的表现形式：对信息的感受力、持久的注意力、判断力和观察力等。通过信息意识的教育，人们对于信息的捕捉会更加敏感，注意力也将更加持久，并且在面对纷乱无序的信息时，能够做到去伪存真、去粗取精，进行信息的识别和选择，从而较快地做出反应。

（2）信息能力教育

信息能力是指人们对信息系统的利用以及获取、分析、加工、评价和创造新信息、传递新信息的能力。这是信息时代重要的生存能力，也是信息素养教育的核心部分，是衡量一个人信息素养水平最直接、最明显的标准。具体而言，信息能力的教育是要培养人们的信息获取能力、信息评价能力、信息组织能力、信息利用能力和信息交流能力。对学生信息能力的教育，能让他们在纷繁复杂的信息海洋中以最便捷的方式获取有价值的信息，并对信息进行客观的评价，用科学的方法来组织和分类信息，使信息真正成为科学研究、工作学习的重要工具。

（3）信息道德教育

信息道德是调节信息生产者、信息传递者及信息使用者之间相互关系的行为规范，是法律和道德对于信息使用者和使用行为的约束。实施道德教育能使人们在信息活动中遵循一定的信息伦理与道德准则，规范自身的信息行为。尤其在信息技术高度发达的当今社会，不良信息泛滥、信息侵权行为甚至信息犯罪也时有发生，所以信息素质教育应该加强信息道德教育，避免在实践中发生不必要的纠纷。

1.2.2 信息素养的标准

根据由北京图书馆学会制定并于 2005 年发布的“北京地区高校信息素质能力指标体系”，信息素养的标准可以从七个维度来进行衡量：

维度一：能够了解信息以及信息素质能力在现代社会中的作用、价值与力量。

维度二：能够确定所需信息的性质与范围。

维度三：能够有效地获取所需要的信息。

维度四：能够正确地评价信息及其信息源，并且把选择的信息融入自身的知识体系中，重构新的知识体系。

维度五：能够有效地管理、组织与交流信息。

维度六：能够有效地利用信息来完成一项具体的任务。

维度七：了解与信息检索、利用相关的法律、伦理和社会经济问题，能够合理、合法地检索和利用信息。

信息素养的标准在世界各国的要求是不一样的。如美国大学与研究图书馆协会（Association of College & Research Libraries，ACRL）的《高等教育信息素质能力标准》侧重于衡量高等教育中个体信息素质能力的表现。它以美国图书馆协会（American Library Association，ALA）对信息素质的界定为基础，提出了5条标准，依次为：确定所需信息的性质与范围；有效、高效地存取所需信息；批判性地评价信息及其来源并将所选择的信息纳入自己的知识基础与价值系统；单独或作为小组成员有效地利用信息以达到特定的目的；理解围绕信息利用的许多经济、法律以及社会问题，合乎道德和法律地存取与利用信息。

1.2.3 信息素养如何养成

开展信息素养教育是信息素养最主要的培养方式，这种教育是多层次和多角度的。

从纵向而言，信息素养的教育贯穿于国民教育的小学、中学和大学阶段。2000年11月，在全国中小学信息教育会议上，教育部部长陈至立宣布，教育部决定从2001年起用5至10年左右时间在全国中小学基本普及信息技术教育，全面实施“校校通”工程。2002年2月，教育部颁布的《普通高等学校图书馆规程（修订）》总则第3条明确规定，当前高等学校图书馆五项主要任务之一就是：开展信息素质教育，培养读者的信息意识和获取、利用文献信息的能力。[①] 由此可见，信息素养的培育需要一个连续渐进的教育体系，在这个

① 王彩.中外信息素质教育现状比较研究[J].江西图书馆学刊，2005（3）.

教育体系中，高等学校的图书馆起着金字塔塔尖部分的重要作用。

从横向而言，信息素养的教育是多方面的，既有信息技术的培养，又有信息能力的发掘，还有学科专业的融合，不同学科专业人才的信息素养教育也是有差别的。各高校所开设的“医学文献信息检索”、“工程学文献信息检索”、“化工生物文献信息检索”、“社科文献信息检索”等，这些不同的文献检索课所针对的学习对象是不一样的。因此，信息素养的教育离不开学科专业的渗透。

1.2.4 信息素养教育的意义

开展信息素养教育具有很重要的意义。信息素养教育可以培养学生独立自主的学习能力。具备良好信息素养的人也是善于自主学习的人，而独立自主地学习正是创新人才应具有的基本素质。

信息社会要求人们不断地应对和处理各种新的挑战与危机，信息量的增加要求人们必须学会对信息进行选择和判断，以掌握新的知识。信息更新速度的加快使学习阶段和工作阶段的划分成为历史，学习成为贯穿一个人一生的事情。这意味着学习将变得比以往任何时代都重要。

在科学技术迅速发展和信息资源急剧扩张的情况下，知识老化周期加速，一个大学生无论他所学的专业知识多么现代化，若干年后，都会碰到相对应用领域专业知识过时的问题。据美国工程教育协会统计：美国大学毕业的科技人员所具有的知识，只有 12.5% 是在大学阶段获得的，而 87.5% 则来自工作实践。随着信息技术的广泛应用，学生不再是被动地接受知识，而是应主动地获取知识。网络环境下的自主学习更需要主动地、独立地、个性化地获取信息，所以要求学生在信息时代的新学习模式中，必须注意培养和提高自己独立学习的能力，即从“学会”转向“会学”。大学生只有通过信息素质教育，才能够主动地去获取各种信息，才能够不受时空的限制，顺利达到终身教育的目的，才能在激烈的竞争环境中立于不败之地。

因此，信息素养教育可以提升个人的学习能力，培养具有创新精神、探索未知世界能力的人才。

1.2.5 世界各国信息素质教育的现状

当今信息时代，全球都在广泛地推进信息素质教育。随着人们对知识信息的需求不断扩大，信息作为一种战略资源在未来的科学技术和经济社会的发展中扮演着至关重要的角色。在激烈的国际竞争中，谁能更多、更快地占有信息资源并能有效地开发和充分利用信息，谁就能取得国际竞争的优势，创造经济奇迹。信息资源的开发和利用已经成为经济社会发展的重要推动力，信息素质的高低直接影响到信息资源的开发和利用。因而，世界各国都非常重视国民的信息素质教育。

在 20 世纪 90 年代，率先开展信息素质教育的国家主要有美国、英国、加拿大、澳大利亚、新西兰等，2000 年以来，更多的国家如德国、新加坡、南非、西班牙、瑞典、墨西哥等也加入到了这一行列。许多国家还专门制定了高等教育的信息素质教育标准。除美国大学与研究图书馆协会（ACRL）制定了“高等教育信息素质能力标准”（Information Literacy Competency Standards for Higher Education）以外，英国大学图书馆学会（Society of College, National and University Libraries，SCONUL）、澳大利亚大学图书馆员协会（Council of Australian University Librarians，CAUL）等都制定了标准。

（1）美国的信息素质教育

美国是世界上信息产业最发达的国家，也是社会信息化程度最高的国家，随着信息产业成为国家的主导产业，以及信息技术对国民生活和基本社会活动能力影响的加深，美国成为世界上最早对中小学生开展信息素质教育的国家，并制定了较完备的信息素质教育政策。

1994 年美国政府制定的《2000 年目标：美国教育法》，要求学生对各种信息的理解及信息检索、收集、组织、处理都要达到相当高的水准。在这项政策的指导下，美国的信息素质教育开始迅速发展，许多地方性的政策也相继出台。美国图书馆联合会和国家信息素质论坛在推动信息素质教育方面做出了巨大贡献，大学也将信息素质教育视为 21 世纪学生们必备的生存技能，形成了系统的教学计划和课程。

1997 年，克林顿提出了美国教育行动纲领：让每一个青少年 8 岁能阅读、12 岁能上网、18 岁上大学；让每一位成年美国人都能进行终身学习。美国政府同时投入巨资加强信息素质教育所需的软硬件建设，仅在 1998 年就投入了 510 亿美元用于学校计算机及网络建设。2000 年美国实现了 95% 的中小学和 72% 的教室连接互联网，平均每 5 位学生拥有一台计算机。

20 世纪 90 年代以后，美国大学信息素养教育在教学内容和方法上都有了深入研究，并且在全美大学都得到实施，在世界范围内处于领先地位。同时美国大学图书馆在信息素质教育中的重要作用与地位越发凸显出来。其中基于 Web 的在线信息素质教育已经逐渐成为美国大学图书馆信息素质教育的主要形式，如 TILT（Texas Information Literacy Tutorial）是由德克萨斯大学系统数字图书馆帮助开发的信息素质教育在线指南，是目前使用范围最广、评价最好的美国在线信息素质教育指南之一。

总之，美国的信息素质教育注重人文和社会因素，以信息获取和信息组织为基础，以社会道德、法律意识和创造性能力的培养为核心。

（2）英国的信息素质教育

英国的信息素质教育历史也比较早。1981 年在英国的牛津召开了第二次国际会议，研讨各级各类图书馆的用户教育。从体系而言，英国的信息素质教育在初等和中等教育中开展得较好。英国在 20 世纪 80 年代开展了 3 次大规模的研究活动来讨论如何进行信息技能训练问题。1988 年的《教育改革法》将“信息技术课”列入国家统一课程。1998 年的政府政策宣言——《我们的信息时代》拟定了中小学信息教育目标和课程评价标准，规定把国拨经费中的 6% 作为学校的微机购置费，以保证英国 20% 的中小学校上网、每 18 名学生拥有一台计算机。根据规划，到 2002 年英国学校里每 4 名学生拥有一台计算机。英国联合信息系统委员会又在曼彻斯特城市大学图书馆和利兹大学图书馆的协助下开展了 The Big Blue 的研究项目，为英国的高等教育和 16 岁以上的社会成员的信息素质教育提出建议，并建立了自己的信息素质教育模式。

（3）法国的信息素质教育

法国于 1985 年在小学新设了“科学与技术”课，规定从第四学年开始在“科学技术”学科中将“计算机入门”作为必修课，高中一、二年级开设管理和信息课程。1998 年法国教育部又宣布了多媒体教学发展计划，计划到 2000 年，从幼儿园到大学的每个学生都要加入多媒体教育活动。幼儿园儿童学习计算机图画与操作，小学低年级学生学习使用 Web 网络服务器，初中学生学习在因特网上进行操作。2000 年起法国已把信息素质教育普及到高中。

（4）德国的信息素质教育

德国在 20 世纪 80 年代初进行了以教育现代化、信息化为中心的课程改革，增加了新技术教育的内容。1996 年，德国议会通过了世界第一部《多媒体法》，之后政府和企业联合实施“中小学联网”计划，拟定 20 世纪末使 1 万所中学加入互联网络，让大批师生步入计算机时代，以快速培养和提高学生的信息素质。

（5）澳大利亚的信息素质教育

在澳大利亚，教育部部长卢比指出，未来社会是信息化社会、信息化文化、信息化工作的时代，教育应着重培养七项“学以致用”的关键能力，排在首位的即收集、分析、组织信息的能力，其他还有表达想法与分享信息的能力、规划与组织活动的能力、团队合作的能力、应用数学概念与技巧的能力、解决问题的能力和应用科技的能力。澳大利亚高等教育委员会 1994 年发表了一份题为《在大学教育中培养终身学习者》的报告，也将信息素质作为培养终身学习能力的基本要素之一。2001 年澳大利亚大学图书馆员委员会发布了《信息素质标准》，2004 年澳大利亚和新西兰的信息素质学会联合发布《澳大利亚和新西兰信息素质框架》，制定了信息素质教育的原则、标准和实践方案，以支持教育部门开展信息素质教育。

（6）日本的信息素质教育

日本是亚洲最早重视学生信息素质教育的国家。1985 年，日本“回应信息化社会的初等、中等教育和各方调研协作会议”提出了信息教育的必要性。1991 年 7 月公布了《信息教育指南》，详细规定了学生应具有的“信息运用能力”的内容。1996 年 7 月，日本中央教育审议会议首次在咨询报告《展望 21 世纪日本的教育发展趋势》中详细论述了信息化教育，提出着眼于“信息社会对人才培养的要求及基础教育现实发展中存在的问题”，把培养学生的“生存能力”和“信息综合利用能力”作为 21 世纪教育的发展方向。1998 年 7 月，日本教育课程审议会议发表题为《关于教育课程基本的方向》的咨询报告书，进一步以法规形式明确了信息教育的有关细节。1998 年，中小学计算机的普及率已达到 21%，联网率超过 10%，而目前各类学校的因特网入网率基本上达到 100%。每年一度的信息学水平考试，已成为仅次于高考的全国第二大考试。

日本的信息素质教育根据不同的层次结构实施不同的教育内容，其中，小学和初中信息素质教育的定位为：小学——社会课注重文献资料的收集、运用、整理，算术课培养学生对数量、图形的感觉，并提高运用图表的能力；初中——在社会、数学、理科课程中，重视应用计算机及网络通信的能力，在技术家庭课程中，信息与计算机教育融入其中，同时要求学校实施计算机教学，使学生能积极地运用计算机和因特网。

日本的教育课程审议会还将高中信息课设为必修课，以法规形式明确了信息教育的有关细节。日本的大学信息素质教育可以分为两种，一种是大学教学计划内的“信息相关课程教育”，另一种是图书馆承担的“读者教育”。这两种教育模式在日本大学中共存，分别承担不同的教学任务，发挥各自的优势，共同提高大学生的信息素质。

（7）新加坡的信息素质教育

新加坡提出资讯科技教育的主要目标就是培养学生的创意思考能力，鼓励学生独立学习，掌握寻找全球资讯的能力，确保每个学生有机会接触资讯技术，并于 1996 年推出全国教育信息计划，投资 20 亿美元，使每间教室连通因特网，做到每两位学生一台微机。

（8）印度的信息素质教育

印度在 1998 年就宣布要成为“全球信息技术超级大国”和“信息革命时代先驱”。经过多年努力，印度重视信息教育和信息产业的政策取得了惊人成效，为这个亚洲大国注入了活力。

1.3 来华留学生信息素质教育

进入 21 世纪以来，随着我国综合国力的日益增强，中国这个古老神秘的东方大国吸引了全世界的目光，越来越多的外国留学生跨进了中国的校园。据教育部统计，2012 年共计有来自 200 个国家和地区的 328, 330 名各类外国留学人员分布在全国 31 个省、自治区、直辖市的 690 所高等院校、科研院所和其他教学机构中学习（以上数据均不含台湾省、香港特别行政区和澳门特别行政区），比 2011 年增加了 35, 719 人，增长比例为 12.21%。[①]

权威部门的统计显示：从学习期限分析，来华留学生中，长期生约为短期生的 3 倍；从来源国分析，亚洲生源占全部来华留学生的 74.33%，并且，来华留学生人数排在前五位的国家分别为韩国、日本、美国、越南和印度尼西亚；从学科类别分析，汉语类留学生最多，占 60%，其次是医科、经济、管理等类别。

1.3.1 来华留学生在信息检索能力和信息素养方面的特点

（1）汉语基础较好。来华留学生，绝大部分是来自亚洲国家学习汉语的中、长期生。由于亚洲国家的文化共性，他们大多具有一定的汉语基础，对中文图书有基本的阅读能力。多数留学生来华学习中文等与中国文化有关的知识，他们所借阅的文献以中文文献为主，母语文献次之。留学生在入学时，都要求具有一定的汉语水平，如北京语言大学规定："凡申请汉语言专业或中国语言文化专业本科的学生必须提供 HSK（初、中等）3 级以上（含 3 级）证书。" HSK，即汉语水平考试，是为测试母语为非汉语者的汉语水平而设立的标准化考试。HSK（初、中等）3 级以上的测试者，其掌握的汉语词汇

① www.moe.gov.cn/publicfiles/business/htmlfiles/moe/s5987/201303/148379.html

量一般都能达到 1,000 个以上。

（2）留学生对于文献出版形式的选择有很大的倾向性。留学生对于出版形式不同的文献，有不同的借阅需求，多偏重于报刊文献，少光顾图书专著和工具书。报刊文章，尤其是新闻类的报刊和大众化杂志所含的信息与生活贴切，文字浅显易读，容易领会，所以留学生对于报刊杂志更为青睐。相比而言，学术性期刊与图书专著这类文献知识密集，文字相对晦涩，对于初步掌握了汉语的留学生而言，不易读懂，所以这类文献的需求量较小，一般是来华留学的研究生读者借阅。

（3）东西方留学生对文献机构的认识存在着很大的差异。东方留学生，主要指来自亚洲各国的留学生，包括韩、日、泰等国的学生，只在老师布置了学习任务时，才对图书馆文献有所需求。而多数来自西方国家的留学生，在进校时，就将图书馆作为他们获取信息的主要场所，不管是借阅图书，还是浏览新闻，甚至是咨询一些生活等方面的问题，都习惯到图书馆解决问题。这与世界各国对信息素质教育的培养习惯有关。美国等西方国家，社区图书馆非常便利，而且会举办各种活动，吸引孩子们来到图书馆，从儿童时期起，就培养孩子们自主利用图书馆，让他们学会从各种工具书中找到问题的答案。相比较而言，东方留学生更乐于接受文献信息检索的指导。

（4）留学生对于传统工具书等信息源的使用较少，而网络信息的检索能力稍强。受教育背景的制约，留学生对中文工具书的使用不如其对中文网络资源的使用。由于语言上仍然存在着一定程度的障碍，同时缺乏深厚的中华文化背景知识以及对于中国国情还不十分了解，留学生对绝大部分的中文工具书缺乏起码的了解，对蕴含中华文化精华的传统典籍相当陌生；而另一方面，他们对于网络技术的运用却相对熟练，尤其对于谷歌、雅虎等搜索引擎的使用较多，但是对中文关键词的选取以及检索结果的分析能力较差。

（5）留学生在图书馆的利用方面存在着一定的障碍。多数留学生都是第一次来中国学习，高校图书馆也许是他们踏上中国以后进入的第一个文献机构。他们对中国图书馆的分类、排架以及馆藏目录的检索都未接触过，当他们在表达文献需求时，由于语言的原因，与馆员的沟通很受限制；另一方面，与中国学生不同的是，他们的团体相对比较弱小，一般都是同母语的学生聚在一起，用母语讨论问题，因此他们获取帮助的渠道有限。这些都成为他们在利用图书馆方面的障碍。

1.3.2 对留学生开设文献检索课的必要性探讨

越来越多的来华留学生渴望对博大精深的中国文化有更深的了解，除了课堂上教师所传授的知识外，同中国学生一样，他们也需要寻找教材以外的参考文献，来融会贯通所学课程；也需要图书馆提供更多的文献服务；更需要信息源的指引和信息检索技能的提高。因此，高校开设的文献检索课，不应将他们排斥在外。对留学生开设文献检索课，其意义在于：

（1）提升高校留学生教育的层次，推进高校教育的国际化水平。近年来，高等教育国际化成为一个新的趋势。国际化大学不仅体现在留学生人数的增多上，也要体现在教育质量的层次上。只有一流的规模和质量，才能吸引一流的生源。文献检索课，作为一门培养创新型和信息型人才的课程，具有很高的研究层次，为留学生开设这样的课程，既能提高留学生的教育质量，又能提升高校的国际化水平。

（2）提高高校图书馆的服务能力，促进图书馆的跨文化交流。高校国际化的发展趋势使图书馆面临着的一个重要考验就是：如何在国际化环境中提升信息服务的能力。在图书馆中，文化是一个十分重要的因素，而来自不同文化背景的读者对图书馆有着不同的文化需求。馆员与不同国家的学生之间如何有效地进行交流，取决于两个方面，一是图书馆的服务能力，即它是否能带给读者高质量、高效率、具有国际水准的信息服务；二是留学生读者的信息素养，即他们对于图书馆的认可度以及自身的文献信息检索能力。

思考与练习题

1. 信息、知识和文献的区别是什么？
2. 按照出版形式分，文献有哪些类型？
3. 信息素养教育包含哪些内容？
4. 为什么要进行信息素养教育？

第二章　信息检索基础知识

本章提要

文献信息检索是以文献为对象，查找某个课题有关文献的一种检索。检索的基本原理，其实是包括了存贮和检索两个过程的。文献信息检索的入口主要有分类途径和主题途径等，检索工具包含纸本型和数字型两种，纸本型的检索工具主要指书目索引、字典、词典和百科全书等工具书，数字型检索工具则指文献数据库和搜索引擎等检索工具。

2.1　文献信息检索原理

2.1.1　什么是文献信息检索

文献信息检索，是指将文献信息按一定的方式组织和储存起来，并能根据用户的需要取出所需特定信息的整个过程。它的全名为信息存储与检索。通常所说的信息查询或检索只是名称的后一半，或是“狭义”的信息检索。文献检索是以文献为对象，查找某个课题有关文献的一种检索。文献检索又可以分为数据检索和事实检索：数据检索是以文献中的数据为对象的一种检索，如某公式、某化学分子式等；事实检索是以文献中的事实为对象，如检索某一事物发生的时间、地点或过程。用检索标识与文献的存储标识做对比，如果能够取得一致，就叫“匹配”，就可得到“命中文献”。

文献信息检索的实质是，将反映特定需求的提问概念与检索工具中的存储标识概念进行比较匹配，两者一致或信息标引的标识包含着检索提问标识，则含有该标识的信息就从检索工具中输出。

文献信息检索的基本原理，其实是包括了存储和检索两个过程的。存储是指对一定数量的信息或从文献中摘出的知识信息进行组织、加工、整序[①]并将之存贮在某种物质载体上，编制成检索工具或组织成检索系统。检索则是根据特定的需要，利用一定的检索工具和检索手段，把所需要的文献线索或知识信息从检索系统中查找出来的过程。存储和检索是互相联系、不可分割的，存储是检索的基础，检索则是存储的逆过程。我们在检索时必须采用与存储同样的方法、同样的思路进行才能达到检索目的。

文献信息检索的过程可用图 2-1 表示：

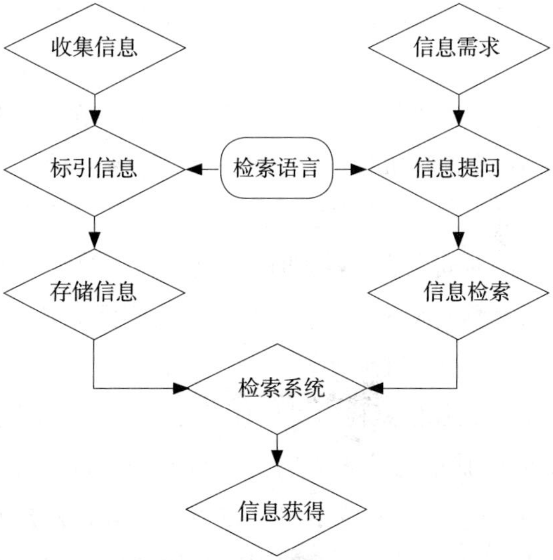

图 2-1　文献信息检索的过程

① 信息整序，是指采用各种方法和手段使信息有序化的过程。

2.1.2 文献信息检索的意义

学习文献信息检索，提高检索能力，对于个人的学习和研究有着极其重要的作用。

首先，学习文献信息检索，可以节省查找文献信息的时间，提高学习效率。现代社会里信息量之大，令人难以想象。据联合国教科文组织统计，人类近30年来所积累的科学知识占有史以来积累的科学知识总量的90%。英国技术预测专家詹姆斯·马丁测算：人类知识在19世纪是每50年翻一番，20世纪初是每10年翻一番。如今全世界每年出版大约100万种新书，平均每本300页。1999年，全世界还出版了25亿张CD光盘，拍出4,250部电影，网上流通了6,000多亿封电子邮件。2000年，全世界发表的科学论文就有一亿篇。2006年，全球互联网的网页总数在1,200亿左右。人们对于信息的选择、获取以及整合能力极大地影响着他在社会上的生存和发展。

据美国科学基金会统计，一个科研人员花费在查找和消化科技资料上的时间占全部科研时间的51%，计划思考占8%，实验研究占32%，书面总结占9%。由上述统计数字可以看出，科研人员花费在科技出版物上的时间占全部科研时间的60%左右。如果科研人员掌握好科学的文献信息检索方法，就可以缩短查阅文献的时间，获取更多的文献信息，提高科研效率。

其次，学习文献信息检索可以促进专业学习，实现终身学习。掌握了科学的文献信息检索方法，我们可超越教学大纲，到更广的知识领域中去，促进专业学习。在当代社会，科技的迅速发展使知识的总量呈指数增长，而知识的陈旧速度也明显加快，人们需要终身学习，不断更新知识，才能适应社会发展的需求。掌握了科学的文献信息检索方法，在研究实践和生产实践中根据需要查找文献信息，就可以无师自通，很快找到一条吸取和利用大量新知识的捷径。

第三，学习文献信息检索，可以拓宽学习思路，为研究提供参考内容。文献资料反映了国内外研究学术思想和最新成就，是我们了解科研前沿动向并获得新情报新信息的有效途径。通过检索文献资料，研究者可以了解国内外最新的理论、手段和研究方法，从过去和现在的有关研究成果中受到启发，使研究范围内的概念、理论具体化，而且为更科学地论证自己的观点提供有说服力的、丰富的事实和数据资料，使研究结论建立在可靠的材料基础上。研究者充分占有材料，可以避免重复前人已经提出的正确观点，把握研究中可能出现的差错，并为解释研究结果提供背景资料。

2.2 文献信息检索的入口

在文献信息检索的过程中，检索的入口词（即检索语言）有着重要的作用。标引人员和检索人员依靠检索语言得以沟通，检索语言为双方的思路架起桥梁。检索语言既是标引人员编制检索工具及各种索引的依据，也是计算机信息存储和检索系统用以表达文献主题概念及检索课题概念的人工语言。正是有了检索语言作为标引人员和检索人员共同认可的语言，才使得标引人员对文献信息内容的表达和检索人员对相同内容的信息需求表达取得一致，顺利地实现文献信息检索。因此，为了达到识别或检索的目的，信息检索系统有必要专门编制、使用一种可控语言，从某种意义上说，它也是一种信息识别符号体系。

检索语言是根据文献存储与检索的需要，在自然语言的基础上形成的，能够描述和组织文献信息特征的一种语言。

检索语言的概念是相对于自然语言而提出的。与自然语言一样，检索语言也具有表达客观事物的能力，但它们又有本质的差别。检索语言是规范化的语言，具有可控制性、唯一性。

检索语言也有词汇和语法。其中词汇是指收录在类表和词表中的所有标识，如分类号、检索词、代码等，一个标识就是一个语词，它们是检索语言的主体。语法是指如何运用标识来准确表达信息内容特征，以有效实现信息检索的一整套规则，具体而言，就是指分类标引和主题标引的规则系统，它们规定词汇的使用方法，是文献标引必须遵循的规范。

检索语言作为表达文献主题概念的标识系统，在文献存储和检索过程中具有一系列基本功能。首先，它能准确地表示文献的内容、数据或其他特征，保证不同的标引者在标引文献时表达一致，满足不同信息用户的需求。其次，它能使主题内容相同或相关的文献集中，便于人们检索文献。最后，它能在标引者和检索者之间起到桥梁作用，使二者在文献主题概念的理解和表达上达到一致，提高检索的准确性。

文献信息具有内容特征和外部特征，检索语言也可相应地分为描述信息内容特征的检索语言和描述信息外部特征的检索语言。描述信息内容特征的检索语言主要有分类语言和主题语言。分类语言是从学科分类角度表述信息内容的语言，主题语言是从主题角度表述信息内容的语言。

2.2.1　什么是分类语言

分类语言是指以数字、字母或字母与数字结合作为基本字符，以基本类目作为基本词汇，以类目的从属关系来表达复杂概念的一类检索语言。它是建立在科学分类基础上用分类号表达文献主题概念的检索语言。它运用概念划分与概括的方法，按照知识门类的逻辑次序从抽象到具体、从一般到特殊、从简单到复杂，对知识进行科学划分，从而产生不同级别且存在隶属关系和体现知识等级体系的类目，每一个类目分别以不同的符号（分类号）作为标识，从而形成了以分类号为标记的体系分类语言。

分类是区别事物及其相互关系的一种思想方法，是人们思维活动中的一种本能。人们在实践中运用这种方法来认识和区分周围的事物，从日常生活到探讨当代科学的发展，无不与分类有关。

在图书馆文献的管理中，分类方法是其核心技术。读者总是习惯在某个专业范围或学科领域中从事科研、教学、生产和管理活动，习惯于从学科专业出发获取所需文献信息。

虽然分类法是以科学分类为基础，分类的规范化是其共同之处，但由于各国文献信息机构出于组织本国文献信息的需要，在编制分类法时所采用的体系、结构、对象、标记制度、使用方法都不尽相同。下面就以我国图书馆普遍采用的《中国图书馆图书分类法》(以下简称《中图法》)为例，介绍分类语言的基本特点。

（1）按层次分明的等级结构显示类目之间的从属关系

分类语言以科学分类为基础，按照概念划分的原理，将知识要领从一般到具体、从简单到复杂、从低级到高级逐级划分，每划分一次就形成一批并列的下位概念，它们同属于一个被划分的上位概念。上位概念与下位概念之间的等级结构和逻辑关系在分类语言里有着十分直观的显示。如：

- F经济
  - F0经济学
  - F1世界各国经济概况、经济史、经济地理
  - F2经济计划与管理
    - F20国民经济管理
    - F21经济计划
    - F22经济计算、经济数学方法
    - F23会计
    - F24劳动经济
    - F25物资经济
      - F250物资经济理论
      - F251物资管理
        - F251.1 物资管理体制
        - F251.2 物资计划
        - F251.3 物资统计
      - F252物资流通
      - F253物资企业经营与管理
      - F259世界各国物资经济
    - F27企业经济
    - F28基本建设经济
    - F29城市与市政经济
  - F3农业经济
  - F4工业经济
  - F5交通运输经济
  - F6邮电经济
  - F7贸易经济
  - F8财政、金融

（2）用列举的方式显示类目之间的并列关系

一个类目与它的各级上位类构成一个类系，或称族。由一类直接划分出来的各类互称同位类。同位类之间的关系是并列关系。一组同位类总称为一个类列。类目间的等级关系和并列关系在分类表中用不同的字体和行格表示。如：在“H3 常用外国语”下面，几种外语并列显示：

H 3	常用外国语
31	英语
32	法语
33	德语
34	西班牙语
35	俄语
36	日语
37	阿拉伯语

（3）分类号的标记制度

分类号是代表各级类目的标记，是分类表中类目的代号，又称标记符号。标记符号具有固定类目位置的作用，可以确定各级类目的先后次序，还可以表示类目之间的关系。标记符号一般有阿拉伯数字、拉丁字母等。《中图法》的标记符号是混合号码，它由大写的英文字母和阿拉伯数字相结合而成，层次清楚。

在分类语言中，分类号的编排一般有顺序标记制、层累标记制和顺序—层累标记制等基本类型。《中图法》基本上采用的是层累制的编号制度，即根据类目的不同等级给予相应的不同位数的号码，一级类目用一个符号，二级类目用两个符号，三级类目用三个符号，依此类推。同位类再以所采用符号的顺序相配。

（4）具有学科知识的系统性

分类语言将人类的知识都归入到某一分类体系中来，按知识门类的逻辑次序从总到分、从一般到具体来排列，充分体现了学科系统性的优点。所以，用分类语言来标引信息，能揭示文献信息在内容上的区别和联系，还能从学科和专业角度集中信息。用分类语言检索信息，能总览学科全貌，触类旁通，便于信息的族性检索。

2.2.2 什么是主题语言

主题语言是一种描述性语言。它用语词直接表达文献的主题，这些语词是表达主题概念的标识。将这些标识的语词按字顺排列，并采用参照系统来间接表达各个概念间的关系，这就是主题语言。主题语言的依据是主题词表，又称叙词表、检索词表或词库，它是一些规范化的主题词及使用规则的集合体，是进行主题标引和主题检索的工具。

根据语词的选词原则、组配方式和规范方法，主题语言又可分为标题词语言、元词语言、叙词语言、关键词语言。

（1）标题词语言

标题词是指从自然语言中选取并经过规范化处理，表示事物概念的词、词组或短语。标题词是主题语言系统中最早的一种类型，来自自然语言中比较定型事物的名称，并经过规范化处理，能表达文献的主题内容。标题词语言的特点是采用列举词表，以词组或短语做标题，形式直观，结构稳定，含义明确，易于选用，但专指度和灵活性较差，检索效率不高。

标题词语言一般要经过规范化处理，包括同义词的规范、近义词的规范、词形的规范、词组组合方式的规范等。如同义词“计算机”和“电脑”，选择“计算机”作为正式的标题词，而排除“电脑”一词。

标题词在标引和检索前就已经确定，属于先组式主题语言。这种语言的缺点是对概念复杂的主题难以进行有效的检索；而且，由于标题词表相对固定，多年才能修改一次，无法及时反映科学发展过程中所产生的新概念。

（2）元词语言

元词又称单元词，是指能够用以描述信息所论及主题的最小、最基本的词汇单位。经过规范化的、能表达信息主题的元词集合构成元词语言。元词语言的特点是通过最基本的词汇可以表达大量专指概念和新概念。但由于其强调标识的单元性，难以表达事物的复合概念，组配单元词时也容易产生偏差。元词语言多用于机械检索，适于用简单的标识和检索手段（如穿孔卡片等）来标识信息。

（3）叙词语言

叙词是指从自然语言中优选并经过规范化处理，由表示从概念上不可再分的基本概念单元的名词术语构成，是对信息主题内容进行描述的后组式检索语言。一般来讲，所选的叙词具有概念性、描述性、组配性。经过规范化处理后，叙词还具有语义的关联性、动态性、直观性。叙词受叙词表控制，叙词表中词与词间无从属关系，都是相互独立的概念单元。检索时利用这些表达概念单元的叙词进行组配，以表达一个复杂的概念。叙词法综合了多种信息检索语言的原理和方法，具有多种优越性，适用于计算机和手工检索系统，是目前应用较广的一种语言。

我国目前使用的主题语言基本为叙词语言，其代表就是图书馆普遍采用的《汉语主题词表》。它是我国编制的大型综合性中文叙词表，由中国科学技术信息研究所与北京图书馆主编，1980 年科学技术文献出版社出版。该词表共收正式叙词 91,158 条，非叙词 17,410 条，范畴类目分为三级。1991 年自然科学部分出增订本，增补新词 8,221 条，删除不适用词 5,434 条。

《汉语主题词表》分 3 卷 10 册：第一卷（2 册）为社会科学部分，第二卷（7 册）为自然科学部分，两部分均包括字顺主表、范畴索引、词族索引和英汉对照索引。这两卷是主题词表的主表，收录哲学（儒家、道家）、社会科学（人口统计、图书馆、高等学校、教育工作、文献检索）、自然科学（线性代数、地质构造、计算机、显像管）等各学科门类的学科术语和专门概念。这些词语一般都是各学科门类知识的术语，专门用语。这些语言是真正的人工语言。第三卷为附表，收录各种地名、人名、组织机构名等，包括世界各国政区名称、自然地理区划名称、组织机构名称及人物名称。这些一般都是这些事物本来的名称。只是对一样事物有多样名称的，取其最正式的一个。

《汉语主题词表》结构完备，词汇控制严格，词汇类目丰富，专指度深，是我国图书情报单位通用的主题标引工具，在我国主题标引和检索的过程中具有不可替代的作用。但是,《汉语主题词表》词汇的数目还是有限的，未能包括所有学科的基本术语，也不能涵盖传统学科中早有的一些基本词汇，特别是常用人名。而且其修订周期过长，难以全面满足实际使用的需要。

（4）关键词语言

关键词是指出现在文献标题、文摘、正文中，对表征文献主题内容具有实质意义的语词，对揭示和描述文献主题内容起重要作用的、关键性的语词。关键词不经过规范化处理，也不受词表控制，它将出现在文献标题、摘要或正文中具有实质意义的语词排在检索入口，注明文献地址，从而达到满足读者检索的要求。关键词法主要用于计算机信息加工抽词编制索引，因而称这种索引为关键词索引。在检索中文医学文献中使用频率较高的“CMCC 数据库”就是采用关键词索引方法建立的。

在使用检索语言进行文献信息检索时，主题语言与分类语言都有不同的适应性，比较二者，其区别在于：

第一，主题语言的检索受文献语种的限制，而分类语言则不同

由于分类语言是符号语言，即分类号，因此它不受文献所使用语种的限制。而主题检索所用的主题词是语词，因而受文献所使用的语种的限制。

第二，主题语言是直接检索，而分类语言则是一种间接检索

主题语言以概括文献内容的主题词为标目，按字顺组织排列，无论文献内容的属性如何，都可用简明扼要的词语将文献所包含的各个主题直接反映出来，直接以特定的事物、问题、现象等主题对象揭示文献资料，因而检索具有直接性。而分类语言则必须将检索需求转化成分类符号，使用特定的符号进行检索，因而是一种间接检索。

第三，主题语言满足特性检索的需求，而分类语言则满足族性检索的需求

“特”为唯独、只有、专门之义，特性检索是指对特定事物或概念的检索。主题语言用简明扼要的词语将文献所包含的各个主题直接反映出来，能够将从不同学科角度论述同一主题的文献集中起来，具有很高的专指性，适合特性检索。而分类语言对族性检索更为适合。“族”为从聚、集合、类别之义，族性检索是对具有某种共同性质或特征的众多事物、概念的检索。分类语言将文献按学科性质和逻辑层次结构进行系统分类和排列，便于从学科或专业的角度查找所有文献。

第四，主题语言具有很高的查准率，而分类语言则具有很高的查全率

查全率与查准率是衡量文献检索效果的技术指标。查全率是指被检出的相关文献占总文献内所有相关文献总数的百分比。查准率则是被检出的相关文献占被检出文献总数的百分比。[①] 主题语言的直接检索和特性检索的特点，决定它具有很高的查准率；而分类语言间接检索和族性检索的特点，则决定它具有很高的查全率。查全率和查准率这两个指标在检索效果中，通常是成反比的关系。单纯的分类途径检索，能达到较高的查全率，而查准率则是最低。反之，单纯的主题途径检索，能达到较高的查准率，而查全率则是最低。所以，最好的检索策略是将这两者进行综合，在分类途径下，进行主题词的匹配，或者在主题途径下，进行类目的细分，这样才能使两者平衡，达到最佳值。

主题语言与分类语言既存在很大的差别，又具有很多相同的地

---

① 李育嫦.文献检索中提高查全率与查准率的方法探讨[J].图书馆学研究，2002（11）.

方，并且两者各有优缺点。主题语言的优点正是分类语言的缺点，而分类语言的长处又恰恰是主题语言的不足。由于主题语言与分类语言之间的优势互补关系，因此，它们虽然不能互相取代，但却可以结合起来，取长补短，实现分类主题一体化。分类主题一体化语言，是指兼具分类与主题两种标引和查找功能的检索语言，这种检索语言对分类表和叙词表的术语、参照、标识及索引实施统一的控制，使两者有机地融合为一体，形成分类主题一体化词表，通过一体化词表把分类检索系统与主题检索系统联系起来，发挥两个检索系统的整体优势。

在国外，关于分类主题一体化的实践起步于《杜威十进分类法》的相关索引。1969 年，英国学者艾奇逊编制出世界上第一部分类主题一体化的词表，即《分面叙词表》。在此之后，国际上除了新编出几十部分类主题一体化的词表以外，对现有分类语言及主题语言进行的改造也取得了明显成果。到了 20 世纪 80 年代，国外关于分类主题一体化的理论与实践已发展得较为成熟。

在我国，刘国钧先生于 20 世纪 60 年代对分类法与主题法进行了卓有成效的研究，他指出分类法与主题法“各有所长，各有所短”，两者之间“合则双美，离则两伤”，他认为分类法与主题法的发展趋势是互相向对方转变。20 世纪 80 年代以后，我国对分类主题一体化的研究有了进一步的发展，并且逐步将理论应用于实践之中。1994 年 6 月由《中图法》编委会在《中图法》第三版和《汉语主题词表》的基础上编制出了《中国分类主题词表》，它是为机助标引、自动标引提供条件，降低标引难度，提高检索效率和标引工作效率编制而成的、分类检索语言和主题检索语言兼容互换的工具。这是我国分类主题一体化发展路途上的一块里程碑，它标志着我国在分类主题一体化的理论与应用方面达到了一个相当的水平。

《中国分类主题词表》于1996年通过文化部鉴定，同年荣获由国家科委、国防科工委、中国科学院、中国科协、国家自然科学基金会五部门联合颁发的“国家优秀科技信息成果”二等奖，于1999年10月又荣获国家社会科学基金项目二等奖。

2000年4月《中图法》第六届编委会成立，决定开始修订《中国分类主题词表》，并确立了《中国分类主题词表》修订的指导思想和原则。2001年5月在国家社科基金委员会批准立项为“数字信息资源组织工具的研发与应用”，《中国分类主题词表》第二版和电子版是该项目的主要研制成果，现已于2005年9月由北京图书馆出版社出版。①

《中国分类主题词表》从我国文献检索语言实践出发，选择了“分类法—叙词表对照索引式”的分类主题一体化检索语言体系结构，由两个表组成。第一卷表为“分类号—主题词对应表”部分，是《中国分类主题词表》从分类到主题、从类号到叙词的对照索引体系，包含了《中图法》、《资料法》所有类目和对应的叙词款目、对应的注释。其主要功能是文献分类标引和通过分类的途径查找主题词，进而进行主题标引。第二卷表为“主题词—分类号对应表”部分，是《中国分类主题词表》从主题词到分类号、从标题到分类号的对照索引体系。它按主题词款目和主题词串标题的字顺排列，其后列出对应的分类号，主要功能是文献主题标引和通过主题查找相关的分类号，做分类标引的辅助手段。《中国分类主题词表》是分类与主题、先组式检索语言与后组式检索语言相结合的一体化检索语言体系。使用该表不仅可以使分类标引、主题标引在经过同一主题分析、采用同一标引工具的构成中一次完成，而且能够降低主题

① http://www.nlc.gov.cn/old/forlibs/zhongtufa/ztcb.htm

标引的难度，提高标引的一致性。同时，由于分类号与主题词之间建立了对应联系，有利于在检索系统中实现分类号与主题词之间的相互转换，从而提高检索效率。

《中国分类主题词表》的电子版是在《中国分类主题词表》标准的机读格式数据库和管理系统的基础上开发的可应用于网络环境下的分类—主题一体化标引和检索工具。其研制原理是通过软件开发把分类法—主题词表结构化的机读数据，以多文档、多窗体形式、用动态手段再现分类主题一体化的对应转换结构及其语义结构，从而实现一体化机助标引和基于内容的信息检索等功能。电子版还从实现一体化标引和检索的功能要求出发，为不同用户设计个性化服务界面，克服印刷版的线形体系结构和检索效率低、检准率和检全率低等功能缺陷。《中国分类主题词表》电子版界面如下：

适于计算机检索的界面：

图 2-2 《中国分类主题词表》电子版界面①

适于人工浏览的界面：

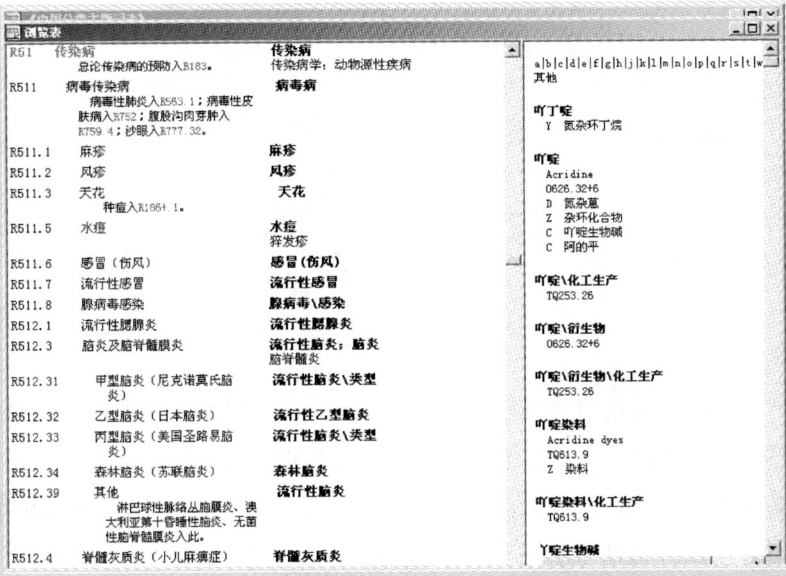

图 2-3 《中国分类主题词表》电子版界面②

2.2.3 其他检索语言

还有一些检索语言是描述文献信息外部特征的，主要是指文献的篇名（书名、篇名、刊名等）、作者姓名、作者单位、出版者、时间、报告号、专利号等，将不同的文献按照篇名、作者姓名的字顺进行排列，或者按照报告号、专利号的数序等进行排列，形成以篇名、作者及号码等检索途径来满足用户需求。

综上所述，检索语言的类型如图 2-4 所示：

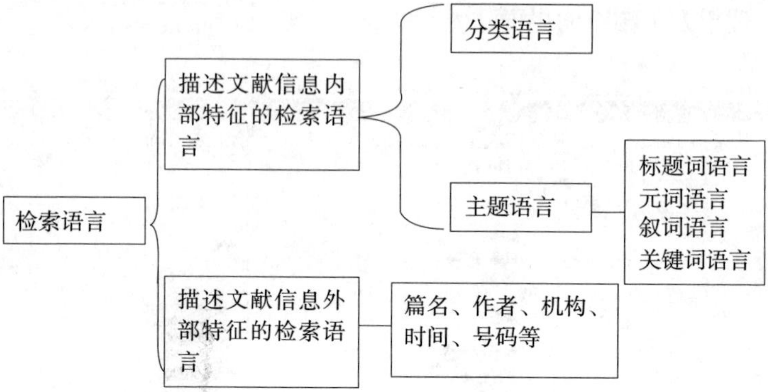

图 2-4　检索语言的类型

按检索语言的规范化程度分，检索语言又可分为受控语言和自然语言。受控语言是规范化语言，是人为地对标引词和检索词的词义进行控制和管理的语言，即它是一种受主题词表或分类表控制的检索语言，包括分类语言和主题语言中的标题词语言、叙词语言。这些语言经过规范化处理，词和事物概念具有一一对应关系，排除了自然语言中一义多词、一词多义、词义含糊、语词与概念不相符的缺陷。但是不便之处是读者在检索前必须学习受控语言的编排方式，检索不够灵活。自然语言是非规范化语言，是直接从原始信息中抽取出来的未经规范化处理、用以解释信息主题概念的自由词，如关键词语言。它不仅包括一般的事物名称、科学术语，也包括俗名、口语、人名、商品型号和缩写等。其特点是不用编制词表、准确表达事物新概念、选词灵活方便、专指性强、标引和检索速度快、便于读者掌握。其缺点是不同作者选词习惯不同，用词不统一，从而影响了查全率。

2.3 文献信息检索的工具

进行文献信息检索，无论是查找文献信息线索还是释疑解惑，都需要借助于一定的检索工具。中国古话云“工欲善其事，必先利其器”，因此，选择合适的检索工具，就为我们进行文献检索打开了一扇门，是掌握学科知识的有效手段。文献信息检索系统，按载体形式分，主要有纸本型检索工具和数字型检索工具两种。

2.3.1 纸本型检索工具

纸本型检索工具主要指利用纸本印刷，需要手工检索的工具书。工具书不是一般的普通图书，它根据一定的查阅需要，系统汇集有关的知识资料或文献信息，按便于检索的方法编排，它有着高密度的知识性、高精度的资料性、高效率的检索性和高频率的查考性。

我国工具书的编纂历史悠久，许多优秀的工具书是先人们智慧的结晶，直到现在还具有极高的使用价值，为我们查找古籍图书和古代史料提供了丰富的信息资源。

2.3.1.1 工具书的类型

工具书范围很广，种类繁多，划分的标准也不尽相同。常用的有按语种分，可以分为中文工具书和外文工具书；按规模分，可以分为小型工具书、中型工具书和大型工具书；按性质和功能用途分，可以分为以下几种：

（1）书目

书目是图书或报刊目录的简称。它著录和揭示一批相关的书刊文献，按一定的次序编排而成，是一种登记、报道和宣传书刊文献的检索工具。英文 bibliography（书目），源于希腊文 biblion（书）和 graphien（抄写），指的就是将书名及有关项目记录下来，按照字母顺序或分类顺序等加以整理、编排而成的供人检索之用的工具书。

书目在我国是一种历史最悠久、使用最广泛的检索工具书。在中国历史上，目录的称谓很多，如录、志、略、簿、考、题、题记、书录、提要、总录等。它发端于西汉刘向的《别录》、刘歆的《七略》，到清代的《四库全书总目》，其间经历了两千年左右的发展历史。

书目以文献为著录对象，揭示文献的外部特征和内容特征，如文献的题名、责任者、卷册、版本、价格、内容简介等，向读者提供相关文献的基本信息。书目的作用主要体现在：揭示与报道相关文献信息，还能指引学习、指导阅读。清代学者王鸣盛曾说“目录之学，学中第一要事，必从此问途，方能得其门而入”。古今学者们更是精选文献精华，为其弟子或学生编撰推荐书目，指引他们读书治学。古代的解题书目、版本书目、推荐书目、查禁书目等，不仅揭示了图书的内容和版本，并评价图书的优劣，是一定历史时期宣传图书、指导阅读的工具。我国古代的许多书目具有学术史的性质。书目所著录的图书和报刊，则客观上反映了各个时代的学术文化水平。

（2）索引

索引，是将图书或报刊中的字、词、句、人名、地名、书名、主题等著录成简括的条目，并注明出处和卷次页码，按一定的检索方法编排成册。我们从一套大部头的书中找一名一事，要从头翻到尾，耗时又费力；成千上万种报刊，要从中寻找某个专题的资料，也好比大海捞针。如果利用索引，我们就可按图索骥，二次检索即得，不但节约时间，还有助于了解学术发展动向。

索引可以从不同角度划分类型，按照索引标引对象可分为篇目索引和内容索引。篇目索引是标引书刊中的论文篇目，按一定编排方法组织起来，供查找篇名出处的索引。内容索引是标引文献中的字、词、句、人名、地名、主题、公式等具体内容，按一定的编排方法组织起来供人们查找某一具体事项出处的索引。

索引和目录有时容易混淆，其实二者是不同的。一般来说，目录所著述的是一个完整的出版单位，例如一种图书、一种期刊、一种报纸、一份标准等；而索引所著录的则是一个完整出版物的某一部分、某一观点、某一单元，例如揭示期刊中所刊载的论文等。相对地说，索引揭示的文献内容比目录更为深入和细致，这是它与目录相比一个主要的不同点。因此，索引使用比目录广泛得多。

（3）文摘

文摘是文献的主要内容及资料的摘述，它在系统报道和揭示一批相关文献的同时，用简明扼要的文字摘录文献内容的精华，客观概括原文的要点、研究和实验方法、所争论的问题、研究成果和结论等，并按照一定的方式编排。文摘一般都要注明原文出处，其内容及出版方式都类似于篇目索引。

按照其对原文献的揭示程度，文摘可以分为报道性文摘和指示性文摘。报道性文摘是在对原文献进行深入的寓意和逻辑分析的基础上高度浓缩而成的；指示性文摘主要是在原文献的章节、标题、前言、结束语的基础上，揭示其主题范围和主要结论。

文摘的作用是可以节省科研人员的时间与精力，帮助读者选择文献，决定取舍。在某些情况下，阅读文摘可以代替阅读原文。当然，它不能全部代替阅读原文，但是通过文摘来选读原文就比较准确和省事，可使科研人员在寻找和选择资料上避免消耗大量时间。文摘对于没有能力阅读外文和掌握语种不多的人来说，更是了解国外文献的重要途径。

（4）字典、词典

字典、词典是学习语言和各专科知识的必备工具书。字典主要汇集单字并解释字的形、音、义及其用法。词典主要汇集词语并解释说明词语的概念、意义和用法。它们共同的特点是都是语言类常用工具书、是解释某种语言常用字或词的工具书，并且一般都按字顺来进行排列。

字典、词典是为人们提供语言文字知识和科学知识，供读者查解词语性疑难问题的工具书。它具有释疑解惑的功能，而这一功能是通过词目形式汇集知识和快速查检手段来实现的。

字典、词典涉及的知识面十分广泛，因此词目的释文必须简练明白，要把最重要、最基本的知识提供给读者。它要求以凝练的语言表达丰富的知识，舍弃一切浮词和不实之言。字典、词典之名，本意为字书、词书之“典范”，因此，它们为读者提供规范化的语言文字知识和科学知识。在字、词的收录和词目的定型上，字典、词典要求客观、规范，符合语言文字和科学知识的标准化要求；在词条和条头的解释与说明上，字典、词典要求精确、科学，符合语言和科学发展的规律；在资料的选用和引证上，它们还要求可靠、贴切，符合社会语言和科学实践的实际。

字典、词典的类型很多，有：语文性的字词典，收录语言中的普通字或词语，并解释其读音、意义和用法，如《新华字典》、《现代汉语词典》，字典一般来说都是语文性的；专科性词典，收录各学科的名词术语，并说明其所代表的事物、现象发展变化的具体知识，如《中国文学家辞典》；百科性词典，既收普通词语，又收各学科的名词术语，它既有普通词语的释义，又能提供各学科的专门知识，如《辞海》。

（5）百科全书

百科全书是系统概述人类各个知识门类或某一知识门类的基本知识，按辞典形式编排的大型工具书。百科全书堪称“工具书之王”，人们往往称它为“没有围墙的大学”、“精简的图书馆”。它用最准确、最精练的语言，系统概述了人类各个知识领域或某个知识领域的基本事实、基本概念、基本理论，提供了各种事物的基本知识、历史和现状。它能回答字典等工具书的“什么”(What)；人名辞典、人名录、年谱等传记性工具书的“谁”(Who)；地图、地名录等的“何地”(Where)；手册等工具书的“如何”(How)；教科书的“为什么”(Why)等。百科全书的编纂情况，往往反映出一个国家、一定时代的文化科学水平，或者说，百科全书是一个国家科学文化水平的重要标志之一。许多国家都把出版百科全书作为文化科学方面的一项基本建设，不惜花费大量的人力、物力、财力，以提高百科全书的编纂质量。著名的百科全书通常聘请有声望的专家、学者担任主编，设立阵容强大的编辑机构，以及延聘国内外各学科领域著名专家、学者担任撰稿人，以保证百科全书的编纂质量。

百科全书型工具书源于西方，英语为“encyclopedia”。这类工具书最早起源于西方，古希腊哲学家、科学家亚里士多德编纂过概述各种学问的百科全书式的著作，被认为是百科全书的先驱者，人们称他为“百科全书之父”。

中国的百科全书起步较晚，1949 年以前，曾出版过编译的百科全书和小型百科全书。1980 年，我国才正式编纂出版了第一部大型综合性百科全书——《中国大百科全书》。

百科全书与字典、词典相比较，在收录内容上，二者都以综合性为特点，词典从小处着手，有词必解，对各种词只做简要的解释，不做系统深入的阐述；而百科全书则从大处着手，贵在总揽各学科主要知识，对每个词语做出尽可能详细、完整、系统的论述，它是辞典的深入和发展。字典、词典主要供人们查考以释疑解惑，百科全书则可供人们阅读以获取知识，其可读性更强。

（6）其他资料类工具书

这类工具书能提供各种基本知识或某些专门的资料，如年鉴、手册、名录、类书、政书等。

年鉴，一般以年为限，逐年出版，是系统概述上年度有关事物或学科的进展情况、汇集有关重要文献及统计资料的资料性工具书。

手册，又称便览、指南、大全等，主要收集某一学科或范围内比较概括、比较具体和实用的知识或资料，如《中华人民共和国资料手册》、《经济工作手册》、《吉尼斯世界纪录大全》等。

名录，是汇集机构名、人名、地名等专名基本情况和资料的一种工具书，如《中国工商企业名录》、《中国图书馆名录》、《中国人民解放军将帅名录》、《中国妇女名人录》、《中国地名录》、《世界地名录》等。

年鉴、手册和名录的共同特点是，都能提供人们所需要的事实性资料，如统计数据、人物简介、机构简介、操作指南等。同时，它们还具有新颖性的特点，这类工具书成书一般较快，不像百科全书和字典、词典等工具书需要经过反复地推敲和审核，因此，多能提供及时快捷的信息资源。

2.3.1.2　工具书的编排结构

能否有效地利用工具书，在很大程度上取决于对工具书内在结构的熟悉程度。我们只有对其结构了如指掌，才可能从不同的角度，根据不同的检索途径，迅速而又准确地进行查询。因此，在利用工具书之前，我们还应对它的编排结构有所了解。

工具书，无论哪种类型，一般都由前言、凡例、目录、正文、辅助索引和附录等几部分组成。

前言，又称作导言、序言，一般在工具书的最前面，说明这本书的编纂目的、经过、范围、内容、使用对象和版本情况等。借助前言，读者可以对工具书有一个初步的了解。

凡例，又称例言、编例、使用说明等，主要介绍这本书的编排体例、检索方法、特定符号的意义等。使用工具书之前我们应认真仔细地阅读凡例，正确掌握工具书的使用方法。

目录，是正文的缩影和总览。工具书的目录本身就是一种检索途径，可视为检索主体部分所含内容的指南。它反映了主体部分的排列结构。尤其在按分类体系排列的工具书中，目录就相当于分类索引。

正文，是工具书的主体。正文是经过精选和浓缩的信息汇编，由众多的格式统一而内容独立的信息单元组成。这些信息单元包括短文条目和描述式款项。它们的排列顺序以强调检索为目的，而不着重要求具有逻辑性，主要依赖索引和其他检索途径进行查阅。

辅助索引，是除目录以外，查询正文的其他途径。一般有主题索引、书名或篇名索引、著者索引、地区索引、名称索引等。它们的编排方法与正文的编排方法不同，为了检索的便利，工具书有时采用多种不同的编排方法。辅助索引是否便利和完善，也是评价该工具书功能完善与否的标准之一。

附录，指与工具书有关的图表、资料等，通常附于书后，在百科全书、语言词典、传记词典等工具书中附设的最多。附录虽然种类繁多，但从性质上讲，与正文关系密切，其目的是为了使主体部分更紧凑，有“小工具书”之称。附录可解答常识性的疑难问题，扩大工具书的内容范围。

纸本型检索工具的检索方法易懂易学，在了解过每本工具书的凡例之后，一般按照工具书的编排顺序，就能进行查找。书目、文摘、索引等工具书一般都按文献的学科分类顺序进行排序，字典、词典及百科全书等工具书一般按条目的字顺进行排列，在具体检索时可能会用到部首法、笔画法、笔形法、汉语拼音字母法等。纸本型检索工具的缺点是，耗费的时间较多，信息源有限，不适合携带，对检索的时间和空间也有诸多限制。

2.3.2 数字型检索工具

数字型检索工具，是基于海量存储的数字资源，利用计算机和网络技术实现检索的工具。数字型检索工具的对象是数字化资源，包括电子书刊、数据库、互联网信息等，它们能存贮、处理大量的数字信息，对这些信息进行著录、标引、编制索引以及更新、维护，还可以准确、迅速地将用户检索提问的标识特征与自己存贮的信息资源的标引特征进行类比、匹配，并将匹配命中的文献信息作为检索结果输出。

数字型检索工具的物理构成由硬件、软件、数据库和通讯系统等组成。硬件，也可以说是硬件环境，是各种硬件设备的总称，如大型计算机主机（服务器）、存储器（硬盘或光盘）、网络（广域网、局域网或存储局域网等）、输入输出设备（键盘、鼠标、打印机等）、计算机终端或个人计算机（PC）等。软件则包括信息采集、存储、信息标引加工、建库、词表管理、用户检索界面、提问处理、网络发布、数据库管理等模块，随着网络和计算机技术的发展，软件的开发平台、程序语言的持续升级，用户功能需求的增加，这一部分的具体结构也在不断发生变化。数据库是在计算机存储设备上按一定的方式、以数字形式存储的相互关联的数据集合。通讯系统是保证计算机信息检索网络化的基础。随着通讯技术和网络技术的发展，除单机版的光盘检索系统以外，数据传输技术已成为检索系统不可缺少的组成部分。不仅传统的计算机信息检索逐渐发展成为检索网络，而且互联网信息检索也已成为一个重要的发展方向。所以，通讯系统已成为计算机检索系统的重要组成部分。

数字型检索工具，按照其检索来源的不同，分为数据库和搜索引擎两种。

数据库是当今实现文献信息检索最主要的检索工具。这类检索工具有很强的检索功能，能满足不同文献的检索需求。按照数据库收录的范围，又可以进一步分为：书目数据库、全文数据库、指南数据库和源数据库等。

搜索引擎是目前互联网开放信息资源里最常用的检索工具。它是指根据一定的策略、运用特定的计算机程序从互联网上搜集信息，在对信息进行组织和处理后，为用户提供检索服务，将用户检索相关的信息展示给用户的系统，如常用的百度、谷歌等。目前，搜索引擎的搜索功能越来越强大，提供用户交互功能和个性化的体验。

与纸本型检索工具相比，数字型检索工具的检索方法要丰富很多，按照检索的精确度划分，有精确检索和模糊检索；按照检索的级别划分，有简单检索和高级检索；按照检索的计算方法划分，有逻辑检索、截词检索和字段检索。

精确检索是指检索时所输入的关键词与数据库中标引的入口词完全一致，这种方法能精准检索出所需文献；而模糊检索则按照用户输入关键词的同义词，系统自动进行模糊匹配，从而得出较多的检索结果。

简单检索是指用户在检索时只需要输入一次关键词，就得出检索结果的方法；而高级检索一般需要用户在检索时输入多个关键词，并且对这些关键词进行逻辑匹配，或者字段的限制。

逻辑检索指通过标准的布尔逻辑关系词来表达检索词与检索词之间逻辑关系的检索方法，也是现代信息检索系统中最常用的一种方法。常用的布尔逻辑算符有三种，分别是逻辑或（OR）、逻辑与（AND）、逻辑非（NOT）。

逻辑或（OR），也可以写作“+”。用于检索的两个词之间是并列关系。这些词一般是同义词、近义词、相关词等。使用“逻辑或”，可以扩大信息的检索范围，提高检索的查全率。

逻辑与（AND），也可以写作“*”。用于检索的两个词之间是交叉关系。这些词语一般属于不同的主题范畴，但是两者之间有一些共同的内容。这些共同的内容就是我们需要检索的内容。使用“逻辑与”，可以对检索结果进行限定，缩小检索范围，提高检索的查准率。

逻辑非（NOT），也可以写作“–”。用于检索的两个词之间是排除关系，一般是从放在前面的主题词里排除后面的主题词，剩余部分就是我们需要检索的内容。使用“逻辑非”，也是对检索结果进行限定，可以缩小检索范围。

布尔逻辑运算的优点是简单、明确、易于理解，符合人们的思维习惯。需要注意的是，在不同的检索系统里，布尔逻辑的运算次序是不同的，因此会导致检索结果的不同。通常运算次序有这样几种形式：一是按算符出现的顺序，如果是AND、OR、NOT，就按AND、OR、NOT的顺序运算；如果是OR、NOT、AND，就按OR、NOT、AND的顺序运算；二是默认AND优先运算，其次是OR、NOT；三是默认OR优先运算，然后是AND、NOT。

截词检索就是把检索词截断加上截词符号，让计算机按照词的部分片断同索引词对比检出同类词，可分为前方一致、后方一致、中间一致三种类型。截词符号有“？”、“*”、“$”等。这种检索方式可以扩大检索范围，提高查全率。根据截词的位置，截词检索还可分为后截断检索、前截断检索、中截断检索三种。

字段检索指用户从数据库所给字段中进行选择，对关键词出现的字段加以限制的检索方法。字段是数据库中记录的下级单位，一个记录相当于纸本型检索工具中的一个文摘条目或题录，或相当于图书目录中的一个著录款目，一个字段即是一个著录项目。字段检索是限定检索词在数据库记录中的字段范围内出现的一种检索方法。特别是利用任意词或自由词进行全文检索时，需要用字段限制查找的范围。每个字段都有一个用两个字母表示的字段代码。常用的字段代码有：标题（TI）、主题词（SU）、文摘（AB）、作者（AU）、关键词（KW）、刊名（JN）、分类（CC）、文献类型（DT）、年代（PY）、机构名称（CS）等。

2.3.3 纸本型检索工具与数字型检索工具的比较

纸本型检索工具和数字型检索工具反映了文献检索发展过程中的两大阶段，由于计算机的发展和普及，传统的纸本型检索工具正在向新的数字型检索工具过渡，将两者进行比较，可以发现，它们之间既有共同点又有区别。

纸本型检索工具与数字型检索工具在原理上是相通的，手段上是相异的。从检索原理来讲，两者并无差别，因为它们都必须遵循有序化这一基本原则。纸本型检索工具一般是指经过人工排序或者说有序化组织了的检索点的集合。文献输入计算机时，数据的先后次序可以是随机的，但经过机器自行处理后的结果就有了前后联系，这就是计算机的有序化。

纸本型检索工具与数字型检索工具的不同之处在于：

（1）载体内容的直观性方面，纸本型检索工具优于数字型检索工具。纸本型检索工具（除缩微胶卷、平片等外）一般是印制或书写在普通纸介质上，人们无须借助任何转换设备便可一目了然。根据这一特征，人们在判读具体文献的描述内容时便能够比较准确地了解其全部。数字型检索工具将文献描述内容以二进制信号形式储存在磁介质上，如磁盘、磁带等，或以激光刻痕的方式记录在特殊材料上，人们必须借助于相应的读取工具和网络，才能得以判读。

（2）载体贮存信息量的能力方面，数字型检索工具优于纸本型检索工具。仅从其物理特性来看，前者贮存信息的密度就远远高于普通介质。尽管磁介质贮存信息的方式完全不同于一般纸张，但它经过转换后“释放”出的信息量却比记录在相同面积、体积或重量纸质品上的信息量大得多。

（3）检索时搜寻的速度方面，数字型检索工具也优于纸本型检索工具。在利用纸本型检索工具检索过程中，人们需要逐本翻阅工具书，或逐条查看题录，费工费时，极易产生错误。而对于数字型检索工具来说，就很容易进行类似的筛选。数据库系统能进行逻辑运算，能够对所筛选对象是否符合某一条件做出迅速反应，如比较几千、甚至几万条记录，只需很短的时间。特别是它不存在神经疲劳的问题，能够始终如一，只要给出的条件合乎实际，计算机系统就能及时响应，快捷准确地提供答案。由于与计算机系统相配套的通讯设施的完善，检索用户即使远在异地，也可以很快得到结果。美国 DIALOG 联机检索系统就是一个典型的例子，它能在几分钟内浏览十个不同学科的大型专业数据库，经过逻辑运算，跨洋提供给用户。

（4）从检索结果的形式来看，数字型检索工具比纸本型检索工具更加多样化，更具灵活性。纸本型检索工具的渠道和结果通常都比较单一，涉及复杂条件的检索时尤其不便，而数字型检索工具在这方面就十分优越，因为它的一切运算过程和分步检索均有程序按部就班地完成，而且它所能完成的那种繁琐纷乱的工作是手工难以迅速、无误地做到的。如主题检索是一种特指性很强的检索途径，如果用纸本型检索工具来进行是非常麻烦的，这也是主题检索长期难以被多数图书情报部门采纳的主要原因之一。数字信息技术被引入这一领域后，主题词和文献题录分别装入不同的数据库，但彼此仍保持着联系，经过逻辑检索，它们可以随时组合或匹配，不论检索条件多么复杂，都能比较迅速地形成正确结果。

尽管数字型检索工具有诸多优于纸本型检索工具之处，但是，在一定时间内，纸本型检索工具和数字型检索工具将长期共存。

纸本型检索工具是数字型检索工具的基础和先声，数字型检索工具是纸本型检索工具发展的高级阶段。现在的数字型检索工具的基本理论和检索方法都是从纸本型检索工具发展而来的，而且目前纸本型检索工具在所有的检索工具中仍占有相当大的比重，对某些学科和科研课题的检索，利用纸本型检索工具也较为方便。同时，纸本型检索工具与数字型检索工具相比查全率和查准率更高，灵活性高、费用低，又能与数字型检索工具互为补充，了解重要的纸本型检索工具及其检索方法仍然有其必要性。

总之，每一位检索用户都应对纸本型检索工具和数字型检索工具有一个清醒的认识，以便在对所需资料的检索过程中，根据课题情况、费用情况、保密情况等，在充分论证的基础上，合理选取检索手段和检索方式，使检索结果最优化。

2.4 文献信息检索过程

文献信息检索是由诸多环节紧密连接形成的一个有规律的检索流程，在这个过程中，我们需要利用有关的检索工具去查找特定的文献信息和文献线索，如果想获得良好的检索效果，就必须按照一定的程序和方法，使整个过程达到最优化。一般的检索过程包括：

2.4.1 提出问题

在学习或进行学术科研活动的过程中，发现、提出和确定需要检索的问题，如概念、数据、事实经过、结论或有关课题所需要的系统性专题文献资料等。

2.4.2 分析研究课题

分析研究课题是确定信息检索过程的根本出发点，也是信息检索效率高低和成败的关键，信息检索者首先要对信息检索课题做综合分析，通过分析明确要求，制定相应的检索策略。首先，要确定检索课题的主题及相关主题究竟是什么，以便转换成检索标识；其次，要弄清问题所涉及的学科范畴、文献范围、检索年限、专业名词术语等，明确所查文献资料的宽窄范围及深浅程度，掌握有关的一切业务知识。这项工作做得越深入、细致，检索工作就越顺利，从而避免盲目性，节省时间和精力。

2.4.3 选择检索工具

检索工具的选择是文献检索的关键性步骤。由于任何一种检索工具都不可能收全所有需要检索的资料，因此，在进行文献信息检索之前，还必须首先了解现有的各种检索工具的类型、特点和功用及其所收录资料的范围、程度、质量、使用的方便性，然后根据不同的检索课题，分别选择相应的检索工具进行检索。一般说来，应选择收录范围广、时限长、质量高、版本新、著录项目细、辅助索引多、内容丰富且容易查检的检索工具。

2.4.4 选择检索途径

检索途径一般指文献信息检索系统所提供的检索入口。它是由检索工具自身的特点所决定的。不同的检索工具揭示文献的角度不同，也就形成了不同的检索途径。常用的检索途径包括以下几种：

（1）分类途径，指按文献内容的学科分类体系来查找文献。它是在以分类语言编制的检索系统上进行的检索方式。使用这种检索途径时，读者必须借助于分类目录或分类索引。分类途径能够把学科内容、性质相同的文献集中于同一类目下，体现出学科的系统性和事物的关联性，满足人们对于文献的族性检索。但是，使用分类途径的前提是，读者必须对学科分类体系有相当程度的了解，能够判断出所查找文献的学科属性及分类号。

（2）主题（或关键词）途径，指按表达文献内容的主题词来查找文献的途径。它必须在按主题语言编制的检索系统上进行。主题途径以代表文献内容实质的主题词以及派生出来的关键词、单元词、叙词等作为检索标识，它同分类途径一样，都是以文献内容特征为检索线索。使用这种检索途径时，读者必须借助于主题目录或主题索引。由于主题途径具有直观性、专指性、灵活性的优势，读者一般能准确地表达出所需文献的主题词或关键词，因此比较符合读者的检索习惯。但是前提是，读者必须对自己所需文献有比较精确的概括。

（3）通过题名来检索文献。题名就是文献题目的名称，如书名、刊名、文章标题等。这是一种根据文献的名称来查找文献的检索途径。一般来说，题名概括表明一种文献的特征，是识别特定文献的重要标志。题名检索途径一般准确性比较高，但是前提条件是必须知道完整的题名，或者知道题名的部分词语。

（4）著者途径，又叫责任者途径，是根据已知文献著者的名称查找文献的途径。著者有个人著者、团体著者。通过著者途径，能将同一著者在不同学科、不同主题范围的著作全部检索出来，这类检索途径的准确性也非常高，同样前提是必须知道著者的准确名称。

（5）代码途径。文献专用代码，是一些文献类型的特有标识，一般与文献的对应关系是唯一的。因而，这种检索途径的准确性相当高。如 ISBN（国际标准书号）、ISSN（国际连续出版物号）、专利号、合同号等。由于这种代码的流传性并不普遍，所以，一般读者使用这种检索途径较少。

其他如出处途径、时间途径等，一般只能作为上述检索途径的辅助，而很少能作为主要的检索途径。

2.4.5 选择检索方法

在检索途径确定之后，需要针对课题等具体内容和要求，选择正确的检索方法。常用的检索方法有：

（1）顺查法，即利用检索工具，以课题研究的起始时间为起点，由远而近、由旧到新查找文献的一种方法。它适用于一定时期、一定范围内的理论性和学术性专题文献资料的普查，具有很高的查全率、查准率，在撰写综述、述评时，往往采用这种方法。但顺查法的缺点是费时费力、劳动量大，检索效率低。

（2）倒查法，即根据课题要求，从课题的现状开始，沿着时间线索由近到远、由新到旧逆时间顺序查找文献的方法。查找时以最近的文献为起点，逐渐往前查找，直到基本满足文献资料的需求为止。这种方法的优点是，查找的文献全面系统，适用于检索新学科、新知识、新理论等专题文献资料，省时省力，效率高，但缺点是检索到的文献不够全面系统，容易漏检。

（3）抽查法，即根据学科发展的特点，抽出该学科发展较快、发表文献较多的年代，进行检索。使用这种方法，可以在较短的时间内，获取到大量的文献，但是前提是检索者必须对本学科的发展特点相当熟悉。

（4）追溯法，又称扩展法、引文法。它是以原始文献后所附的参考文献为线索，不断扩展和追踪相关文献信息，进行追溯检索的检索方法。这种检索方法一般是在没有可使用的检索工具或已知的文献线索很少的情况下使用的。它可以直接从已有文献后所附的参考文献目录入手，逐一扩检原始文献，扩大检索线索和检索范围，像滚雪球似的获得有关文献。因此，这一方法也适用于开创性课题以及对学科内容性质不好判断的文献进行检索。其优点是在没有检索工具或检索工具不全的情况下，借助原文能追查到一些相关文献，且检索结果较为准确。缺点是，所得到的参考文献有限，不够全面，比较陈旧，容易误检和漏检。

（5）循环法，又称分段法、交替法、综合法。具体做法是，在查找文献资料时，一般先利用检索工具进行顺查或者倒查，从分类、主题、书名、著者等途径查出一批相关文献，然后再利用文献附录的参考文献目录进行追溯查检，如此交替运用，循环不已，扩大线索，直到满足检索需求为止。这种方法的优点是：可弥补检索工具不足或不全的劣势，避免因检索工具缺乏、文献线索较少而造成的漏检，对解决复杂的检索课题有着重要的作用。

2.4.6　优化检索策略，获取原始文献

确定检索途径和检索方法之后，利用合适的检索工具，对课题所需的文献进行检索，在对检索结果进行评价的基础上，可以优化检索策略。若检索结果符合课题要求，这一检索过程即告结束；若检索成果未达到课题要求，则应查明原因，使用适当的方法进行扩检或缩检，或者变更查找方向，或者重新挑选检索工具、选择检索途径，继续检索，直到取得理想的检索结果。

最后根据检索结果中提供的文献线索，获取原始文献。做法是，先根据文献出处中提供的信息，判断文献的出版类型，是图书、期刊还是论文集等，然后确定文献的馆藏地，根据不同文献的借阅规则采用不同的方法来获取原始文献。

上述文献检索的六个步骤，并非每个检索课题都要一一经过，在实际进行检索时要区别对待，灵活运用。

思考与练习题

1. 常用的检索途径有哪些?

2. 哪些文献资源属于纸本型检索工具的范围?

3. 与数字型检索工具相比，纸本型检索工具有哪些优点和不足?

4. 文献信息检索包含哪些基本步骤?

第三章　图书与图书馆

本章提要

图书是人类文明的产物，它的演变，历经甲骨文、简策直至纸本和电子出版物，而图书馆则承担着保存图书和传播图书的主要功能。在我国，公共图书馆、高校图书馆和科学专业图书馆是最主要的图书馆类型。图书的排架，一般都是按照学科分类体系来进行的。图书馆的服务，不仅包含图书借阅，还有参考咨询、馆际互借和文献传递等服务，随着信息技术的进步和人们信息需求的提升，图书馆也在不断地挖掘自身的潜力，为用户提供更优质的服务。

3.1　图书的演变历程

中国是世界文明古国，她有着悠久而灿烂的民族文化。图书，作为历史文明的传承者，在中国亦有着悠久的历史。虽然人们已经进入了电子时代，电子图书、电子期刊、电子传媒等已成为人们生活不可或缺的一部分内容，但是，回眸往昔，那些在历史长河中沉淀下来的一本本图书、卷册，甚至于一片片甲骨，依然有着珍贵的历史与学术价值。它们是时代的见证，是文明发展的产物。按照中国图书发展的过程，图书的演变历程分为以下时期。

3.1.1 从远古到东汉初年纸发明之前的时期

在造纸术发明以前，我国古代的图书载体以甲骨、金石、青铜、竹简、丝帛等材料为主。这是中国图书的萌芽时期。

我国现存最早的图书是商朝后期的“甲骨文书”。甲为龟甲，骨即兽骨。甲骨文虽然不是正规的书，但具备了图书的特征，并可以从中了解殷商时期的历史和社会生活，我们称之为图书的萌芽。甲骨文最初出土于河南安阳小屯村的殷墟，1899 年才被发现。最初，种地的农民在黄土层下掘出许多龟甲兽骨，误作龙骨卖给药店。晚清内阁学士王懿荣患疟疾，所吃中药里便有一味龙骨。他发现上面刻有文字，字形与现在的文字不同，很难辨认，认为这种骨头一定很古老，就派人到药铺选了一些文字较为清楚的，全部买下。从此，这些甲骨文引起了许多学者的兴趣，他们对此加以收藏和研究。

除了甲骨的“书”以外，商代后期还出现了在青铜器上或石头上铭刻文字的“书”。

青铜器是用铜锡合金铸成的器具，铸刻在器具上的文字称为金文或钟鼎文。青铜器的种类很多，它在当时是非常神圣的东西。贵族们凡有重要文件需要长期保存或有重大事件需要永久纪念的，就把文件或事件铸刻在青铜器上。周朝的毛公鼎是传世古代器物上刻辞最长的一件。由于青铜器本身有其固有的作用，文字只是附加的，所以虽有书籍的作用，仍然不能算正规的书。

铭刻在石头上的文字有摩崖、碑、碣等。汉代著名的“石书”是东汉灵帝时熹平四年（公元 175 年）始刻的《汉石经》，世称《熹平石经》，由东汉著名学者蔡邕亲手书写，共刻六经，即《易经》、《书经》、《诗经》、《仪礼》、《春秋公羊传》和《论语》。碑高一丈、宽四尺，共 46 块。刻成后立于洛阳太学门前，为经书提供标准文本，但今已不存。汉以后较著名的“石头书”有《魏石经》、《开成石经》、《后蜀石经》、《北宋国子监石经》、《南宋高宗御书石经》等，“石头书”与“甲骨书”、“青铜书”不同的是，石头本身并无特殊用途，已经接近于正式的书籍了。

我国最早的正式书籍是用竹片、木板做的。用竹片写的书称“简策”，用木板写的书叫“版牍”。一根竹片叫作“简”，把许多简编连在一韦叫作“策”，编简成策的绳子或皮条叫作“编”。一块木板叫作“版”，写了字的叫“牍”。竹木简的使用，自商周以迄后汉，最盛行的时期是从春秋到东汉末年。

作为中国最早的书籍形式，简策对后世书籍产生的影响很深。但是，“竹木书”也存在着很多缺点，其一就是体积大，分量重，不便于携带。战国时学者惠施每次外出旅行都要带数车书籍，齐国的孟尝君每次外出收债都要带数车交易，秦始皇每天都要阅读一石（120斤）公文，汉朝东方朔写一篇文章用3,000多片竹简。“竹木书”的另一缺点是编简的绳子易断。孔子读《易经》时，曾使编简该书的牛皮绳子磨断过多次。

在“竹木书”盛行的同时，出现了缣帛的“书”。缣帛是丝织品，犹如今天书画使用的素绢。从一九七一年底到一九七四年春天，我国考古工作者发掘了湖南长沙马王堆的三座汉墓，除了发现一具两千多年没有腐烂的女尸，还获得了大量珍贵的文物。在这些文物中，尤其重要和罕见的是两幅彩绘帛画、两幅画在帛上的地图以及一大批帛书，同时出土的，还有六百多根竹简。缣帛的“书”收藏容易，携带方便，且柔软光润，易于着墨。但是缣帛产量少，成本高，所以“缣帛书”未能普及。

3.1.2 从东汉初期到北宋印刷术发明之前的时期

在当时文化发达、书籍需要增长的情况下，就需要一种价廉易得，既可以保持缣帛和简牍的优点，又没有其各种缺点的材料，这样，纸便被发明了。纸的发明者，一般都说是东汉的蔡伦，也有人指出蔡伦以前我国已经发明了造纸术，发明的时间也被提前到汉代初年。纸不是蔡伦一个人的发明，他是在总结前人经验的基础上，改进推广了新的造纸方法，使造纸技术向前跃进了一大步。

这个时期，我国图书多为纸写本（写本书）。之所以称之为写本书，一是为了区别于在纸写本之前已存在的、写于简帛上的"书"；二是为了区别于在雕版印刷术和活字印刷术发明之后，用雕版或活字印刷的书。纸写本的书有卷轴装、经折装两种形式。

卷轴装，盛于隋唐时期。它是指把字写在一张张纸上，而后把纸粘连成长幅，用一根细木棒粘在纸的左边，以此为轴向右卷起，成为一束。卷轴装的书，主要分卷、轴、褾、带四个部分。"卷"是卷子，是用纸或缣帛做成用以书写文字的。"轴"是用以旋转书卷的，分上、中、下三品，上品为琉璃、象牙、玳瑁、珊瑚，下品为木质漆轴，轴头镶骨、琉璃或瓷。"褾"俗称"包首"，是为了避免卷子边缘破裂，在卷子的两端及上下装裱，也叫"玉池"或"装褫"。"带"是用以缚扎的，带一端有牙签，带及牙签由于书卷内容的不同，而用不同颜色加以区别。如图 3-1：

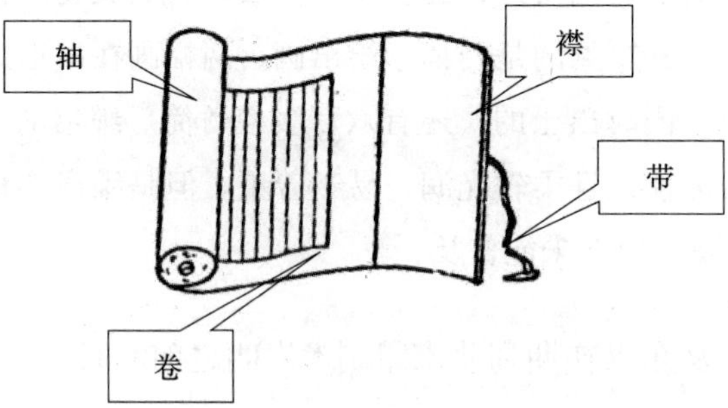

图 3-1　卷轴装

经折装，又叫梵夹装、折子装。将图书长卷按一定宽度左右折叠起来，加上书衣，使之成为可以随时展读的册子。历代刊刻佛经道藏，多采用这种装订形式。古代奏折、书简也常采用这一形式。它克服卷子展开、卷起都非常费时、费事的缺点，查索起来无须把全卷都展开，需查阅哪一页，可以直接翻出那一页，非常方便。如图 3-2：

图 3-2　经折装

3.1.3　从印刷术发明到 20 世纪末期

中国印刷术的发明是对人类文化的一个重大贡献。印刷术主要有雕版印刷术和活字印刷术两种，都是中国人发明并传播到全世界去的。

雕版印刷是把文字或图像线条刻于木板上，印刷时先将版面平放于桌上，用刷子沾上油墨，再把纸张平铺在版上，用干刷均匀用力使纸面着墨，再揭开时，就成了一叶书页。

活字印刷有泥活字印刷、木活字印刷，以及铜活字印刷、铅活字印刷等。其方法就是用胶泥、木头和铜、铅等材料制成反文单字，用以排版印刷。此种方法，改变了雕版印刷用许多块整版印书的方法。雕版印刷的图书有两种装帧方式，蝴蝶装和包背装。

蝴蝶装，即将每页书在版心处对折，有文字的一面向里，再将若干折好的书页对齐，粘贴成册。采用这种装订形式，外表与现在的平装书相似，展开阅读时，书页犹如蝴蝶两翼飞舞，故称为蝴蝶装（如图 3-3）。蝴蝶装是宋元版书的主要形式，它改变了沿袭千年的卷轴形式，适应了雕版印刷的一页一版的特点，是一重大进步。但这种版心内向的装订形式，人们翻阅时会遇到无字页面，同时版心易于脱落，造成掉页，所以逐渐又为包背装取代。

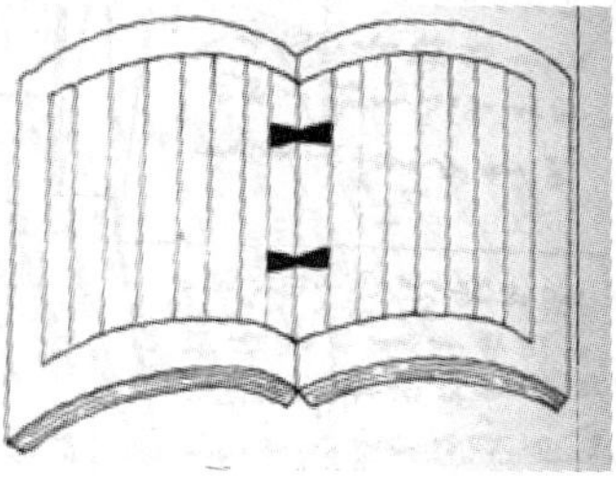

图 3-3　蝴蝶装

包背装，它是在经折装基础上发展而来的装订形式。将印好的书页版心向外对折，书口向外，然后用纸捻装订成册，再装上书衣，由于全书包上厚纸作皮，不见线眼，故称包背装（如图 3-4）。包背装出现于南宋，盛行于元代及明中期以前。清代宫廷图书如《历朝实录》、《四库全书》也采用这种装订方式。包背装改变了蝴蝶装版心向内的形式，不再出现无字页面，但未解决易散脱页的缺点，所以后来又发展为线装形式。

图 3-4　包背装

线装形式是传世古籍最常用的装订方式。它与包背装的区别是，不用整幅书页包背，而是前后各用一页书衣，打孔穿线，装订成册（如图 3-5）。这种装订形式可能在南宋已出现，但明嘉靖以后才流行起来，清代基本采用这种装订方式。其特点是解决了蝴蝶装、包背装易于脱页的问题，同时便于修补重订。

图 3-5　线装

3.1.4　从鸦片战争以后到现在机械化印刷术时期

鸦片战争以后，我国历史进入了一个日益加速的急剧转变时代。社会变化引起的政治改革要求、外国教会的活动、资本主义经营方式的发展和西方机械化印刷术的传入等诸种因素的相互刺激、相互影响，使得中国的图书和出版事业得到空前发展：图书种类日益增多、出版数量日益高涨、出版物新类型（杂志、报纸、教科书等）的诞生、新印刷技术（铅印、石印等）的采用、资本主义经营方式的出版企业的出现，标志着我国图书史进入了一个崭新的时代。

西方印刷术在 19 世纪初年传到中国，并且逐渐发展而代替雕版印刷术，成为图书出版的主要方法。西方印刷术，依其印版的构造方式可以分为三种：凸版、平版和凹版。后来，又有了铅字印刷术。

最先将铅字印刷术传入中国的是英国传教士马礼逊。最初期的铅字印刷术都掌握在外国人手中。当时的铅印书几乎全是宣传宗教的刊物，并且在形式上完全是模仿雕版书籍的。版面构造完全和雕版书一样，栏、界、中缝齐全，双叶单面印刷，线装。从外形上看，和雕版书没有任何区别。

3.2 图书的基本知识

图书都有一个中心主题或系统论述。图书的内容比较成熟、全面、系统、完整。尤其是科技图书，一般是对已经发表的科研成果、生产技术、科技知识和经验，或某一知识领域进行系统论述或总结之后重新组织编写而成的。它通常以会议论文、研究报告、期刊论文以及第一手资料为基本素材，经过作者分析、鉴别而重新组合，是综合、积累和传递科技知识的一种重要文献信息源。由于图书的出版周期较之期刊长，其报道的信息比期刊论文和专业学科文献迟。但科技图书中提供的知识全面可靠，有的内容还包括一些从未发表过的研究成果和资料，查阅这些图书有利于加强对综合性问题的了解以及对陌生问题的认识。

3.2.1 图书的基本结构

图书，无论其开本大小，以及内容如何，其装帧结构从外形上看，都是一致的，主要有以下部分：

封面。图书的封面，具有保护图书及美化书本的功用，一般图书在封面上印有书名、作者和出版者。

封底。与封面的作用相同，但是比较简单朴素。封底一般有该书的ISBN号。ISBN是“国际标准书号”之意，英文全称为International Standard Book Number。2007年以前，国际标准书号由十位数字组成，被三条短横线分为四段，每一段都有不同的含义。第一个号码段是地区号，又叫组号，大体上兼顾文种、国别和地区。参加国际标准书号体系的国家和地区各有固定的编码：如，0、1代表英语；2代表法语；3代表德语；4是日本出版物的代码；5是俄罗斯出版物的代码；7是中国大陆出版物使用的代码；89表示韩国；957和986表示台湾；962和988表示香港等。第二段号码是出版社代码，由其隶属的国家或地区ISBN中心分配。第三段号码是书序号，由出版社自己给出。第四段号码是计算机验证码。2007年1月1日起，国际标准书号升级为13位。现有的出版机构在其出版物前加上一个三位数字的前缀“978”，新成立的出版机构则加上前缀“979”。如ISBN978-7-04-015036-0，各段号码分别表示现有的出版机构、中国大陆出版物、出版社代码04、书序号015036、计算机验证码0。

书脊，即书芯表面与书背的联接处，也是精装书刊前后书壳与书背的联接处。平装书刊的书脊是平齐的，书芯表面与书背垂直；精装书刊的书脊则高出书芯表面。书脊通常印有书名、作者、出版者，图书馆书标也贴在它的下方。

书名页，即封面后载有本册图书书名、作者、出版者、版权说明、图书在版编目数据、版本记录等内容的书页，包括扉页和版本记录页。扉页提供图书的书名、作者、出版者，位于主书名页的正面，即单数页码面。版本记录页位于书名页的背面，版本记录页上部提供图书在版编目数据，其他未包含的出版责任人记录、出版发行者说明、载体形态记录、印刷发行记录排印在版本记录页的下部位置。

前言，也称序言，可分为自序及他序两种，由此部分可看出全书的内容概况。

目录，记载本书各章节标题，可当全书的大纲来看。

正文，是构成一本书的主体部分，也是图书的精华所在。

3.2.2 图书的类型

按照图书的编纂形式，图书可以分成以下类型：

专著，又称学术著作，是对某个主题进行较全面、系统论述的图书。它是作者长期积累的知识和科研成果的体现，其内容系统、全面、观点成熟，具有较高的学术价值。

教科书，是系统归纳和阐述某学科现有知识和成果的教学用书，一般文字易懂、循序渐进。

丛书，是汇集多种重要著作，依一定的原则、体例编辑而成的书，通常是为了某一特定用途、或面向特定读者对象、或围绕某一主题编撰而成。

工具书，是指为满足一定的检索需求，系统汇集有关的知识和信息，按便于检索的方法编排的图书，其内容概括、排列有序、查检快捷。

3.2.3 中国古代典籍之最

中国是世界上著名的文明古国之一，有四五千年文字可考的历史。根据历史上各个朝代国家藏书的分类目录和其他书目统计，我国自汉代到清朝末年的2,100余年间，共出版各类书籍181,000余种，现存的古籍约23万卷，真可谓卷帙浩繁，这里仅从浩如烟海、汗牛充栋的典籍中精选部分具有首创、鼻祖、立滥觞、开先河特征的略加介绍。

（1）法律类

《法经》是我国最早的一部成文法典，这是中国历史上第一部比较系统的封建成文法典，它是战国初期魏国李悝在总结春秋以来各国公布成文法的基础上制定的，在中国封建立法史上具有重要的历史地位。全书共六篇：盗法、贼法、囚法、捕法、杂法、具法。但此书已失传。

《秦律》是我国现存最早的一部法律。1975 年，在湖北省云梦县睡虎地秦墓发掘中，出土了大量的秦代竹简，简称云梦秦简，或曰出土秦律。它是秦朝建立前形成的以刑事法律规范为主，同时也包括其他很多部门法律内容的比较庞杂的法律体系，体现了秦朝“治道运行，皆有法式”的法治特征。

《唐律疏议》是我国现存最早而又最系统的法律专著，也是中国唐代刑律及其疏注的合编。

《中国珍稀法律典籍集成》，它是中华人民共和国成立以来收录珍稀法律典籍最多、最全的一部法律专书，是近百年来中国法律古籍发掘、整理的最重大成果。该书内容涉及中国古代社会的各个方面，是研究中国古代政治制度史、法律史、经济史、军事史、文化史的珍贵历史文献。

（2）军事类

《孙子兵法》是我国古代最著名的军事著作，现存最早的兵书，春秋时期孙武著。该书论述战争规律，包含着朴素的唯物论和辩证法，不仅受到我国，而且受到世界上许多国家的重视。

（3）哲学宗教类

《周易》是我国最早的哲学著作，也是最能体现中国文化的经典著作。《周易》认为世界万物是发展变化的，而这些变化都是阴阳相互作用的结果。它历经数千年之沧桑，已成为中华文化之根。

《四十二章经》是我国第一部汉译佛经，据说是由东汉迦叶摩腾、竺法兰汉译，其内容是把佛所说的某一段话称为一章，共选了四十二段话编集而成。

（4）历史地理类

《春秋》是我国现存最早的一部编年体史书，该书记载了自鲁隐公元年（公元前722年）至鲁哀公十四年（公元前481年）间242年的历史。它首创史书编年体体裁，以事系日，以日系月，以月系年，成为后世编年史的滥觞。全书不足17,000字，史实省略和文字简短到极点，相传偶有褒贬之意，后世称为“春秋笔法”。

《史记》是我国最早的一部纪传体通史，西汉司马迁撰。全书130篇，52万字，此书记事起于传说中的黄帝，迄于汉武帝，首尾三千年左右，体裁分传记为本纪、世家、列传，以八书记制度沿革，立十表以通史事的脉络，为后世各史开了先河。《史记》在我国文学史上也有很高的地位。全书文笔生动、语言精练、结构严谨、剪裁得当。一篇篇脍炙人口的传记文学，塑造了各式各样的人物形象，如完璧归赵的蔺相如、叱咤风云的项羽、豁达大度的刘邦等，都写得栩栩如生。

《山海经》是我国最早的地理著作，内容主要是民间传说中的地理知识，包括山川、道路、民族、物产、药物、祭祀等，保存了不少远古时期的传说，是研究我国古代历史、地理、文化、交通、民俗、神话等的重要参考文献，如精卫填海、女娲补天、夸父追日等故事都取自于它。

（5）语言文字类

《尔雅》是我国最早解释词义的词典，它收集、整理了汉朝以前的古汉语词汇，解释了先秦至西汉时期这些词语的意义和用法，是我国古汉语词汇学、词义学的始祖，是一部很好的语言学工具书，在我国语言学史上占有重要的地位。

《说文解字》是我国语言学史上第一部分析字形、解释字义、辨识读声的字典，是研究语言学史、汉字发展史及整理注释现存古籍的重要工具书。

《康熙字典》是我国古代收字最多的字典。

（6）文学作品类

《太平广记》是我国现存最早、篇幅最大的小说总集，全书 500 卷，近 300 万字。

《三国演义》是我国第一部古典长篇章回小说，《水浒传》是我国第一部白话文的古典长篇章回小说，《红楼梦》则是我国思想性、艺术性成就最高的古典小说。

（7）自然科学类

《五星占》是我国最早的天文学著作，1973 年在湖南长沙马王堆汉墓中出土的帛书中发现，原无篇名，“五星占”系后人所加。

《周髀算经》是我国最早的天文历算著作，书中主要阐明当时的“盖天说”和“四分历法”，数学上使用了相当繁复的分数法和开平方法，最早引用了勾股定理。

《九章算术》是我国数学史上一部最具代表性的专著。书中系统总结了先秦至东汉时期的数学成就。

《黄帝内经》又称《内经》，是我国现存最早的一部医学专著，该书运用阴阳五行学说，阐明辨证施治的医疗原理，直至今天仍然是研究中医学及中医理论和治疗方法的重要参考文献。

《本草纲目》是我国现存规模最大的中草药专著，明代李时珍编纂。书中系统总结了我国 16 世纪以前药物学的丰硕成果，内容极为丰富，是我国药物学和植物学的宝贵遗产，对我国乃至世界的影响都很大。

《齐民要术》是我国现存最早、最完整的一部古农书。书中系统总结了公元6世纪以前黄河中下游地区农业生产的技术水平和成就，内容丰富，规模宏大，范围广泛。

《天工开物》是我国古代第一部综合性科学技术书籍，全书内容涉及手工业和农业的各个方面，对原料的品种、用量、产地、工具构造及生产加工的具体操作过程等，记载都很详备。

3.3 图书馆基本知识

图书馆是社会文献的收藏机构，是系统搜集、整理、保存、传播和利用书刊资料，为一定社会的政治、经济和文化服务的科学、教育、文化机构。早在公元前3000年时，巴比伦的神庙中就收藏有刻在胶泥板上的各类记载。最早的图书馆是希腊神庙的藏书之所和附属于希腊哲学书院（公元前4世纪）的藏书之所。我国的图书馆历史悠久，只是起初并不称作“图书馆”，而是称为“府”、“阁”、“观”、“台”、“殿”、“院”、“堂”、“斋”、“楼”罢了，如西周的盟府、两汉的石渠阁、东观和兰台、隋朝的观文殿、宋朝的崇文院、明代的天一阁、清朝的徐家汇藏书楼等。“图书馆”是一个外来语，于19世纪末从日本传到我国，近代藏书楼逐渐演变为现代意义上的图书馆，图书馆的职能发生了很大的变化。

3.3.1 现代图书馆职能与馆藏特点

为了便于掌握各种图书馆的特点和它们的工作规律，需要把我国图书馆按主管部门或领导系统划分成不同的类型。我国的图书馆主要有以下几大类型：

（1）公共图书馆

公共图书馆（public library）是综合性图书馆，其服务对象主要是本辖区内的公众读者。按不同的行政级别，分为国家级、省（直辖市）级、市（县）级和街道（乡镇）图书馆等。

公共图书馆的主要职能是：搜集、整理与保存文化典籍和地方文献；为本地区的经济建设和科学研究提供书刊资料；传播科学文化知识，向广大群众进行社会教育，提高全民族的科学文化水平；负责编辑和出版各种藏书目录和索引，为读者提供书目服务；开展图书馆学理论和技术方法的研究，对基层图书馆进行业务辅导；在有关主管部门领导下，推动本地区各系统图书馆间的协作和协调，组建图书馆网络。

公共图书馆的特点是：藏书是综合性的，一般都拥有地方文献专藏；读者对象比较广泛，包括各种职业、各种年龄、各种文化程度的读者；业务活动领域广泛，这是由它所承担的为大众服务和为科学研究服务的双重任务决定的。

我国的国家级图书馆是中国国家图书馆（http://www.nlc.gov.cn/）（原北京图书馆）。2008 年国家图书馆二期工程暨国家数字图书馆工程正式启用，目前一馆三舍（包括北海古籍馆、白石桥总馆、数字图书馆）共 25 万平方米，居世界国家图书馆第三，亚洲首位。北海古籍馆位于北京北海公园边的文津街，馆舍面积共 17 万平方米，设有三十余个阅览室，日均可接待读者六七千人次，提供以普通古籍、古籍善本为主的文献服务。白石桥总馆位于北京市海淀区白石桥，占地 7.24 公顷（约 72,400 平方米），建筑面积 14 万平方米，书库有地上 19 层，地下 3 层，提供以外文文献、中外文专藏文献为主的研究性服务。数字图书馆主楼地下 3 层，地上 5 层，主要包括书库、《四库全书》存放及展示区、学术交流区、阅览区、数字图书馆设备及服务区，提供以中文新文献和电子资源为主的大众阅读服务。国家图书馆设有各具特色、满足读者不同需要的阅览室46个，其中开架阅览室23个，约210万册书刊供读者自行选阅，实行365天“全年候”开馆，日均接待读者1.36万人次，日文献流通量70,000余册（件）次。

中国国家图书馆馆藏宏富，品类齐全，古今中外，集精撷萃。截止到2007年底，馆藏文献已达2,631万册（件），并以每年60万册（件）左右的速度增长。

国家图书馆的藏书可上溯到700多年前的南宋皇家缉熙殿藏书，最早的典藏可以远溯到3,000多年前的殷墟甲骨。国家图书馆的珍品特藏包括善本古籍、金石拓片、古代舆图、敦煌遗书、少数民族图籍、名人手稿、革命历史文献、家谱、地方志和普通古籍等260多万册（件）。外文善本中最早的版本为1473-1477年间印刷的欧洲“摇篮本”，这部分藏品极为珍贵，闻名遐迩，世界瞩目。

国家图书馆全面入藏国内正式出版物，是世界上入藏中文文献最多的图书馆。它也重视国内非正式出版物的收藏，是国务院学位委员会指定的博士论文收藏馆，它还是图书馆学专业资料集中收藏地，全国年鉴资料收藏中心，并特辟香港、台湾、澳门地区出版物专室。

国家图书馆的外文书刊购藏始于上世纪20年代，是国内典藏外文书刊最多的图书馆，并大量入藏国际组织和政府出版物，是联合国资料的托存图书馆。

随着信息载体的发展变化和电子网络服务的兴起，国家图书馆不仅收藏丰富的缩微制品、音像制品，还入藏了国内外光盘数据库近百种，电子出版物8,000余种。

经过不懈的努力，国家图书馆在搜集、加工、存储、提供和开发文献等方面，已形成了具有中国特色的藏用并重的格局。国家图书馆研究和采用现代技术，指导全国图书馆实行标准化、规范化、数字化和网络化建设。它面向全国各族和各阶层人民，承担着为中央国家领导机关，重点科研、教育、生产单位和社会公众服务的任务；同时它也是我国重要的文化机构，代表国家执行有关对外文化协定，开展国际间的图书馆界交流与协作。

北京地区的市级公共图书馆是首都图书馆（http://www.clcn.net.cn/），位于东南三环华威桥东侧。首都图书馆的历史可追溯至1913年，由鲁迅先生亲自参与倡建的京师图书分馆、京师通俗图书馆和中央公园图书阅览所三馆几经合并演变而成。2001年5月1日，作为北京市四大文化标志性建筑之一的首都图书馆新馆一期（A座）正式对外开放。2004年，北京市少年儿童图书馆迁入。2012年9月28日，首都图书馆新馆二期（B座）正式对外开放。首都图书馆占地面积3.8万平方米，A座与B座以连廊相连结，总建筑面积9.4万平方米，具有2万人次的日接待能力。首都图书馆现藏各类文献逾650万册（件），古今中外文献并汇，学科门类齐全，文献载体多样，尤以古籍善本、北京地方文献、近代书报、音像资料、外文书刊最富特色。

（2）高校图书馆

高校图书馆（university or college library）是研究性图书馆，其服务对象主要是各高校内的教师与学生。

高校图书馆是学校的文献信息中心，是为教学和科学研究服务的学术性机构，是高校学生的第二课堂，它承担着对全体学生进行专业教育、综合教育和书目教育等方面的重要任务。

高校图书馆的职能主要有：采集各种类型的文献资料，进行科学的加工整序和管理，为学校的教学和科学研究工作提供文献情报保障；开展流通阅览和读者辅导工作；开展用户教育，培养师生的情报意识和利用文献情报的技能；开发文献情报资料，开展参考咨询和情报服务工作；统筹、协调全校的文献情报工作；参加图书情报事业的整体化建设，开展多方面的协作，实现资源共享；开展学术研究和交流活动。

北京地区最著名的高校图书馆是北京大学图书馆（http://www.lib.pku.edu.cn/），它也是亚洲地区规模最大的高校图书馆。北京大学图书馆的前身是始建于1902年的京师大学堂藏书楼，至今已有100多年的历史。其馆藏图书已达530余万册，馆藏中的古籍善本、金石拓片最具特色，为国内罕见。

北京师范大学图书馆（http://www.lib.bnu.edu.cn/）也是北京地区规模较大的高校图书馆之一，其藏书量约为290万册，它的馆藏以教育类书刊、中西文古籍最具特色。此外，清华大学图书馆（http://www.lib.tsinghua.edu.cn/），其馆藏书刊已达269万多册（件），以自然科学及工程技术科学文献为主体，兼有人文、社会科学及管理科学文献的多种类型。

北京语言大学图书馆（http://lib.blcu.edu.cn/）馆舍面积有9,870平方米，藏书量约100万册。其中线装书4.5万余册，中文期刊2,722种，外文期刊484种。它的馆藏以对外汉语教学和语言类文献资源为特色，主要任务是为本校教师与学生提供相关学科的文献保障。

（3）科学和专业图书馆

科学和专业图书馆主要指我国的一些科学研究机构，如中国科学院、中国社会科学研究院所属的各级文献情报机构，以及其他一些学术性学会、专业性协会等所属的图书情报单位，还包括我国各部委、各系统所属的专业性图书馆等。

科学和专业图书馆的藏书具有很强的学科性，一般都是收集某一学科的文献，馆藏范围窄，内容专深，本学科文献的收藏较齐全，读者对象也以本机构研究人员为主。

这类图书馆以中国科学院国家科学图书馆为代表。中国科学院国家科学图书馆曾名中科院文献情报中心、中国科学院图书馆，它是我国最大的综合性科学图书馆，位于北京中关村北四环西路，建筑面积 4 万余平方米，拥有国内最完备、最系统的自然科学基础学科和高技术领域科技文献 520 余万册（件），其中自然科学文献占 70% 以上，收藏特色是期刊多、专利文献多、科学技术史料多、自然科学基础文献多、新技术著作多。

公共图书馆、高校图书馆与科学专业图书馆都属于文献收藏机构，能提供文献资源和文献信息服务，但它们之间的区别在于：

（1）服务对象不同。公共图书馆面向社会公众，读者来源广泛，层次不一，差别很大；而高校图书馆和科学专业图书馆则只服务于本校或本系统，读者大多具备较高文化素质和科研水平，因而对图书馆信息服务的要求较高。

（2）藏书范围各有侧重。公共图书馆藏书内容是综合性的。国家图书馆是我国最大的图书馆，藏书最为齐全，各学科门类的图书都有收藏。其他公共图书馆则一般根据地方特色来进行收藏，形成各自特色馆藏，如首都图书馆的北京地方文献特色馆藏、广东中山图书馆的广东地方文献资料和孙中山文献专藏等。高校图书馆则根据本校科研与教学的需要，收藏符合本校师生需要的文献信息资源。如清华大学图书馆以自然科学和工程技术类信息资源为主，北京大学医学部图书馆以医学文献资源丰富而著称，北京语言大学图书馆的对外汉语教学文献资源颇具特色。至于科学和专业图书馆馆藏更为狭窄，仅收藏本专业研究性文献资源，且对于本专业刊载最新研究成果的文献资源收集较为及时。

（3）行使的职能不同。国家图书馆要按规定负责收集和保管本国的所有重要出版物的副本，对本国的文化知识成果起到储藏作用。其他地方性的公共图书馆则必须承担起普及科学文化知识、活跃人们的文化生活的职责。高校图书馆必须担负着为学校教学和科研服务的重要任务，它是高校的第二课堂。科学和专业图书馆要为各自的研究专业提供最新和及时的文献保障。

3.3.2 图书馆之最

世界上最古老的图书馆，已知的是考古学家在伊拉克发现的一座公元前 1800 年的图书馆。馆内有保存完好的 800 多件备忘录一览表，根据专家鉴定，大部分保存下来的图书，如宗教经文、地理记述和语法读本，还有综合性哲学著作等，都在一览表上有记载。书籍作者均为巴比伦人。

世界最大的图书馆是美国国会图书馆，馆址在华盛顿特区国会山上，创建于 1800 年 4 月 24 日。1982 年时，入藏品达 79,762,191 种，其中包括书籍和小册子 19,721,066 卷。该馆建筑面积为 14 公顷，书架总长达 856 公里。

古代最大的图书馆是亚历山大图书馆。它的藏书非常丰富，数量上说法不一，有的说是 10 万卷或 20 万卷，有的说是 50 万卷。它收藏了几乎全部希腊的重要文献和其他各国的学术作品，这一点是毋庸置疑的。它是当时具有国际性的图书馆，各国图书馆都把经亚历山大图书馆校订的版本视为标准本。

全世界究竟有多少图书馆，这是无法回答的问题，甚至连国际图书馆协会与学社联盟（International Federation of Library Associations and Institutions，IFLA）也不能给出一个大致的数字，只能估计全球各国较大的公立和半公立图书馆每年所耗的经费总数为 150 亿至200亿美元之间，其中西欧各国和美国的图书馆各占50亿美元，千千万万个图书馆每年用于购买书报杂志的款额约为40亿至50亿美元。如果将私人图书馆的购书款计算在内，数字就至少要增加1倍。

3.4 图书是如何分类的

3.4.1 图书馆文献的分类

图书馆的文献浩如烟海，对文献进行分类与组织是图书馆不可缺少的一项工作。图书馆文献一般按照文献所属的学科性质进行分类。所谓图书分类，就是根据图书的学科内容或读者对象、文种、编辑形式、体裁等特征来分门别类地组织图书。

不同国家有不同的图书馆图书分类体系，如美国和西方一些国家采用《美国国会图书馆图书分类法》；我国许多图书馆曾经采用过不同的图书分类法，如《中国人民大学图书馆图书分类法》、《中国科学院图书馆图书分类法》、《中国图书馆图书分类法》等。其中，《中国图书馆图书分类法》因其列类详尽科学、标记清楚，已成为我国各图书馆当前普遍采用的分类方法，也成为我国的国家标准分类法。

《中国图书馆图书分类法》(简称《中图法》)1975年正式出版，目前最新的版本是2010年编制的第5版。它采用五分法的分类体系，把图书资料所包括的知识内容划分为“马克思主义、列宁主义、毛泽东思想”、“哲学”、“社会科学”、“自然科学”和“综合性图书”五大基本部类。

由于社会科学和自然科学这两个科学部类的内容较多，在图书分类中需要进一步展开，因此,《中图法》在五大基本部类的基础上，扩展为二十二个基本大类。每个大类分别用一个大写的英文字母表示。详见下表：

表 3-1 《中图法》基本大类

A	马克思主义、列宁主义、毛泽东思想	G	文化、科学、教育、体育	O	数理科学和化学	U	交通运输
B	哲学	H	语言、文字	P	天文学、地球科学	V	航空、航天
C	社会科学总论	I	文学	Q	生物科学	X	环境科学、劳动保护科学
D	政治、法律	J	艺术	R	医药、卫生	Z	综合性图书
E	军事	K	历史、地理	S	农业科学		
F	经济	N	自然科学总论	T	工业技术		

在国际上，另外还有两种分类方法被广泛使用，分别是《杜威十进分类法》和《国际十进分类法》。

《杜威十进分类法》(Dewey Decimal Classification)，是美国麦维尔·杜威编制的有关综合性等级列举式分类法的著作，英文简称 DC 或 DDC。这部分类法根据 17 世纪英国哲学家培根关于知识分类的思想，将人类知识分为记忆（历史）、想象（文艺）和理性（哲学，即科学）三大部分，并将其倒置排列，展开为 10 个大类，分别是：000 总论；100 哲学；200 宗教；300 社会科学；400 语言学；500 自然科学；600 技术科学；700 美术；800 文学；900 历史、地理。

《杜威十进分类法》是世界现代文献分类法史上的一个重要里程碑。它是世界上现行文献分类法中流行最广的一部分类法，现已用

30 多种语言出版，被世界上 135 个国家和地区的图书馆采用。美国 95% 的公共图书馆及中小学图书馆、25% 的高校图书馆和 20% 的专门图书馆采用 DC。美国国会图书馆的印刷卡片，英美两国的在版编目数据，12 个国家的机读目录和 10 个国家的国家书目也都采用了 DC。中国早在 1910 年就开始翻译介绍 DC，并陆续出现了一批仿照 DC 体系并结合中国特点进行补充、修改的分类法。《杜威十进分类法》的理论与技术对中国现代文献分类法的发展产生过一定的影响。

《国际十进分类法》(Universal Decimal Classification，UDC)，又称为通用十进制分类法。它是国际通用的多文种综合性文献分类法，由比利时人 P.-M.-G. 奥特莱和 H.-M. 拉封丹在《杜威十进分类法》第 6 版的基础上编成。《国际十进分类法》是世界上规模最大，用户最多，影响最广泛的一部文献资料分类法。自 1899-1905 年比利时学者奥特莱和拉封丹共同主编出版 UDC 法文第 1 版以来，现已有 20 多种语言的各种详略版本。近百年来，UDC 已被世界上几十个国家的 10 多万个图书馆和情报机构采用。UDC 目前已成为名符其实的国际通用文献分类法。

UDC 由主表和辅助表及索引组成。主表分为以下 10 大类（据 1989 年英文中型版）：0 总类、科学和知识；1 哲学、心理学；2 宗教、神学；3 社会科学；4（　　）；[①]5 数学和自然科学；6 应用科学、医学、技术；7 艺术、娱乐、体育；8 语言、语言学、文学；9 地理、传记、历史。

《美国国会图书馆分类法》(Library of Congress Classification)，是美国国会图书馆根据该馆藏书编制的综合性等级列举式图书分类法，简称 LCC。LCC 各类的细分程度取决于该馆藏书的数量和内容，不

① 原为“语言”，后将“语言”归至“8 语言、语言学、文学”，因此，此处暂空。

强调整个体系的严密性，类目偏重于历史、社会科学和文学。LCC各分册均有索引，各大类类表可做独立的专业分类表使用。LCC共分20大类：A综合性著作；B哲学、宗教；C历史：辅助科学；D历史：世界史；E-F历史：美洲史；G地理、人类学；H社会科学；J政治学；K法律；L教育；M音乐；N美术；P语言、文学；Q科学；R医学；S农业、畜牧业；T技术；U军事科学；V海军科学；Z书目及图书馆学。分类号由字母与数字组成，数字部分按整数顺序制编号。此分类法实用性强、类目详尽，不但适用于综合性图书馆，也适用于专业图书馆。LCC的分类号现已载入英美等国的在版编目数据、美国国会图书馆发行的印刷卡片以及若干国家的机读目录之中。

在我国古代，图书分类一直以传统的四部分类法为主导。汉代刘歆编就的《七略》，虽采用六部分类法，但自从西晋荀勖编成《中经新簿》，以甲、乙、丙、丁四部分类记录图书以后，四部分类法即取代了六部分类法，为学界普遍接受。此后，东晋著作郎李充编修《晋元帝四部书目》，在沿袭四部分类法基础上，将四部次序做了调整，把原著录诸子著作的乙部，改作著录史学著作，把原著录史学著作的丙部，改作著录诸子著作，使分类法更适应了文化典籍的实际情况和学术发展趋势，进一步奠定了四部分类法的学术根基。而唐代官修的《隋书·经籍志》，正式以经、史、子、集命名四部，以取代甲、乙、丙、丁，使四部分类的名称与内容相互吻合，分类体系一目了然，最终确立了四部分类法在目录分类中的主流地位。从此，经、史、子、集四部分类法代代相因，直至清代编成的我国历史上体制最为庞大的大型目录著作《四库全书总目》仍在沿用。

经部包括十类：易类、书类、诗类、礼类（周礼、仪礼、礼记、三礼总义、通礼、杂礼）、春秋类、孝经类、五经总义类、四书类、乐类、小学类（训诂、字书、韵书）。经部是封建文化的一种标志。这一部类容纳的是封建社会统治阶级“认可”的必读书，主要包括十三经、四书、古乐、文字学等方面的书籍，以解释经书的著述。

史部包括十五类：正史类、编年类、纪事本末类、别史类、杂史类、诏令奏义类（诏令、奏义）、传记类（圣贤、名人、总录、杂录、别录）、史钞类、载记类、时令类、地理类（宫殿疏、总志、都会郡县、河渠、边防、山川、古迹、杂记、游记、外记）、职官类（官制、官箴）、政书类（通制、典礼、邦计、军政、法令、考工）、目录类（经籍、金石）、史评类。史部主要是各种体裁的史书，如纪传体、编年体、纪事本末体史籍，也包括地理著作、政书、目录书。史部中容纳这些书的类目很多，反映了我国史籍的丰富。

子部包括十四类：儒家类、兵家类、法家类、农家类、医家类、天文算法类（推步、算书）、术数类（数学、占候、相宅相墓、占卜、命书相书、阴阳五行、杂技术）、艺术类（书画、琴谱、篆刻、杂记）、谱录类（器物、食谱、草木鸟兽虫鱼）、杂家类（杂学、杂考、杂说、杂品、杂纂、杂编）、类书类、小说家类（杂事、异闻、琐语）、释家类、道家类。子部范围极广，收书比较复杂。有哲学书，也包括算书、天文、生物、医学、农学、军事、艺术、宗教著作、笔记小说与类书。由于时代、阶级及人们对自然现象认识的局限，子部中也有一些含有极浓的迷信色彩的类目，如术数类的数学、占候、相宅相墓、占卜、命书相书等及其中包含的书籍。

集部五类：楚词类、别集类（汉至五代、北宋建隆至靖康、南宋建炎至德祐、金至元、明洪武至崇祯、清朝）、总集类、诗文评类、词曲类（词集、词选、词话、词谱词韵、南北曲）。集部收历代作家或多人著作的集子，一人著作的集子称之为别集，多人著作的集子称之为总集。历代作家的文集既有文学作品，也包括评论诗、文、词、曲的著作，虽以文学为主，但又不限于文学。

3.4.2 图书馆目录组织

图书馆目录是揭示、识别和检索馆藏文献的工具。它揭示文献特征，提供识别文献的依据，从文献的题名、责任者（著者）、主题、分类等方面指引检索文献的途径，并标识文献在书架上的排列位置。图书馆目录除供读者使用外，也是图书馆员从事文献采购、参考咨询、保管典藏等工作必不可少的工具。

图书馆目录的基本职能是揭示馆藏文献的内容和外部形式特征，回答以下问题：本馆是否藏有某一特定题名的文献以及藏有这一文献的哪些版本？本馆是否藏有某一特定责任者的文献以及藏有这一责任者的哪些文献？本馆是否藏有某一特定主题的文献以及藏有这一主题的哪些文献？本馆是否藏有某一特定知识门类的文献以及藏有这些知识门类的哪些文献？

图书馆目录的具体作用表现在：

（1）提供读书范围，开阔读书视野。列宁在写《俄国资本主义的发展》时，曾利用目录参考了500多种图书资料，他的夫人克鲁普斯卡娅说："如果没有图书馆的图书目录，其中有许多书他甚至还不知道。"

（2）揭示图书特征，以利于检索和选择图书。某一领域或某一方面的图书往往有成千上万种，因此，读书必须有所选择。目录的功能之一，就是通过各个著录项目的内容，为选择图书提供基本的依据。

图书馆目录不仅是读者检索图书的工具，也是图书馆工作人员开展各项工作的重要工具。目录本身就是一种情报产品，是人们获取情报信息的一种"情报源"，因为目录能提供知识信息和其他信息，目录能够提供有关事物的动态和发展趋势。

按照目录的载体形式，图书馆目录有书本式目录、卡片式目录和机读目录等。

书本式目录是将文献的各种特征按照一定的规则和格式记录在本册上而形成的目录。书本式目录的优点是：可以一次编成，大量印制，广泛传播；体积小、易于携带，便于远离图书馆的读者和各馆间的交流利用。其主要缺点有：不能随时反映最新文献，需编制补充目录；如补充目录过多，会造成查阅不便；内容陈旧的文献，无法及时从目录中剔除。

卡片式目录是将文献的各种特征记录在卡片上（目录卡片的国际标准规格为 75 厘米 ×12.5 厘米），再将它们按照一定规则组织而成的目录。卡片式目录的优点有：可随编、随排、随时利用，具有流水作业的性质；可依照读者的需要灵活组织，及时更新，而且整个目录不受影响。其主要缺点是：体积庞大，需占用大量空间；一张卡片款目只能提供一个检索途径；不能供远离图书馆的读者使用。

卡片式目录的历史可追溯到一百多年以前。1861 年，美国哈佛大学图书馆卡片式目录正式向读者开放。19 世纪末，西方许多图书馆建立了卡片式目录，作为对书本式目录的补充。到 20 世纪初，卡片式目录已成为图书馆主要的目录形式，80 年代以后，在一些自动化程度较高、已经建立起机读目录的图书馆，卡片式目录已逐步被机读目录所取代。美国国会图书馆从 1982 年起已经“冻结”卡片式目录（即新书已不再制作卡片排入卡片目录中），而用其他形式目录取代之。我国图书馆大多从 20 世纪 90 年代以后逐步取消了卡片式目录，但由于某种原因，部分图书馆的部分馆藏图书还保留着卡片式目录，以供读者检索和图书馆工作使用。

机读目录是以编码形式和特定的结构记录在计算机存贮载体上，可以由计算机自动控制、处理和编辑输出的目录，简称 MARC（Machine-Readable Catalogue）。机读目录的出现是图书馆目录史上的一次划时代的变革，其特点是一次输入，多次、多角度输出，提高了文献的可检性，通过计算机联网还可提高文献利用率与文献资源社会共享程度。这种目录是当今绝大部分图书馆采用的图书目录。

机读目录又称 Online Public Access Catalogue，缩写为 OPAC，即联机公共查询目录。OPAC 是网络上的公共资源，凡互联网用户都可检索本馆 OPAC，因此，我们又称之为 Web OPAC。OPAC 的检索途径灵活多样，用户界面简单友好，书目信息的描述丰富详细，还可以实行多样化的资源推荐方式，链接了开放资源，充分体现了“以用户为中心”的理念，方便用户一站式搜索，实现了图书馆服务的无缝链接。

下面以中国国家图书馆的 OPAC 为例，介绍图书馆联机公共目录的使用：

国图目前使用的是 2003 年从以色列 Ex Libris 公司引进的 ALEPH 500 计算机集成管理系统，这个系统的 Web OPAC 给读者提供了良好的服务窗口。

如图 3-6 所示，这是一个集成性的搜索引擎，通过这个搜索平台可以检索馆内所有资源的目录，读者只需在搜索文本框中输入要查找的内容，再在检索框下方的图书、期刊、报纸、论文、古籍、音乐、影视、缩微等八个单选按钮中选择需要的资源类型，就可以检索到所需的资料书目信息。

图 3-6　中国国家图书馆的 OPAC

检索的结果如图 3-7 所示，不仅提供了书名、责任者、出版者等事项，还提供了内容提要和馆藏信息。同时，还有添加到电子书架、保存 / 邮寄等网络工具。

图 3-7　中国国家图书馆 OPAC 检索结果页面

3.5　图书馆里有哪些服务

3.5.1　图书馆的内部结构与相互关系

每个图书馆的内部组织不完全一样，但是都遵循着一定的规律组建而成，一般可以分成以下部分：

（1）行政部门，包括图书馆办公室、馆长办公室、人事部、后勤保障部等职能部门，主要负责图书馆的整体规划、公共关系、人事管理、财务管理、后勤管理等。

（2）文献资源建设部门，包括图书馆采编部、资源建设部、采访部等职能部门，主要负责图书馆文献资源的建设规划、采购、加工、文献数据的整合等，这些部室工作的对象主要是各种文献资源。

（3）读者服务部门，包括图书馆读者服务部、流通阅览部、参考咨询部、馆际互借部等，主要负责为读者提供各种文献资源，满足读者对于文献检索、文献借阅和传递的需求，为读者提供用户教育等，这些部室工作的对象是来馆的各类读者。

（4）技术支持部门，包括图书馆技术部、自动化部等，主要负责图书馆各部门的网络规划、维护、计算机硬件维修、操作系统和集成系统的维护、文献资源的数据安全等，这些部室工作的对象是与图书馆有关的各种自动化技术。

图书馆各部室之间相互配合，共同的理念是为每位读者服务，使文献资源得到充分的利用。其中文献资源建设部门和读者服务部门是图书馆的两大核心业务部门，而图书馆行政部门则是各部室之间的润滑剂，在人事管理和后勤保障方面促使着两大部门发挥出最大的效益；技术支持部门则是整个图书馆高效运行的技术保障。

3.5.2 图书馆的服务

图书馆是为读者提供文献服务的信息场所，从文献布局上看，图书馆主要分为纸质书刊区（报刊区、图书区（开架区和闭架区））、数字资源区、阅览区、工作区以及服务区等部分，在这些区域中，除了工作区以外，其余区域用不同方式为读者提供文献服务。图书馆的服务主要有以下几种方式：

（1）借阅服务。图书借阅服务是图书馆最基本的文献服务形式，这个服务主要集中在纸质书刊区域。图书只有在借阅和流通中才能实现它的信息传播价值。不同图书馆面对的读者对象和服务的重点不同，因此借阅的规则不同。公共图书馆面向辖区内所有公民借阅图书，借阅期限为一个月至三个月不等。高校图书馆只对本校师生开放借阅，部分教师的借阅期限甚至可以延长至半年。图书馆的借阅方式有开架借阅和闭架借阅两种。目前我国多数图书馆的书库采用的是开架借阅，但是某些珍藏古籍的书库以及大型书库，出于保护图书的目的，仍然采用了闭架借阅。在借阅手续上，随着科学技术的进步，自助借还书系统出现在很多的图书馆，自助系统对粘贴有相关识别标签的图书资料进行读取、识别和归还处理，使读者自助完成归还操作，整个过程仅需几分钟。

（2）参考咨询服务。图书馆的参考咨询服务是图书馆重要的服务形式之一。它能直接与读者进行交流，解答读者在使用图书馆和文献查找时所产生的疑问，帮助读者用最快捷的方式获取和收集文献。参考咨询服务，根据交流沟通的方式，有面对面咨询、电话咨询、在线咨询以及邮件咨询等。随着信息技术的快速发展，数字参考咨询服务已经被越来越多的图书馆所青睐，它延伸了图书馆的信息服务领域，并改善了图书馆的服务环境和模式。在数字化信息环境中，用户希望可以不受系统、资源和时空的限制，提出的任何信息咨询都能够在全网络中搜寻，并且能够享受实时的、不间断的咨询服务，最终获得精准、可靠、满意的答案。在这种发展趋势下，数字参考咨询服务应运而生，成为了图书馆员帮助用户解决问题的最重要的服务方式。图书馆数字参考咨询服务是图书馆未来发展的重要组成部分，也是最能体现图书馆服务增值和图书馆员自身价值的一部分，它利用一切可用的技术和方法，加强了人与人之间的交流和沟通，同时也是对馆藏资源的有效利用。

（3）馆际互借和文献传递。在信息化的今天，任何一所图书馆都不能满足读者的全部需求。因此，资源共享成为我们寻求的方向。依托现代的信息技术和物流方式，越来越多的图书馆加入到了馆际互借的行列。馆际互借指不同图书馆之间图书资料的流通与借阅。这种方式把许多图书馆连成一个整体，实现了文献信息资源的共建、共知、共享，弥补了各自馆藏资源的不足，让珍本、孤本实现共享，使各馆资源得到最大限度的利用，避免文献采访的重复浪费，从而解决在经费紧张的情况下，读者需求的无限性与图书馆收藏的有限性之间的矛盾，充分发挥各图书馆书刊资源的优势，实现优势互补。[①]1999 年 1 月，由北京图书馆（现中国国家图书馆）召集的全国公共图书馆、高校图书馆、国家行政机关图书馆以及情报院（所）等系统 122 个单位参加了“全国文献信息共建共享协作会议”，签署了《全国图书馆馆际互借公约》。此后，北京图书馆与北京大学、清华大学、中国科学院分别签订了合作协议书，这标志着我国图书馆馆际互借进入了实质性阶段。[②]2007 年 11 月，“北京地区高校图书馆文献资源保障体系（BALIS）”正式成立，它依托中国高等教育文献保障系统（CALIS），实现文献信息资源的共建、共知、共享，为北京的高等教育服务，为北京的经济建设和社会发展服务。我馆（北京语言大学图书馆）是 BALIS 的成员馆，凡我馆的正式读者都享有从这个保障体系借阅图书的权利。读者只需在图书馆主页的链接页面上进行注册之后，就可以提交馆际互借的申请。与馆际互借相互补充的一种资源共享方式就是文献传递。文献传递可以将您需要的文献资源的电子版发到注册读者的邮箱里，不需要返还。这种资源共享的方式方便快捷，不受时间和空间的限制，适合于篇幅较少的文献资源。

（4）代查代检。很多图书馆还提供代查代检的服务，主要是针对一些检索技术非常不熟练，或者有特殊需求的读者。这类服务有

---

① 孟春红.我国馆际互借现状及问题研究[J].衡水师专学报，2003（2）.

② 梁庆桦.浅析中西方馆际互借模式[J].图书馆建设，2003（4）.

时需要收费，如查收查引服务。这种服务的内容是：通过作者姓名、作者单位、文献篇名、期刊名称、会议名称、会议时间、会议地点、发表时间等途径，查找文献被 Web of Science（SCI 科学引文索引、SSCI 社会科学引文索引、A&HCI 艺术和人文科学引文索引）、ISI Proceedings（ISTP 科学技术会议录索引、ISSHP 社会科学及人文科学会议录索引）、EI（工程索引）、CSCD（中国科学引文数据库）、CSSCI（中文社会科学引文索引）等国内外权威数据库收录和引用的情况，并根据检索结果出具带有公章的检索证明。这种证明一般都是作者在需要申报某项课题，或者某项荣誉时，可以用来证明自己科研实力的权威证书。

（5）用户培训。图书馆已经意识到，读者的信息素养成为影响图书馆发展的重要因素。因此，培养读者的信息素养，对用户进行信息能力的培训和教育，能极大地促进图书馆的发展，激发图书馆的创新动力。对用户的培训，一般都是分层次、分时段的。如高校新入学的学生一般只做简单的入馆教育，而大二以上的同学建议选修全校的公共选修课《文献信息检索》。另外，图书馆每学期还会定期面向全校师生，推出专题文献检索的讲座，指导读者掌握不同主题、不同形式的文献资源检索方法。这些培训措施相辅相成，共同提高读者获取文献和利用图书馆文献资源的能力。

思考与练习题

1. 纸质图书的基本结构包含哪些部分？
2. 你知道哪些关于中国图书之最的内容？
3. 公共图书馆和高校图书馆有哪些不同之处？
4. 图书馆有哪些服务可以提供？每种服务的具体内容是什么？
5. 请试用一下馆际互借或文献传递，为自己找一份你所在的图书馆没有的文献资料。

第四章　如何检索书刊论文

本章提要

本章介绍不同类型文献的检索方法和一些常用的资源。本章所提及的文献以类型为依据进行划分，包括图书、期刊、报纸、学位论文和会议论文。资源类型包括传统的纸本资源（二次文献）和近年更为常用的数字资源。本章对每一个资源的特色和使用方法都进行了简单的介绍，希望可以帮助读者选择和使用各种资源。

4.1　图书的检索

4.1.1　利用工具书检索图书

（1）《全国总书目》

该书目由中国版本图书馆编辑，中华书局出版，是《全国新书目》的年度累积本。它是根据每年全国各出版单位向版本图书馆呈送的出版物样本编辑而成的目录性工具书。该书分为分类目录、专门目录和附录。目前它是我国连续出版时间最长、收录书刊相对较齐全的权威性书目，是了解1949年后我国书刊出版情况的必备工具。

（2）《全国新书目》

该书目现由国家新闻出版总署信息中心编辑出版，是《全国总书目》的姊妹篇，补充了《全国总书目》时效性差的缺点，1950 年起以月刊形式公开出版发行。它是按分类方式编排报道全国各地每月出版新书情况的权威性总目录，读者利用它可以及时了解各类图书新近出版或即将出版的情况。

这两种书目可以相互取长补短，新书目报道及时，总书目是之前出版物的累计，都是全面系统查找国内出版图书的主要检索工具。

（3）《中国国家书目》

该书目由北京图书馆编辑出版，分月刊速报本和年刊累积本两个版本。该书目的具体收录范围是普通图书、连续出版物、博士论文、乐谱、地图、技术标准、专利文献、少数民族语文出版物、盲文出版物、中国国内的各种外国语出版物等。该书目是目前我国收录文献最全的书目之一。

读者可用《中国国家书目回溯光盘》（1949-1974 年和 1975-1987 年两张盘）、《中国国家书目光盘》、《中国国家书目机读目录》等，了解 1949 年以来我国图书的出版情况。

（4）《全国科技图书总览》

该书是全面反映每年全国科技出版社、大学出版社、综合出版社出版的科技书、工具书、综合性图书、经济管理书、中专以上教材和初中以上职业培训教材的大型工具书。该书由中国出版工作者协会科技出版委员会组织编纂，从 1990 年起每年一卷，1993 年收录初版、改版的重印科技图书共 10,165 种。

（5）《新华书目报·社会科学新书目》

该书目由新华书店北京发行所、科技发行所主办，是国内权威性中文社会科学类图书的重要征订目录，周刊，共 24 版，介绍中央一级出版社以及北京等地各主要出版社即将出版的社会科学新书。

每期第一、二版均有该期征订的重点图书介绍。

（6）《外国社会科学新书（S）征订目录》

该目录主要收录欧美等西方国家和地区学术团体的出版物，包括社会科学和自然科学。所收录出版物按类编排，目录后附有西文书名索引。

（7）《外国丛刊目录》（原名《外国丛书、丛刊、年鉴目录》）

该目录收录范围是各种介于图书和期刊之间的连续出版物及缩微资料，共3,304种。以西方国家为主，尤其以美国、英国、德国、法国、荷兰、日本等国的出版物居多，约占该书目品种总数的80%。

（8）《累积图书索引》（Cumulative Book Index）

该书目由威尔逊公司出版，简称CBI。其前身是《美国在版图书目录》，1933年前，仅收录美国、加拿大出版的图书；1993年后，收录美国、加拿大、英国、澳大利亚等世界各地出版的英文图书，成为世界英文图书的总目录。每月出版一期（8月除外）。从1984年起建立"威尔逊联机"以后，该书目和其他20种书目被全部输入数据库，每周至少更新两次，另有磁带版和光盘版发行。

（9）《英国国家书目》（British National Bibliography）

该书目由英国国家图书馆书目服务部编辑出版，周刊，简称BNB。该书目收录英国和爱尔兰出版社出版的图书和新的报刊等，它是世界公认的权威性书目工具。

（10）《法国出版物总目》（Bibliographie de la France，Biblio）

该检索工具由法国中央图书馆编辑出版，周刊，收录该馆收到的出版物缴送本和比利时、瑞士、加拿大等国在法国发行的出版物。

（11）《德国书目》

它是德国的国家书目，收录德国国内出版物及其他国家出版的德文图书、期刊、论文和乐谱等，但它的5年累积本则只收图书。

（12）《美国在版书目》（Books in Print）

它是由 R. R. Bowker 公司编辑出版的一种极有权威的营业性目录，简称 BIP，每年修订一次，报道市场可供货的图书。它收录美国 2 万多家出版商在版的出版物近百万种，包括图书、专题论文集、丛书等，1986 年 10 月开始出版光盘版。

4.1.2 利用网络资源检索图书

4.1.2.1 中文图书网络资源

（1）超星数字图书馆

① 数据库简介：

超星数字图书馆网址为 http://www.sslibrary.com/（包库站点）和 http://www.ssreader.com/（个人站点）。超星数字图书馆成立于 1993 年，是由北京超星公司建立和维护的大型电子图书全文数据库，2000 年被列入国家“853”计划中国数字图书馆示范工程，以其数字图书馆的方式对数字图书馆技术进行推广和示范。目前包含图书资源 120 万种，其中 2003 年以后的新书近 30 万种，涵盖《中图法》22 大类，包括文学、历史、法律、军事、经济、科学、医药、工程、建筑、交通、计算机、环保等。超星公司推出的读秀学术搜索和指针图书搜索网，可搜索图书 370 万种。

② 检索概述：

超星数字图书馆提供分类检索、简单检索和高级检索三种检索方式。其中，分类检索和简单检索都可以在超星数字图书馆首页的相应位置进行操作。包库站点的分类检索在页面右侧，个人站点的分类检索在页面的左侧。

高级检索主要体现在包库站点，通过“高级检索”的按钮可以进入高级检索界面。该系统支持“书名”、“作者”和“主题词”三个字段的检索，并提供“并且”和“或者”两种逻辑关系。

③ 结果处理：

要正常阅读超星数字图书馆的图书，首先需要下载超星阅读器。对于检索结果，通常支持“网页阅读”、“阅读器阅读”和“下载本书”三种操作。采用不同电脑下载和阅读的情况时，需要进行用户注册，并且在下载图书和阅读图书前使用相同用户名登录。此外，超星数字图书馆的数字图书有复本和借期的概念，通常单位用户日下载量为 300 本，每本图书的借期为 180 天，到期视为归还，该书将无法正常阅读。

（2）书生之家电子图书

① 数据库简介：

书生之家数字图书由北京书生公司开发制作。电子图书设有四级目录导航，并提供全文检索功能。书生之家现有 70 余万种电子图书，每年以六七万种的数量递增。所收图书涉及社会科学、人文科学、自然科学和工程技术等所有类别，以收录 1999 年以后出版的图书为主，为收费的商业数据库，其电子图书可分类购买。

② 检索概述：

书生之家电子图书提供多种检索方式，包括：一站式检索、分类检索、全文检索、高级检索、组合检索等。其中，一站式检索在书生之家首页通过输入关键词即可进行检索。该系统的分类检索除提供分类浏览外，还提供分类下多字段的关键词检索。全文检索中，支持对图书的内容和目录的检索。高级检索支持不同分类、不同字段的多种检索方式，包括单词检索、多词检索、位置检索和范围检索。组合检索是对不同字段的关键词进行关系限定的检索。

③ 结果处理：

首次登录书生之家电子图书时，需要通过该网站下载并安装阅读器，才能够正常地阅读和使用其中的电子图书资源。该阅读器支持图书浏览和图书管理的功能。

（3）方正 Apabi 数字图书系统

① 数据库简介：

方正 Apabi 数字图书系统由北大方正电子有限公司制作，收录了全国 400 多家出版社出版的最新中文图书，截至 2010 年初，在销电子图书达 50 万种，其中 2006 年后出版的新书占到了 70%。方正电子图书按《中国图书馆图书分类法》进行分类，涵盖了社科、人文、经管、文学、科技等类别。

② 检索概述：

方正 Apabi 数字图书系统提供快速查询、分类导航和高级检索三种检索方式。快速查询提供多个检索字段，在首页就可以进行检索。Apabi 根据《中国图书馆图书分类法》提供分类导航，分类体系与图书馆基藏图书保持一致。高级检索中可以提供多个字段的逻辑匹配检索，逻辑关系支持“并且”和“或者”两种。

③ 结果处理：

方正 Apabi 支持阅读器阅读，该阅读器支持基本的复制、标注功能。Apabi 也具备复本和借期的概念，可以通过网站的“用户服务区”或阅读器进行续借和还书的操作，对于借阅量已满的图书还可以进行预约。

（4）CADAL 大学数字图书馆国际合作计划

① 数据库简介：

大学数字图书馆国际合作计划的网址为 http://www.cadal.zju.edu.cn/Index.action（检索专用）。大学数字图书馆国际合作计划（China Academic Digital Associative Library，CADAL）前身为高等学校中英文图书数字化国际合作计划，与“中国高等教育文献保障系统

（CALIS）”一起，共同构成中国高等教育数字化图书馆的框架。

CADAL项目建设的数字图书馆，提供一站式的个性化知识服务，它包含理、工、农、医、人文、社科等多种学科的科学技术与文化艺术，包括书画、建筑工程、篆刻、戏剧、工艺品等在内的多种类型媒体资源进行数字化整合，通过因特网向参与建设的高等院校、学术机构提供教学科研支撑，并与世界人民共享中国学术资源，宣传中国的文明与历史，具有重大的实用意义、研究价值和发展前景。项目一期建设了102.3万册中英文数字资源，主要包括：155,910册中文古籍、236,594册“民国”书刊、298,869册中文现代图书、178,159篇中文学位论文、2,786册其他中文资源和151,107册英文图书。

② 检索概述：

提供简单检索和高级检索两种检索方式，在两种检索中都需要对资源类型进行选择。目前全部开放的资源包括古籍和英文图书，其他资源有使用权限的限制。高级检索中提供多个检索字段，不同检索字段之间的逻辑关系包括“逻辑与”、“逻辑或”和“逻辑非”。

③ 结果处理：

检索结果能够直接进行阅读器阅读，并可以引导读者进行借阅、转借图书、试读以及数字借阅等操作，其中大部分操作是受到权限限制的。CADAL对图书的定义是在章节层面的，可以单独借阅章节，同时对借阅量的控制也是以章节为单位进行的。

4.1.2.2 外文图书网络资源

（1）Ebrary

① 数据库简介：

1999年2月，Ebrary由McGraw-Hill、Pearson plc和Random House Ventures共同投资组建。Ebrary提供一整套独一无二的在线数

据库集合，整合了来自 200 多家学术、商业和专业出版商的 6 万多册权威图书和文献，其中学术类收藏（academic collection）中包含了 3 万多册图书，大部分是 2000 年之后出版的。

② 检索概述：

提供简单检索和高级检索两种检索方式，高级检索的字段包括主题、题名、全文、作者等，支持逻辑行的增减，默认逻辑行之间的关系为“逻辑与”。

③ 结果处理：

对于检中记录，默认在页面中通过 QuickView 阅读器浏览，该阅读器提供基本的浏览和标注功能。

（2）OCLC NetLibrary

① 数据库简介：

NetLibrary是世界上e-book的主要提供商之一，创建于1999年。2002 年 1 月，NetLibrary 被 OCLC 收购。它先后与近 800 家出版社合作，共提供 20 多万种电子图书，每年增加 3 万多种新书。除英文外还提供其他文种的电子图书，包括法文、德文、西班牙文、日文、中文（简、繁体）等，无论在数量还是品种方面，其他任何电子图书提供商都无法与之相比。NetLibrary 涵盖所有学科，涉及所有主题。全球有 15,000 多家图书馆都在使用 OCLC NetLibrary 电子图书。

② 检索概述：

NetLibrary 支持基本检索和高级检索两种模式，提供多个检索字段以及逻辑算符和位置算符的匹配检索。

③ 结果处理：

NetLibrary 的电子图书全文格式为 PDF 格式，因此在使用时需要安装 Acrobat Reader 阅读器。

（3）ASDL

① 数据库简介：

美星外文数字图书馆（ASDL）是迄今为止中国原版引进的第一家外文图书数字图书馆。美星数字图书馆借集团优势同国外各高校建立了良好的合作关系，这些高校包括席勒大学、渥太华大学、美斯特大学、南阿尔巴马州立大学、格林尼治大学、伦敦商务计算机学校、奥克兰教育学院等。

② 检索概述：

在美星外文数字图书馆主页可以直接进行检索，提供 Catalogue（外文图书分类浏览）和 Book Search（图书检索）两种检索方式。

③ 结果处理：

美星外文数字图书支持阅读器阅读，在首次使用时需要安装 Acrobat Reader 阅读器。

4.2 期刊、报纸的检索

4.2.1 利用工具书检索期刊和报纸

（1）《中国报刊大全》

该工具书由《中国报刊大全》编辑部编，人民邮电出版社出版，1985 年首次发行。每年一套，分上、下册。上册主要介绍邮发[①]报

① 邮局发行的简称，期刊发行的一种方式，即期刊编辑出版单位与邮局发行部门订立发行合同，由邮局将其刊物列入征订目录之中，通过邮政途径向社会征求订户，并将征订总数通知期刊编辑出版单位。该刊每出版一期即按邮局征订数量交付邮局，邮局再按各订户的订购份数分别寄发。当然，期刊编辑出版单位需将征订款额的一定比例交给邮局以作为发行费和劳务费。

刊的情况，下册介绍非邮发报刊的情况。每册的前半部分介绍报纸，后半部分介绍杂志。它是目前了解我国报刊出版发行情况最完备的工具书。

（2）《全国报刊索引》

该索引由上海图书馆1954年起以月刊形式编辑出版，1980年起分为《全国报刊索引·哲学社会科学版》和《全国报刊索引·自然科学技术版》两个分册，主要收录国内公开和内部发行的中文报纸、期刊，是国内收录期刊最多的题录性检索工具。

（3）《中文核心期刊要目总览》

由北京大学图书馆和北京高校图书馆期刊工作研究会编辑，北京大学出版社出版，收编包括社会科学和自然科学等各种学科类别的中文期刊。《中文核心期刊要目总览》已于1992年、1996年、2000年、2004年、2008年出版过五版，它是国家社会科学基金项目"学术期刊评价及文献计量学研究"中的一个子课题"中文核心期刊评价研究"的研究成果。《中文核心期刊要目总览》2011年版（即第六版）已由北京大学出版社2011年12月出版。

（4）《港澳台报刊目录》

该目录由中国图书进出口总公司编印，是目前国内收录港、澳、台地区出版报刊最全面的一种征订目录，所收报刊按香港、澳门和台湾三部分分别编排，不仅包括用中文出版的报刊，而且也包括用英文出版的报刊。

（5）《外国科技资料目录》

该目录是检索国内收藏的国外期刊论文的题录性检索工具，按不同学科专业分类。自1974年以来，出版了10个分册。

（6）《外国报刊目录》

该目录第9版于1999年由中国图书进出口总公司编辑，开国学术出版社出版。收录报纸近600多种、社会科学期刊7,000多种、自然科学期刊近17,000多种，所收的报刊以英、法、德、日、俄等语种为主，现有光盘版和网络版。

（7）《公共事物情报服务处通报》（Public Affairs Information Service Bulletin）

该检索工具书由美国公共事物情报服务处编辑出版，1915年创刊，简称PAIS，半月刊。它收录了1,400种各国出版的英文期刊中的论文资料，内容包括社会科学各个方面，侧重工业经济、农业经济、管理科学等领域。

（8）《乌里希国际期刊指南》（Ulrich's International Periodicals Directory）

该指南由Bowker公司出版，1932年创刊，现为年刊，收录世界约200个国家和地区的12万种期刊，以西文期刊为主，不收录中、日、阿拉伯、印度等东方与非洲语种的刊物，按主题分类编排。目前出版相应的缩微版、光盘和网络版，也可通过国际联机检索系统检索。

（9）《标准期刊指南》（Standard Periodical Directory）

该指南由美国Oxbridge公司出版，1992年出版的第15版中收集了美国和加拿大1964年至今的7.5万种期刊，其中包括商业性、专业性刊物，还有快报、指南、政府出版物、公报、年鉴以及宗教和协会等的出版物。

4.2.2 利用网络资源检索期刊和报纸

4.2.2.1 中文期刊网络资源

（1）中国期刊全文数据库

①数据库简介：

国家知识基础设施（China National Knowledge Infrastructure,

CNKI）是目前我国最大的中文全文数据库。中国学术文献网络出版总库包括中国学术期刊网络出版总库、中国专利全文数据库、国家科技成果数据库、中国标准数据库、国外标准数据库、中国优秀硕士学位论文全文数据库、中国博士学位论文全文数据库、中国重要报纸全文数据库、中国图书全文数据库、中国引文数据库、中国年鉴网络出版总库、中国统计年鉴数据库、中国工具书网络出版总库、中国大百科全书全文数据库、国学宝典数据库等 18 个数据库，还可与德国 Springer 公司期刊库等外文资源统一检索。目前文献总量已达 7,200 多万篇。

中国期刊全文数据库是目前世界上最大的连续动态更新的中国期刊全文数据库，收录国内 9,100 多种重要期刊，以学术、技术、政策指导、高等科普及教育类为主，同时收录部分基础教育、大众科普、大众文化和文艺作品类刊物，内容覆盖自然科学、工程技术、农业、哲学、医学、人文社会科学等各个领域，全文文献总量 3,252 多万篇。产品分为十大专辑：理工 A、理工 B、理工 C、农业、医药卫生、文史哲、政治军事与法律、教育与社会科学综合、电子技术与信息科学、经济与管理。专辑下分 168 个专题和近 3,600 个子栏目。

② 检索概述：

中国期刊全文数据库具有完善的检索功能，支持初级检索、高级检索、专业检索、跨库检索等检索方式。在高级检索中，中国期刊全文数据库支持不同检索行之间的关系选择以及同一检索行以内不同检索词之间的逻辑关系的选择，除了布尔逻辑算符外，还支持位置关系的检索。通过跨库检索，读者能够对 CNKI 的全部数据库进行同一检索策略的检索，检索结果会按照不同数据库列出。

CNKI 提供每篇文献的相关文献链接，包括参考文献、共引文献、二级参考文献、相似文献，以及相关研究机构、相关文献作者和文献分类导航，从而将该文献和相关的一系列文献进行了关联，形成了一个知识网络，称为“知网节”，给用户提供很大的方便。

③ 结果处理：

中国期刊全文数据库支持两种格式的文件下载：CAJ 和 PDF，这两种格式的文件需要下载相应的阅读器才可以阅读。其中 CAJ 格式的文件需要通过 CNKI 的 CAJViewer 阅读器阅读，PDF 格式的文件通过通用的 Adobe Reader 即可阅读。两个阅读器都支持基本的文本、图像选择和复制等功能。

此外，中国期刊全文数据库还提供期刊导航的功能，可以通过专辑、出版地、主办单位等多种分类导航查询和浏览 CNKI 收录的期刊。该数据库同时支持刊内检索，可以针对某一期刊的内容进行初级检索或者高级检索。

（2）中文科技期刊数据库

① 数据库简介：

中文科技期刊数据库隶属于维普期刊资源整合服务平台，是我国最大的数字期刊数据库，该库受到国内图书情报界的广泛关注和普遍赞誉，目前已拥有包括港、澳、台地区在内的 2,000 余家大型机构用户，是我国数字图书馆建设的核心资源之一，是高校图书馆文献保障系统的重要组成部分。该数据库收录国内 12,000 多种期刊，文献总量 3,000 余万篇，涉及社会科学、自然科学、工程技术、农业科学、医药卫生、经济管理、教育科学和图书情报等学科范围，有 8 个专辑 28 个专题。该数据库采用尚唯全文检索系统、OpenURL 技术规范，以及国际通用的高清晰 PDF 全文数据格式，提供 B/S 方式的 Web 数据库服务，同时支持 OpenURL 等国际标准协议，为客户单位提供异构数据库的开放链接增值服务。

② 检索概述：

中文科技期刊数据库支持基本检索、传统检索、高级检索、期刊导航、检索历史等检索功能。其中，基本检索是简单快捷的中文期刊文献检索方式；传统检索主要是“中文科技期刊数据库”老用户查新检索风格；高级检索提供多检索条件逻辑组配检索，更支持一次输入复杂检索式查看命中结果；期刊导航可以通过多渠道快速定位期刊，可以做年、卷、期的内容浏览及相关期刊或文献的漫游。此外，读者通过检索历史可以查看系统自动保存的用户检索历史，可对检索式进行重新检索或逻辑组配检索。

读者对检索条件可以做时间、期刊类型、学科范围限制。检索字段包括任意字段、题名或关键词、题名、关键词、文摘、作者、第一作者、机构、刊名、分类号、参考文献、作者简介、基金资助、栏目信息 14 个检索入口。读者可增加或减少检索框，进行任意检索入口“与、或、非”的逻辑组配检索。

此外，该数据库还提供“文献引证追踪”功能，可以在该功能模块下查看该篇文献的被引详细情况。

③ 结果处理：

中文科技期刊数据库采用国际通用的高清晰 PDF 全文数据格式，提供在线阅读和下载。在线阅读在维普网站上提供，在 IE 6.0 以上浏览器上可以直接阅读，不需要安装任何软件。PDF 格式的文件需要通过 Adobe Reader 5.0 以上版本的阅读器打开阅读。

（3）中国人民大学“复印报刊资料”全文数据库

① 数据库简介：

中国人民大学书报资料中心目前有“复印报刊资料”全文数据库、“复印报刊资料”专题目录索引数据库、中文报刊资料摘要数据库、中文报刊资料索引数据库、专题研究数据库、数字期刊库六大系列产品。该系列数据库内容丰富，既有经过专家、学者遴选、浓缩而成的学术精品全文库，也有提供人文社会科学各学科全部研究信息的索引库，此外还有针对学术热点和读者需求研发的专题研究库等。

“复印报刊资料”全文数据库是在“复印报刊资料”纸质期刊基础上进一步分类、整理形成的数据库产品。该库囊括了人文社会科学领域中的各个学科，包括哲学类、政治学与社会学类、法律类、经济学与经济管理类、教育类、文学与艺术类、历史学类、文化信息传播类以及其他类。每个类别分别涵盖了相关专题的期刊文章。该数据库有两种呈现方式，即学术论文型和数字期刊型。学术论文型呈现方式基于学科类别展现篇目内容；数字期刊型呈现方式是以整刊形式展现，具有直观、便捷的特点。

该数据库收录年限为 1995 年至今，其中“法学”、“经济法学、劳动法学”、“妇女研究”、“图书馆学、信息科学、资料工作”、“情报资料工作”、“语言文字学”、“中国古代、近代文学研究”、“红楼梦研究”、“中国现代、当代文学研究”、“鲁迅研究”、“中国古代史”、“先秦、秦汉史”、“魏晋南北朝隋唐史”、“宋辽金元史”、“明清史”、“中国近代史”、“中国现代史”、“世界史”等专题已回溯至创刊年。

② 检索概述：

“复印报刊资料”全文数据库提供分类检索、简单检索和高级检索。读者通过页面左侧的资源目录可以选择相关学科，各学科下根据年代罗列该学科专辑中所收录的全文文献。简单检索提供时间限定条件和多字段的关键词检索。高级检索中提供多个字段的匹配检索，支持布尔逻辑算符检索。

③ 结果处理：

“复印报刊资料”全文数据库的全文以页面的方式提供，可以直接浏览。论文的详细信息中标蓝的部分均提供以此为基准的聚类，可以通过该链接查看相关文献。

（4）万方数据知识服务平台

① 数据库简介：

万方数据股份有限公司是我国以信息服务为核心的股份制高新技术企业，是国内第一批开展互联网服务的企业之一。目前开发开通的对外服务资源有学术期刊、学位论文、会议论文、科技成果、中外标准、外文期刊、外文会议等。

万方数据知识服务平台的学术期刊为全文资源，收录自 1998 年以来国内出版的各类期刊 7,000 多种，其中核心期刊 2,800 多种，论文总量达 2,000 多万篇。内容涉及哲学政法、社会科学、经济财政、教科文艺、基础科学、医药卫生、农业科学、工业技术等多个学科领域。

② 检索概述：

万方数据知识服务平台提供跨库检索、简单检索、高级检索、专业检索等多种检索方式。收录刊物按照学科进行分类，可以浏览某一刊物收录的论文。简单检索时需要选定文献类型，包括期刊、图书、专利等等，然后通过关键词进行检索，检索字段包括论文和刊名。高级检索支持多字段的关键词模糊与精确匹配检索，支持布尔逻辑算符，并可以支持检索词的推荐功能。跨库检索是同时选定多个库的高级检索。

③ 结果处理：

万方数据知识服务平台提供 PDF 格式文件下载，可以通过 Adobe Reader 阅读器浏览，也可以通过页面在线浏览。

4.2.2.2　中文报纸网络资源

（1）中国重要报纸全文数据库

① 数据库简介：

中国重要报纸全文数据库是CNKI的子库之一，该库收录2000年以来中国国内重要报纸刊载的学术性、资料性文献，是连续动态更新的数据库。至2009年11月1日，累积报纸全文文献647万多篇。产品分为十大专辑：基础科学、工程科技Ⅰ、工程科技Ⅱ、农业科技、医药卫生科技、哲学与人文科学、社会科学Ⅰ、社会科学Ⅱ、信息科技、经济与管理科学。专辑下分为168个专题文献数据库和近3,600个子栏目。文献来源涵盖国内公开发行的500多种重要报纸。

② 检索概述：

中国重要报纸全文数据库具有完善的检索功能，支持初级检索、高级检索、专业检索等检索方式。在高级检索中，可以支持不同检索行之间的关系选择以及同一检索行以内不同检索词之间的逻辑关系的选择，除了布尔逻辑算符外，还支持位置关系的检索。（详见第101页“中国期刊全文数据库”）

③ 结果处理：

中国重要报纸全文数据库支持两种格式的文件下载：CAJ和PDF，这两种格式的文件需要下载相应的阅读器才可以阅读。其中CAJ格式的文件需要通过CNKI的CAJViewer阅读器阅读；PDF格式的文件通过通用的Adobe Reader即可阅读。两个阅读器都支持基本的文本、图像选择和复制等功能。

此外，中国重要报纸全文数据库还提供报纸导航的功能，可以通过报纸的级别导航查询和浏览报纸。该数据库还支持本报检索，可以针对某一报纸的内容进行初级检索或者高级检索。

（2）中国科技经济新闻数据库（全文剪报）(维普）

① 数据库简介：

中国科技经济新闻数据库隶属于维普期刊资源整合服务平台。中国科技经济新闻数据库遴选国内 420 多种重要报纸和 9,000 多种科技期刊的 305 余万条新闻资讯，包括了各行各业的新产品、新技术、新动态和新法规的资讯报道，并以每年 15 万条的数量更新。

② 检索概述：

中国科技经济新闻数据库提供多种检索方式，包括检索、二次检索、组合检索、分类逐级检索、正文检索等。

③ 结果处理：

中国科技经济新闻数据库提供在线阅读和下载。检索结果可以通过检索界面右下角对话框中的提示，选择“标记记录”或“当前记录”两种方式下载，可以把下载文件名的后缀改为“*.txt”文件，以方便浏览。如需打印文献，可先在当前位置使用维普浏览器、“记事本”或“写字板”打开后直接打印。

（3）慧科报刊新闻数据库

① 数据库简介：

慧科报刊新闻数据库（又称慧科新闻资料库，简称 WiseNews）由我国香港的首家网上电子剪报服务供应商慧科讯业有限公司（Wisers Information Limited）提供。该数据库的数据每日与相关媒体同步更新，即每天及时更新并传送当天的新闻（香港地区报刊的新闻于每天上午 9 点之前更新；大陆报刊的新闻则于下午 13 点之前更新）。WiseNews 采用香港中文大学开发的电子媒体及排版转换系统，或称电子传媒及资讯服务系统（Electronic News Media & Publishing System）和雅博中文全文检索系统（Information Processing on Chinese）两项专利技术。前者能将所有合作媒体提供的传统印刷型新闻信息转化为互联网兼容的中文信息；后者则能对检索词从全文意思出发进行检索，兼顾上下文（语境），因而查准率颇高。

② 检索概述：

读者可以通过慧科搜索进行检索。该数据库提供关键词检索，支持布尔逻辑算符和位置关系检索（即同句、同段检索），支持同义词检索。检索字段包括标题和正文，可以选择其中之一，也可以两个字段同时检索。

③ 结果处理：

检索结果可以查看图像或全文，有的提供音频和视频，点击标题前相应的图标即可打开。读者可以发送电子邮件传送检索到的文章，提供 HTML 格式和纯文字格式的文章传送。文章下载提供 RTF（Rich Text Format）、HTML 和纯文字格式。

4.2.2.3　外文期刊网络资源

（1）外文科技期刊数据库

① 数据库简介：

外文科技期刊数据库隶属于维普期刊资源整合服务平台，提供 1992 年以来世界 30 余个国家的 11,300 余种期刊，800 余万条外文期刊文摘题录信息，并对题录字段中刊名和关键词进行汉化，帮助检索者充分利用外文文献资源。该数据库为联合国内 20 余个图书情报机构提供方便快捷的原文传递服务。

② 检索概述：

外文科技期刊数据库提供基本检索、二次检索、逻辑组配检索、分类导航检索等多种方式，可在选定学科范围内进行检索和浏览，具有作者、题名、文摘、刊名、刊号、ISSN 号、任意字段等检索入口。

③ 结果处理：

检索结果为文本格式，包括标题、作者、刊名、ISSN 号、刊号、出版国、文摘、馆藏等信息。获取原文可以选择以下途径：直接向维普公司索取原文；通过在该数据库中检索出来的馆藏信息，向最近的图书馆索取原文；把检索出来的文章题名输入 Google、Yahoo！等搜索引擎，可能会搜索出这篇文章的全文；以友好的方式向刊发这篇文章的期刊编辑部请求原文；在互联网上检索作者的名字，很可能在这个作者的博客、网站或介绍中附有这篇文章的原文；在互联网上检索这个作者的联系方式，直接写信给他，进行学术交流，并索要这篇文章的全文。

（2）万方数据知识服务平台（外文文献）

① 数据库简介：

万方数据知识服务平台的外文文献包括外文期刊论文和外文会议论文。外文期刊论文是全文资源，收录了 1995 年以来世界各国出版的 12,634 种重要学术期刊，部分文献有少量回溯。每年增加论文约百万余篇，每月更新。外文会议论文是全文资源，收录了 1985 年以来世界各主要学会、协会、出版机构出版的学术会议论文，部分文献有少量回溯。每年增加论文约 20 余万篇，每月更新。

② 检索概述：

该数据库提供跨库检索、简单检索、高级检索、经典检索、专业检索等多种检索方式。简单检索只提供一个查询框，输入关键词即可检索。高级检索支持标题、作者、关键词和摘要字段的关键词检索。经典检索支持多个字段的“逻辑与”关系匹配检索，字段默认为 4 个。跨库检索是同时选定多个库的高级检索。对于检索结果，读者可以通过标题、作者、关键词和年代进行二次检索。

③ 结果处理：

检索结果可以进行信息导出，可提供多种导出格式，其中包含文献的详细信息和摘要。要获取全文，则需要提交原文传递申请。

（3）EBSCOhost—Business Source Premier、Academic Search Premier

① 数据库简介：

EBSCO 公司是美国一家从事信息存储和开发的大型商业性服务机构，创建于 1984 年。该公司开发研制了 100 多个在线文献数据库，1994 年开发的 EBSCOhost 是一个多数据库、单引擎的在线数据库检索系统。该数据库涵盖综合学科、农业、商业、管理、经济、金融、银行、生物医学、护理、人文历史、教育、法律等学科领域，数据每日更新。

EBSCOhost 包括多个期刊数据库，其中最重要的两个库为 Business Source Premier（商业资源数据库）和 Academic Search Premier（学术期刊数据库）。Business Source Premier 收录 4,500 多种商业、管理和财经期刊，最早可以回溯到 1922 年；Academic Search Premier 收录 1975 年至今多学科学术期刊 8,000 余种。

② 检索概述：

EBSCOhost 提供多语种选择，包括简体中文和繁体中文。读者可以选择单一数据库进行检索，也可以对多个数据库同时进行检索。该数据库提供基本检索、高级检索、视觉搜索等检索方式。高级检索支持多个检索字段的布尔逻辑算符检索，并提供多个检索限定条件，包括出版物、出版日期、文献类型等。

③ 结果处理：

点击检索结果的题名，读者可以查看文献详细信息。该数据库提供 HTML 和 PDF 格式的全文下载，并支持对全文进行存盘、发送电子邮件、打印等操作。通过“添加”按钮，读者可以把文章保存到临时文件夹中。

（4）OCLC-FirstSearch-ArticleFirst / ECO / ERIC / WilsonSelectPlus

① 数据库简介：

OCLC 全名为 Online Computer Library Center（联机计算机图书馆中心），是世界上最大的提供网络文献信息服务和研究的机构，它创建于 1967 年，总部在美国俄亥俄州都柏林。1967 年，美国的一些校长们发起成立 OCLC，旨在实现图书馆文献信息的共享，减少获取文献信息的费用。OCLC 是一个面向图书馆、非营利性质、成员关系的组织，以推动更多的人检索世界范围内的信息。

OCLC 主要提供以计算机为基础的联合编目、参考咨询、资源共享和保存服务。1971 年为图书馆开发推出联机编目系统，如今已被世界各地的图书馆所使用。

OCLC 于 1992 年推出 OCLC FirstSearch，这是一个综合性的、完整的参考咨询和检索服务系统。FirstSearch 服务是全世界所有联机系统中使用量最大的系统。1999 年 8 月，OCLC 完成了新版的 FirstSearch。新版 FirstSearch 以 Web 为基础，向用户提供世界范围的参考资源。目前通过该系统用户可检索到 80 多个数据库，其中有 30 多个数据库提供全文，可检索数据总计包括 11,600 多种期刊的联机全文和 4,500 多种期刊的联机电子映像，1,000 多万篇全文文章。这些数据库涉及广泛的主题范畴，覆盖了多个领域和学科。FirstSearch 联机信息检索服务是 OCLC 从 1992 年开始推出的，1999 年 8 月，OCLC 完成了新版的 FirstSearch（当时称为 New FirstSearch）。新版 FirstSearch实现了与OCLC的联机电子出版物数据库ECO的完全整合，增强了联合编目数据库 WorldCat 的馆藏信息，实现了各库间的联机全文共享。

通过 OCLC FirstSearch 用户可以检索的有关社会科学的期刊全文数据库包括 ArticleFirst、ECO、ERIC 和 WilsonSelectPlus。ArticleFirst 提供 12,500 多种期刊的文章及目录索引；ECO 是 OCLC 联机电子学术期刊库；ERIC 收录教育方面的期刊文章和报告；WilsonSelectPlus 收录科学、人文、教育和工商方面的全文文章。

② 检索概述：

OCLC FirstSearch 支持跨库检索，系统提供基本检索（Basic Search）、高级检索（Advanced Search）和专家检索（Expert Search）3 种检索方式。专家检索方式是直接在检索输入框中输入由字段标识符和布尔逻辑算符构建的检索式。三种检索方式均有主题（Keyword）、题名（Title）、作者（Author）、出版者（Publisher）和标题词（Subject Heading）等检索入口供选择；高级检索和专家检索还可以进行出版年代、语种、ISBN 号和 DDC 号等方面的限定检索。

③ 结果处理：

通过点击题名，用户可以查看检索结果的详细信息。若该记录提供全文，则在该记录中会显示全文标记和全文格式，通常包括 PDF 格式和 HTML 格式。

4.2.2.4　外文报纸网络资源

（1）PressDisplay

① 数据库简介：

ROGEAM 乐进科技推出的 PressDisplay 数据库向世界各地的客户提供来自 90 多个国家和地区，40 多种语言的 1,500 多份数字化的知名报纸。PressDisplay 作为全球最大的数字化报摊，同时提供读者强大而易用的翻译、导航、阅读、检索、视听和分享等工具来增强读者的阅读体验。PressDisplay 的报刊内容每月都在不断地增加。PressDisplay 先于印刷版的网络出版模式，使读者可以每天第一时间看到全球最受关注的最新报纸。读者可以通过独有的语音阅读播放功能进行语言学习；可以通过全文检索了解全世界新闻报刊对某一事件的看法。其中收录的报纸包括：华尔街日报（The Wall Street Journal）、华盛顿邮报（The Washington Post）、今日美国（USA Today）、卫报（The Guardian）、观察家报（The Observer）、每日快讯（Daily Express）、每日电讯（The Daily Telegraph）、每日镜报（Daily Mirror）、日内瓦论坛报（Tribune de Genève）、温哥华太阳报（The Vancouver Sun）、莱茵河周报（Rheinischer Merkur）、莫斯科时代报（The Moscow Times）、劳动报（Trud）等。该数据库提供 8 种语言界面和 12 种语言翻译功能（包括中文翻译），读者可以方便的使用和获取其他语种报纸信息。

② 检索概述：

PressDisplay 提供简单检索和高级检索两种检索方式。读者在其首页上方可以直接进行简单检索，可以检索全文，也可以检索标题，在这两个字段中都可以根据不同的限定条件和排序方式对检索结果进行筛选和排序。在高级检索中读者可以对文章的出处、语言、时间等进行限定，再通过关键词进行检索。

③ 结果处理：

PressDisplay 支持在线阅读，可以直接通过网页打开文章进行浏览。该数据库的页面控件支持浏览的一些基本操作，包括字体调整、分页浏览模式、打印和博客发布等等。

（2）Access World News

① 数据库简介：

世界各国报纸全文库（Access World News）是 NewsBank 公司最具代表性的数据库之一，也是国内引进的第一个专业型外文报纸数据库，所收录的内容既有世界上著名的大报，也有各国家和地区的地方性报纸。内容全面，涉及经济、商业、财政、政府、政治、环境、科技、文化、教育、体育、艺术、健康，所收录资源涵盖各个领域，适合各类学校和专业广泛使用。

世界各国报纸全文库是全球最大与增长最快的报纸数据库。该数据库目前提供 1,800 种左右世界各地主要报纸（其中包括 100 余家主要通讯社与 10 余家主要电视台）。该数据库以英语资源为主，同时包括西班牙语、法语、德语、意大利语、葡萄牙语资源，英语与西班牙语检索界面可自由切换。该数据库时效性强，每日更新，可看到当天大部分报纸。大部分报纸提供原报全部文章全文，少量报纸提供部分文章全文。

② 检索概述：

该数据库提供多种检索方式组合，可任意选定数据库内报纸进行检索，同一检索栏内关键词数量无限制，高级检索状态下可任意增加检索栏最多至 5 个，检索结果数量无上限且相关度高。该数据库支持布尔逻辑算符检索、位置检索等，默认状态下对全库报纸进行检索。读者选中国家或地区名称以及报纸名称前的复选框，可对选定的报纸进行检索。

该数据库提供浏览报纸功能，可浏览数据库内所有报纸，部分报纸提供原报版面划分。读者点击国家或地区名称后再点击报纸名称，可浏览单份报纸。

③ 结果处理：

世界各国报纸全文库中检索结果的全文内容全部显示于页面中，所有关键词均以粗体字显示，在正文之前提供文章的来源、日期、作者和预计打印页数等信息，提供打印、发送电子邮件、保存检索结果等功能，提供快捷链接并可链接并到同一作者的文章、同一页面的文章、同一版块的文章、同一日期报纸的所有文章等。用户保存文章的清单存于检索界面左边的“已保存文章中”，通过“发送内容到邮箱”可将全部内容发送到用户指定电子邮箱中，格式是报纸名称、文章标题、作者、版块、页码和正文，使用网页浏览器可以浏览。

4.3 学位论文的检索

4.3.1 利用工具书检索学位论文

（1）《中国博士学位论文提要（1981-1990）》社会科学分册

该书由北京图书馆编，书目文献出版社 1992 年出版，收入论文提要 732 条，按哲学、经济学、法学、教育学、文学、历史学等学科顺序编排，同一学科或同一专业的论文提要再按所授予学位的年代及地区（院校）的层次编排，附著者索引和英文题名索引。

（2）《中国学位论文通报》

该书是报道国内硕士、博士学位论文的主要检索工具，1984 年创刊，以题录形式报道论文，反映了我国学位论文的水平和动向，1993 年停止出版印刷本，代之发行“中国学位论文书目数据库”软盘，后又改为光盘及网络数据库。数据库资料始于 1989 年，到目前为止已有 7 万条记录，每年约增加 2 万条新记录，其内容涉及自然科学领域的各个专业（包括经济专业），采用《中图法》分类，可按分类号、作者、指导教师、论文名称、授予学位单位名称、年代以及专业途径检索。

（3）Dissertation Abstracts International

该文摘是检索世界各国学位论文的大型检索工具，1938 年创刊，由美国大学缩微品国际出版公司出版。原名《缩微平片文摘》（Microfilm Abstracts），1952 年改名为《学位论文文摘》（Dissertation

Abstracts），1970 年 7 月起用现名。它主要收录英国、加拿大和欧洲各国约 450 多所大学的学位论文，分 A、B、C 三个独立的分辑出版。其中，A 辑为人文与社会科学，月刊；B 辑为科学与工程，月刊；C 辑为欧洲学位论文，季刊。年报道量 21,000 余篇，其特点是文摘特别详细，基本上代表了论文的主要内容。

（4）American Doctoral Dissertations

American Doctoral Dissertations 有印刷本（年刊）和机读本两种形式。其机读本为 Dialog 系统 35 号数据库，1861 年到现在，每月更新，美国大学缩微国际出版公司编制，文档对 1861 年美国首次授予博士学位以来的几乎每篇博士学位论文做了主题、题名和著者索引，收全率达 99%。American Doctoral Dissertations 自 1962 年起酌收硕士学位论文，此外，对数千篇加拿大学位论文以及数目日益增加的国外学位授予机构接受的论文做了引文索引，论文涉及主题有建筑学、天文学、生物、环境科学、商业和经济学、化学、教育、工程学等。

4.3.2 利用网络资源检索学位论文

4.3.2.1 中文学位论文网络资源

（1）中国优秀博硕士学位论文全文数据库

① 数据库简介：

中国优秀博硕士学位论文全文数据库是 CNKI 的子库，是目前国内相关资源最完备、高质量、连续动态更新的中国优秀博士、硕士学位论文全文数据库，至 2009 年 11 月 1 日，累积硕士学位论文全文文献 87.5 万多篇、博士学位论文全文文献 11.7 万多篇。产品分为十大专辑：基础科学、工程科技Ⅰ、工程科技Ⅱ、农业科技、医药卫生科技、哲学与人文科学、社会科学Ⅰ、社会科学Ⅱ、信息科技、经济与管理科学。十专辑下分为168个专题和近3,600个子栏目，收录范围涵盖全国530多家硕士培养单位和380家博士培养单位。

② 检索概述：

中国优秀博硕士学位论文全文数据库具有完善的检索功能，支持初级检索、高级检索、专业检索等检索方式。在高级检索中，可以支持不同检索行之间的关系选择以及同一检索行以内不同检索词之间的逻辑关系的选择，除了布尔逻辑算符外，还支持位置关系的检索。（详见第101页“中国期刊全文数据库”）

③ 结果处理：

中国优秀博硕士学位论文全文数据库支持KDH格式文件下载，该格式可以通过CAJViewer阅读器打开。由于学位论文篇幅较长，该库还提供分章下载和分页下载。

此外，中国优秀博硕士学位论文全文数据库还提供学位授予单位导航，可以通过地域和国家211工程院校两种分类途径查询和浏览不同学位授予单位的学位论文。在各个学位授予单位中还支持该单位的学位论文检索，包括初级检索和高级检索。

（2）中国学位论文数据库（万方）

① 数据库简介：

万方数据知识服务平台的学位论文是全文资源，收录自1980年以来我国自然科学领域各高等院校、研究生院以及研究所的硕士、博士以及博士后论文共计约150万余篇。其中211高校论文收录量占总量的70%以上，每年增加约30万篇。论文涉及的学科有自然科学、数理化、人文、地理、医学、农林、工业技术、交通、航空、环境、人文科学、社会科学等。收录博士后论文是万方数据服务平台的特色之一。

② 检索概述：

万方数据知识服务平台的学位论文提供学科专业和学校所在地两种导航，提供简单检索、高级检索、经典检索和跨库检索多种检索方式。高级检索提供标题、作者、导师、关键词、摘要字段的关键词“包含”条件的检索，同时可以对学校、专业、时间进行条件限定，同时支持全文检索。经典检索为多字段的“逻辑与”关系匹配检索，逻辑行默认为 5 个。

③ 结果处理：

该库大部分资源提供全文下载，有一小部分提供文摘。万方数据知识服务平台提供 PDF 格式文件下载，可以通过 Adobe Reader 阅读器浏览，也可以通过页面在线浏览。

（3）CALIS 学位论文中心服务系统

① 数据库简介：

CALIS 学位论文中心服务系统是中国高等教育文献保障系统的一个子项目。CALIS 学位论文中心服务系统向全国高校师生提供中外文学位论文检索和获取服务。目前博硕士学位论文数据逾 384 万条，其中中文数据约 172 万条，外文数据约 212 万条，数据持续增长中。

系统提供学位论文按学科浏览服务，增加了用户获取论文的途径。系统提供成员馆浏览服务，可以按省浏览提供学位论文数据和提供文献传递服务的成员馆。在成员馆浏览页面，系统显示成员馆是否支持统一认证服务或馆际互借服务。支持统一认证服务的成员馆用户可以单击“登录”使用该系统的全部服务，支持馆际互借的成员馆用户可以使用基于该系统的文献传递服务。

系统提供用户个人空间定制服务，用户可以定制自己的收藏、定制自己的文献传递请求，也可根据定制享受学位论文文献推送服务，系统还提供用户咨询服务。

② 检索概述：

该系统采用 e 读搜索引擎，检索功能便捷灵活，提供简单检索和高级检索功能，可进行多字段组配检索，也可从资源类型、检索范围、时间、语种、论文来源等多角度进行限定检索。系统能够根据用户登录身份显示适合用户的检索结果，检索结果通过多种途径的分面和排序方式进行过滤、聚合与导引，并与其他类型资源关联，方便读者快速定位所需信息。

③ 结果处理：

系统提供国内外大量学位论文的在线浏览全文或者前 16 页论文的服务。对无法在线获取的全文，系统提供全文传递联合保障服务。读者通过点击检索结果页面的“文献传递”按钮，进入文献传递服务页面，选择用户所在的图书馆，系统自动将用户带入其所在图书馆的文献传递服务系统并可在此提交文献传递请求，帮助用户获取所需要的学位论文全文。该系统对提交申请并获得文献传递服务的用户会给予一定的补贴。

（4）国家图书馆学位论文收藏中心

① 数据库简介：

国家图书馆学位论文收藏中心是国务院学位委员会指定的全国唯一负责全面收藏和整理我国学位论文的专门机构，也是人事部专家司确定的唯一负责全面入藏博士后研究报告的专门机构。20 多年来，国家图书馆收藏博士论文达 20 多万种，此外，还收藏部分院校的硕士学位论文、台湾博士学位论文和部分海外华人华侨学位论文。

为了便于永久保存，国家图书馆开始着手学位论文全文影像数据建设。国家图书馆博士论文资源库现提供近 19 万种博士论文的展示浏览。资源库遵循“边建设边服务”的原则，后续建设的数字资源将逐步服务于读者。

② 检索概述：

博士论文全文影像资源库以书目数据、篇名数据、数字对象为内容，提供简单检索、高级检索、二次检索、关联检索和条件限定检索。简单检索中提供题名、作者、学科专业、学位级别以及模糊检索等检索字段。高级检索中可以对4个字段进行“逻辑与”和“逻辑或”的关系匹配检索，检索字段略多。

③ 结果处理：

该库提供 10 万余种博士论文前 24 页的展示浏览，全文阅读建议使用 Adobe Reader 7.0 以上版本（中文版），每一条检索结果的页面下方都提供其他类型相关资源的提示，包括中文图书、民国期刊、数字方志、民国图书。每条记录详细信息页中的蓝色链接部分均提供该信息的资源聚类。

4.3.2.2　外文学位论文网络资源

PQDT 学位论文全文库

① 数据库简介：

PQDT 学位论文全文库是目前国内唯一提供国外高质量学位论文全文的数据库，主要收录了来自欧美国家 2,000 余所知名大学的优秀博硕士论文，目前中国集团可以共享的论文已经达到 351,657 篇，涉及文、理、工、农、医等多个领域，是学术研究中十分重要的信息资源。

② 检索概述：

该数据库提供初级检索和高级检索两种检索方式，对检索结果可以实现仅显示全文资源的条件限定。检索界面完全汉化。在高级检索中该数据库提供多个字段的布尔逻辑算符的匹配检索，并提供出版年、学位和语种的条件限定。

③ 结果处理：

检索结果有一部分提供全文的 PDF 格式文件下载，全部提供题录，可以在检索时对结果的类型进行限定。

4.4 会议论文的检索

4.4.1 利用工具书检索会议信息

（1）《中国学术会议文献通报》

该刊由中国科技信息研究所、中国农业大学主办，科技文献出版社出版，月刊。该刊报道会议论文的全貌，以及会议预告、会议一览、学术动态、文献通报等有关会议的各种信息。以文摘、简介和题录三结合的形式报道科学技术会议论文，每期报道 2,000 条左右。

（2）《中国社会科学学术会议通览（1979-1990）》

该书 1992 年出版，以会议述要和会议总录的形式介绍了 5,289 种社会科学学术会议。1979-1990 年间的绝大部分经济类学术会议都可以在该书中查到。

（3）《世界会议》（World Meetings）

该刊由美国世界会议信息中心编辑出版，季刊，主要报道两年以内将在世界上举行的各种学术会议消息。该刊分为“美国与加拿大”、“美国与加拿大以外国家”、“社会和行为科学”、“医学”四个分册，每期索引有：关键词索引、会议地点索引、主办机构名录及索引、论文提交截止日期索引、会议日期索引、出版物索引。索引提供相应的会议登记号，由登记号可在正文部分查到该会议的有关信息。

（4）《稿约》（Calls for Papers）

该刊主要报道美国和加拿大召开的会议日期和递送发言稿截止

日期等消息，周刊。

由于《世界会议》出版期为三个月，因此《稿约》对近期所增加的会议和议程、日期、地点等方面变动的反映比前者更为及时。但《稿约》的内容又不如《世界会议》全面。所以，两种刊物在查找时应互为补充。

（5）《会议论文索引》（Conference Papers Index）

该刊创刊于1970年，原名为《近期会议论文索引》，后改名为《近期会议预报》，后又改为现名，月刊，由美国世界会议情报中心出版。它是一种报道近期国际学术会议的最后预报或刚召开不久的会议信息的刊物。每年报道的会议在1,000个以上，论文达10多万篇。每卷年度索引有主题、著者、会议日期、会议名称等四个索引。

（6）《国际会议预告表》（World List of Future International Meetings）

该刊1959年创刊，月刊，由美国国会图书馆参考资料部出版。该刊每年的3、6、9、12月预报今后三个月内即将召开的国际会议消息，其他八期刊登新增会议的预报和曾预报过的会议的变更通知。每期都附有主题、会议主持者和地区等三种索引。

（7）《国际科学和技术会议预告》（Forthcoming International Scientific and Technical Conferences）

该刊1971年创刊，季刊，由英国专业图书馆协会编辑出版。该刊预告在世界各国将要召开的国际会议，每年2月报道当年准备举行的国际会议，5、8、10月各期做补充。该刊附有主题索引、会议地点索引和举办单位索引。

（8）《世界集会日期》（World Convention Dates）

该刊为月刊，预报近1～2年世界会议的日期。

（9）《会议录出版指南——社会科学与人文科学专辑》（Directory of Published Proceedings: Series SSH—Social Sciences / Humanities）

该刊为季刊，报道世界各国会议信息。

4.4.2 利用网络资源检索会议论文

4.4.2.1 中文会议论文网络资源

（1）中国重要会议论文全文数据库

① 数据库简介：

中国重要会议论文全文数据库是CNKI的子库之一，该库收录我国2000年以来国家二级以上学会、协会、高等院校、科研院所、学术机构等单位的会议论文集。至2009年11月1日，该数据库累积会议论文全文文献115万多篇。产品分为十大专辑：基础科学、工程科技Ⅰ、工程科技Ⅱ、农业科技、医药卫生科技、哲学与人文科学、社会科学Ⅰ、社会科学Ⅱ、信息科技、经济与管理科学。专辑下分为168个专题文献数据库和近3,600个子栏目。会议范围包括中国科协及国家二级以上学会、协会、研究会、科研院所、政府举办的重要学术会议、高校重要学术会议、在国内召开的国际会议上发表的文献。

② 检索概述：

中国重要会议论文全文数据库具有完善的检索功能，支持初级检索、高级检索、专业检索等检索方式。在高级检索中，该数据库可以支持不同检索行之间的关系选择以及同一检索行以内不同检索词之间的逻辑关系的选择，除了布尔逻辑算符外，还支持位置关系的检索。（详见第101页“中国期刊全文数据库”）

③ 结果处理：

中国重要会议论文全文数据库支持两种格式的文件下载：CAJ和PDF。这两种格式的文件需要下载相应的阅读器才可以阅读。其中CAJ格式的文件需要通过CNKI的CAJViewer阅读器阅读；PDF

格式的文件通过通用的 Adobe Reader 阅读。两个阅读器都支持基本的文本选择、图像选择和复制等功能。

此外，中国重要会议论文全文数据库还提供会议主办单位导航的功能，可以通过主办单位的类型和地域进行查询和浏览，可以针对某一主办单位进行初级检索或者高级检索。

（2）中国学术会议论文库（万方）

① 数据库简介：

万方数据知识服务平台的会议论文是全文资源，收录了由中国科技信息研究所提供的、1985 年至今世界主要学会和协会主办的会议论文，以一级以上学会和协会主办的高质量会议论文为主。每年涉及近 3,000 个重要的学术会议，总计 130 万余篇，每年增加约 20 万篇，每月更新。

② 检索概述：

该数据库提供学科和会议主办单位导航。初级检索可选择会议和论文两个检索字段。高级检索提供标题、作者、关键词和摘要字段的包含关系的关键词检索，提供全文检索和会议名称、主办单位、会议时间的条件限定。经典检索为多个字段的“逻辑与”关系的检索，字段数量默认为 5 个。

③ 结果处理：

该库资源提供全文下载。万方数据知识服务平台提供 PDF 格式文件下载，可以通过 Adobe Reader 阅读器浏览，也可以通过页面在线浏览。

4.4.2.2 外文会议论文网络资源

（1）万方数据知识服务平台（外文会议）

① 数据库简介：

万方数据知识服务平台的外文会议论文包含在外文文献库中，

提供全文资源，收录了1985年以来世界各国主要学会和协会、出版机构出版的学术会议论文，部分文献有少量回溯。每年增加论文约20余万篇，每月更新。

② 检索概述：

该外文文献库提供跨库检索、简单检索、高级检索、经典检索、专业检索等多种检索方式。简单检索时通过关键词进行检索。高级检索支持标题、作者、关键词和摘要字段的包含关键词检索。经典检索支持多个字段的“逻辑与”关系匹配检索，字段默认为4个。跨库检索可同时选定多个库的高级检索。对于检索结果，可以通过标题、作者、关键词和年代进行二次检索。

在检索结果中，外文会议论文和外文期刊论文是同时列出的，读者可以通过论文类型进行区分，在页面左侧的“论文类型”中选择“外文会议”即可看到相应结果。

③ 结果处理：

检索结果可以进行信息导出，可提供多种导出格式，其中包含文献的详细信息和摘要。读者要获取全文，则需要提交原文传递申请。

（2）OCLC-FirstSearch-PapersFirst / Proceedings

① 数据库简介：

OCLC全名为Online Computer Library Center（联机计算机图书馆中心），主要提供以计算机为基础的联合编目、参考咨询、资源共享和保存服务。OCLC于1992年推出OCLC FirstSearch，这是一个综合性的、完整的参考咨询和检索服务系统。读者通过OCLC FirstSearch能够检索到的收录会议论文的数据库包括PapersFirst和Proceedings。其中，PapersFirst提供国际会议论文索引；Proceedings收录世界范围会议的会议录索引。

② 检索概述：

OCLC FirstSearch 支持跨库检索，系统提供基本检索（Basic Search）、高级检索（Advanced Search）和专家检索（Expert Search）3 种检索方式。（详见第 112 页 OCLC-FirstSearch）

③ 结果处理：

读者通过点击题名，可以查看检索结果的详细信息。若该记录提供全文，则在该记录中会显示全文标记和全文格式，通常包括 PDF 格式和 HTML 格式。

案例

留学生毕业论文选题时，往往喜欢选择中国文化与自己国家的文化比较，或者语言比较研究之类的题目。对留学生来说，对自己国家的文化和语言比较熟悉，但是对中国文化、语言、风貌并不是非常了解，更不用说用中文的数字资源检索相关文献了。曾经有一个日本留学生希望写一篇关于中日两国电影中的女性形象比较研究的论文，她对日本电影的了解很多，希望我能够帮助她检索关于中国电影中的女性形象研究的文献。由于她还处于定题阶段，我们建议她通过“中国期刊全文数据库”（CNKI）进行检索。

在跨库检索中，我们选择高级检索，检索字段选择“主题”（同时对题名、关键词、摘要进行检索），检索词使用“中国电影”和“女性”，以“逻辑与”关系匹配，得到全库 365 条记录反馈（2012.11.12 数据）。在此基础上，我们选择“题名”字段检索“女性形象”，选择“在结果中检索”，得到 51 条检索记录（2012.11.12 数据）。我们再将发表时间限定在 5 年内，即时间为“2007.1.1-2012.12.31”，再次“在结果中检索”，得到 31 条记录（2012.11.12 数据）。

思考与练习题

1. 如果需要一本书，但是该校图书馆基藏书目中并未收录，可以通过什么途径继续寻找？
2. 在中国也可以及时看到很多国家、不同语种的报纸，你知道该怎么做吗？
3. 当需要写毕业论文的时候，往往希望看看别人是怎么写的，通过本章的学习，你知道如何找到这样的论文吗？
4. 在论文选题和开题阶段，可以通过哪些途径检索需要的文献？

第五章　如何检索知识点

本章提要

在学习工作、科学研究和日常生活中，人们对信息的需求，不仅局限于图书、报刊、学位论文、会议论文等文献信息，还需要诸如字词、名词术语、人物、机构、地点、时间等参考信息，也需要某些具有说服力的数据。对于后者的需求，我们将其归结为知识点的检索。本章主要介绍语词信息的检索、百科知识的检索、数据信息的检索、人物信息的检索、机构信息的检索、地理信息的检索、不同历法的检索等，涉及字典、词典、百科全书、统计年鉴、统计数据库、人名词典、人物传记、人名录、机构名录、地名录、地图集、年表、历表等检索工具或数据库。

5.1　语词信息的检索

我们阅读、学习时，往往会遇到语词方面的问题，如碰见不认识的字，对有的词不理解，有的词有几种意思，不知道在句子中应当选择哪一种，等等。如果不把这些问题搞懂，我们就无法正确理解所读作品的思想内容，这时候需要求教，向旁人请教当然可以，但毕竟不方便，又不能保证被求教的人一定能把你的问题解答出来。最好的办法是随手查查字典、词典，既方便又准确。

字典是以字条为单元，对字的形体、声音、意义以及用法或其他属性做出说明的工具书。词典是以词条为单元，对词目的概念、意义及用法做出说明或提供信息的工具书。我国现有的字典有时兼收语词，词典一般也以单字为词头，二者之间有所侧重，但不存在壁垒分明的界限。字典、词典能够规范字词的拼写、释义和用法，促进语言规范化；能够提供语言文字知识，帮助人们扫除语言障碍，引导人们在表达思想时使用规范的词语。一些专科词典，能概括、扼要地阐述学科基本知识，既有一定的阅读性，又可提供不少学习科研所必需的资料。字典、词典是人们看书学习、研究语言文字学等必不可少的工具。

5.1.1 综合性字典、词典

（1）《新华字典》

该书由新华辞书社编，人民教育出版社 1953 年出版注音字母音序本，1954 年出版部首本，新部首 189 个。商务印书馆 1957 年出版新 1 版，后多次修订、再版。该书主要供中、小学师生以及中等文化程度以上的读者使用。目前的最新版本是 2011 年的第 11 次修订版，分普通本、大字本、双色本三个不同版式。该书收单字（包括繁体字、异体字）1 万多个，带注释的词语 3,500 多个。正文按汉语拼音字母音序排列，附部首检字表。该字典在正字、注音、释义各方面均有独到之处，是目前国内流行最广、影响最大的一部小型字典，对促进语言规范化和标准化有一定贡献。

（2）《汉语大字典》

该书由徐中舒主编，四川辞书出版社、湖北辞书出版社 1986-1990 年出版第一版。2010 年出版第二版，全书共 9 卷（其中第 9 卷为附录和索引）。该书收单字约 60,370 个，按 200 部首排列，附笔画检字表、音序检字表。该书是我国形、音、义收录最完备的大型历史性详解汉语字典，对每个汉字的形、音、义都做了历史的、全面的反映。在字形方面，在楷书单字条目下收列了能反映形体演变关系的、有代表性的甲骨文、金文、小篆和隶书等形体；在字音方面，除用汉语拼音字母注明字的现代读音外，并用《广韵》、《集韵》等的反切[①]标注中古音，以及用韵部反映上古音；在字义方面，义项完备，书证丰富，详释字的本义、派生义、通假义等，还适当收录复音词中的词素义。

（3）《现代汉语词典》

中国社会科学院语言研究所词典编辑室编。这是一部为推广普通话、促进汉语规范化服务的现代汉语中型词典，所收条目包括字、词、词组、熟语、成语等。商务印书馆 1965 年印行“试用本”，1973 年重印（内部发行），修订后 1978 年正式出版，1983 年出版第 2 版，1989 年出版补编，1996 年出版修订本，2002 年出版增补本。目前的最新版本是 2012 年的第 6 版，收词约 69,000 条，基本上反映了现代汉语词汇的面貌，对所收的现代汉语的词和文言虚词都做了全面的词类标注。

（4）《汉语大词典》

该书由罗竹风主编，上海辞书出版社 1986 年出版第 1 卷，从第 2 卷始，改由汉语大词典出版社出版。全书正文 12 卷，另有《附录·索引》1 卷，至 1994 年出齐。1997 年出版 3 卷缩印本。该书收词包括古今词语、熟语、成语、典故及古今著作中进入一般语词范围和比较常见的百科词语等，全书收词约 37.5 万条，是当今世界上收录汉语语词数量最多的汉语语文词典。其编辑方针是“古今兼收，源

① 中国传统注音方法，即用两个汉字合起来为一个汉字注音，第一个字（反切上字）注声母，第二个字（反切下字）注韵母和声调。

流并重”，集古汉语和现代汉语词汇之大成，是一部反映汉语全貌的大型综合性词典。汉语大词典出版社与香港商务印书馆已联合推出了《汉语大词典（光盘版）》。

（5）《辞海》

该书由辞海编辑委员会编辑，上海辞书出版社出版，1936 年初版，1965 年出版未定稿，后又出版 1979 年版、1989 年版、1999 年版、2009 年版。《辞海》是以字带词，兼有字典、语文词典和百科词典功能的大型综合性辞典。2009 年版《辞海》共收录了 17,914 个单字字头、127,200 多条词目、2,300 余万字，16,000 余幅图片，删去词目 7,000 条，新增词目 12,300 余条，条目修订面超过三分之一，反映了文化科学技术的发展和时代的变迁。该书收录范围涉及古今中外自然科学、社会科学，所收词目包括普通词语和百科词语两部分。

（6）《辞源》

该词典由陆尔奎等主编，1915 年商务印书馆初版，后多次修订影印。该词典以语词为主，兼收百科，新旧并容，重在溯源，是查找古代汉语词汇的重要词典。该词典共收单字 13,000 多个，词目 10 万多条。1958 年该词典重新修订，删去书中的百科词语，收词下限止于1840年，专收古代汉语词汇和成语，以及关于文史学科的条目，成为一部最大的阅读古典文献和研究文史用的古汉语辞书。

《辞源（修订本）》由广东、广西、湖南、河南辞源修订组修订，商务印书馆编辑部编，1979-1983、2001 年商务印书馆出版。全书四册，收单字 12,890 个，复词 84,134 条，共 97,024 条。1988 年商务印书馆出版了《辞源》缩印合订本。

（7）中华在线词典

该词典是由个人自办的，网址为 http://www.ourdict.cn/，目前共收录了包括新华字典、新华词典、现代汉语词典、现代成语词典、古汉语词典等 12 部词典中的汉字 15,702 个，词语 36 万个（常用词语 28,770 个），成语 31,922 个，近义词 4,322 个，反义词 7,691 个，歇后语 14,000 个，谜语 28,071 个，名言警句 19,424 个，所有功能都可以免费使用。其界面简洁有序，一目了然，提供拼音索引、部首索引、笔画索引，使用方便。

（8）《朗文当代高级英语辞典》（Longman Dictionary of Contemporary English）（英英、英汉双解）

该词典由培生教育出版集团著，外语教学与研究出版社 2009 年出版。该词典是根据其最新版本翻译而成的一部面向中国读者的双语词典。它秉承朗文词典的一贯特色，特别是采用著名的 BNC 语料库进行修订之后，例句真实自然、时尚规范，及时反映语言发展的潮流，而且包含各国英语的不同用法，是名副其实的世界英语词典。收词广泛，共收词 8.4 万余条，含新增词汇 4,000 余条。

（9）《韦氏三版新国际英语词典》（Webster's Third New International Dictionary of the English Language, Springfield, Mass.）

该词典由戈夫（Philip B. Gove）主编，是世界公认的最有权威的英语语文大词典之一，为足本词典，供语言研究者和专家、学者使用。全书收词 45 万余个。

（10）《梅里亚姆韦氏大学版词典》（Merriam Webster's Collegiate Dictionary, Deluxe Ed.）

该词典为半足本词典，以《韦氏三版》为蓝本，删去专业性很强的词、废弃词、罕见词等，增加了新词、新义和新用法，收词 16 万，释义 20 万条。

（11）《牛津英语词典》（Oxford English Dictionary）

该词典由詹姆斯•默雷（James Murray）主编，是一部权威的历史性英语词典，是英语词典中最为壮观的一部，由于编写体例严谨，是公认的一部有较高学术价值的词典。它收录了 12 世纪中叶以来有文献记载的全部英语词语，其目的是为了展示当前正在使用的以及 12 世纪中叶以来使用的英语词语的历史及其确切词义。它是描述派的代表作，忠实地记录语言，一般不做取舍，也不规定每个词的使用范围和条件。

（12）OneLook 在线语义词典

它相当于词典中的元搜索引擎，网址为 http://www.onelook.com，可同时查找多部在线词典，支持截词检索，提供在线翻译的功能。

5.1.2 专门性字典、词典

有些字典、词典只收一定范围的字词，涉及语言中的某种特殊现象，可用于特殊字词的查找。

（1）《现代汉语同义词词典》

该词典由刘叔新主编，天津人民出版社 1987 年出版。该词典收录了常用和较常用的同义词组 1,640 个，包括 4,600 多个词，为人们选用同义词、分辨同义词的细微差别和不同用法以及了解同义词的构成提供参考。

（2）《反义词词典》

该词典由林玉山编，黑龙江人民出版社 1988 年出版。该词典依据国内外语言学界较一致的看法，即音节相同、词性相同、范畴相同、意义相反或相对的词为反义词的原则选择词组，收反义词 4,039 组。

（3）《现代汉语方言大词典（分卷本）》

该词典由李荣主编，江苏教育出版社 1993-1999 年出版。该词典是全国高等院校和科研机构的 60 多位专家学者参加，在全国 41 个方言点组织编写的方言大词典，全面记录了中国 20 世纪汉语方言的风貌。全书由41部分地词典构成，每部词典收词8,000条左右，全书收词总数约32万条，每一条目词都包括字形、注音、释义三个部分。

（4）《现代汉语方言大词典（综合本）》

该词典由李荣主编，江苏教育出版社2002年出版。该书是在《现代汉语方言大词典（分卷本）》的基础上编纂而成的综合本，全6册。

（5）《汉语成语词典（最新版）》

该词典由伍宗文等编写，四川辞书出版社2007年版，共收成语1.4万条。

（6）《中国成语大辞典（辞海版，新一版）》

该书由王涛、阮智富、赵克勤等撰稿，上海辞书出版社2007年出版，收见于历代文献的成语约18,000条。

（7）《汉语成语大词典》

该词典由朱祖延主编，湖北大学古籍研究所编，中华书局2002年出版。该词典收录成语约17,000条，除常见形式的成语及其变体外，也包括少数古今常用的熟语和谚语。

（8）国学网成语大全

国学网成语大全由国学网提供，网址为http://www.guoxue.com/chengyu/CYML.htm，读者输入想查的成语或任意字词即可查询相关成语。

（9）《中国俗语大辞典（新一版）》

该书由温端政主编，上海辞书出版社2011年出版，收古今俗语1.5万余条，博采古今典籍中的用例。

（10）《歇后语大辞典》

该书由王陶宇编，四川辞书出版社1988年出版，共收歇后语

16,000 多条。该书编排方法较为新颖，以解说语立目，按条目意义分类集中。

（11）《歇后语大全》

该书由中国民间文艺出版社资料室、北大中文系资料室编，中国民间文艺出版社 1987 年出版，共收录歇后语 6 万多条。

（12）《常用典故词典（新一版）》

该书由于石、王光汉、徐成志编著，上海辞书出版社 2007 年出版。该词典选收古代诗文中常用的典故 500 余个，设立词目近 5,000 条。

案例

1. 利用中华在线词典（http://www.ourdict.cn/）查找“沆”的含义。

如果知道该字的读音，我们可以直接搜索该字，也可以通过拼音、部首、笔画等查找（如图 5-1）。如果不知道该字的读音，我们可以通过部首、笔画的途径查找。下面以部首法为例，进入部首索引页面，我们先按部首“氵”笔画数（三画）找到部首，再按部首外笔画数（4 画）找到该字（如图 5-2）。点击该字即出现该字的解释（如图 5-3）。

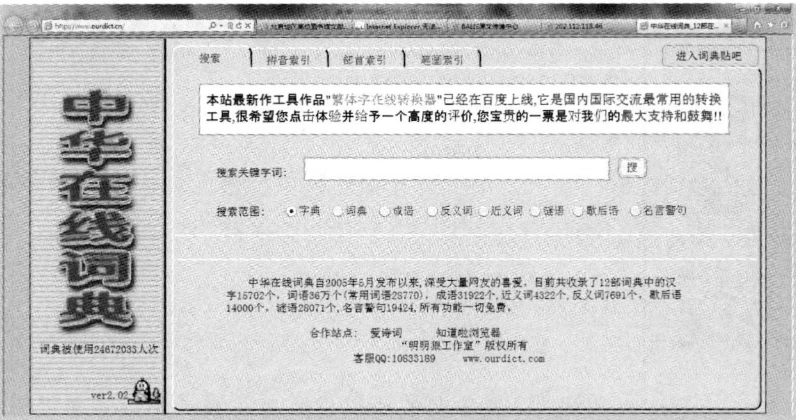

图 5-1 “中华在线词典”首页

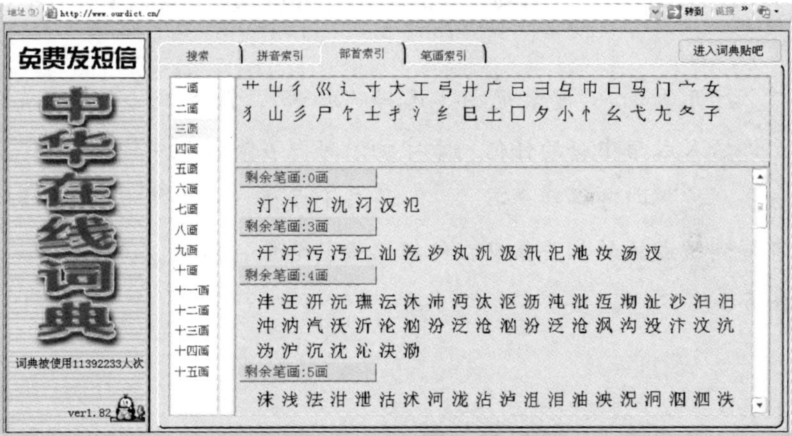

图 5-2 部首索引页面

图 5-3　解释页面

2. 利用中华在线词典（http://www.ourdict.cn/）查找含有“羊”的成语。

打开页面，“搜索范围”选择“成语”，该系统（如图 5-4）允许输入成语中含的任何一个字词。可以在查询框中输入“羊”，点击“搜”即可得到含有“羊”的若干成语，点击某一成语，即可得到该成语的相关信息，包括读音、解释、出处、示例等（如图 5-5）。

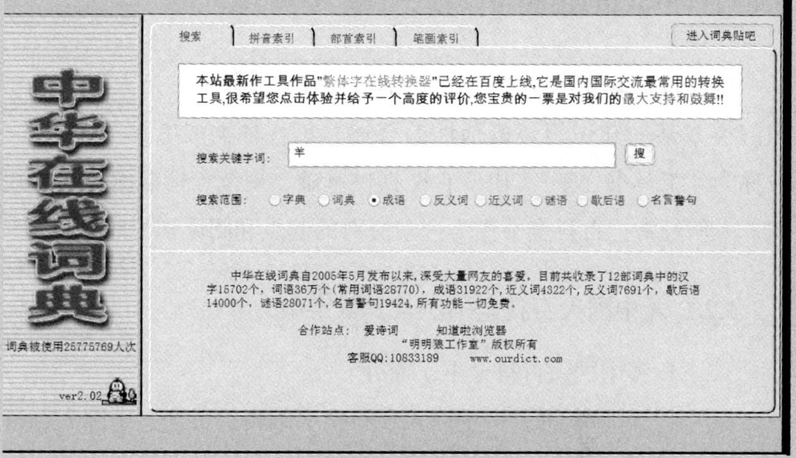

图 5-4　查询页面

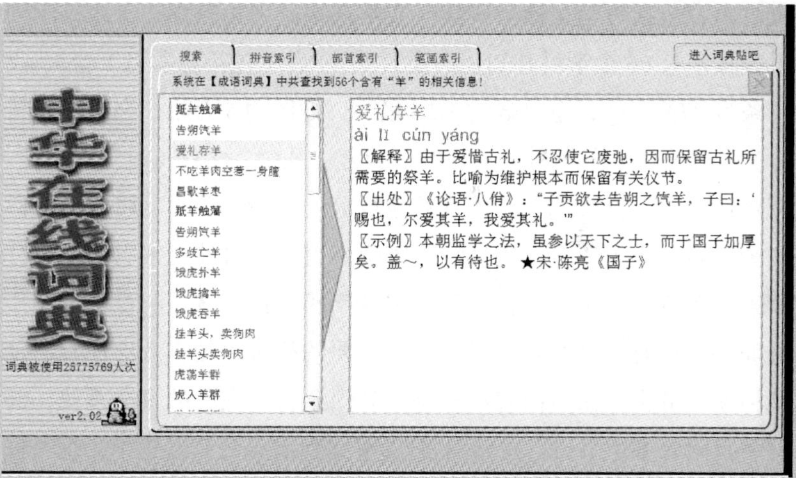

图 5-5　结果页面

5.2　百科知识的检索

获取百科知识的主要途径是百科全书。百科全书是人类一切知识门类或某一知识门类概括性的著述，集各种类型工具书之大成，被称为“工具书之王”。由于它能提供基础、规范、标准而有趣的知识，人们经常把百科全书作为搜索资料的起点和阅读学习的对象。

5.2.1　《中国大百科全书》及其数字版

5.2.1.1 《中国大百科全书》简介

《中国大百科全书》由中国大百科全书编辑委员会、中国大百科全书出版社编辑部编，中国大百科全书出版社 1980 年起陆续出版，1993 年出齐。这是我国第一部具有权威性的大型综合性百科全书。全书内容包括哲学、社会科学、文学艺术、文化教育、自然科学和工程技术等 66 个学科和知识门类，共 74 卷（包括总索引 1 卷），收录条目 77,859 个，总字数约 1.26 亿字，插图约 5 万幅。全书按学科分类分卷出版，各学科分卷一般由前言、凡例、学科（或知识门类）概观性文章、反映该学科体系的条目分类目录、正文、彩色或黑白插图插页、大事年表、条目汉字笔画索引、条目外文索引和内容分析索引等构成，正文条目按汉语拼音字顺编排。该书的检索系统十分完备，设有多种检索途径，其中主要的检索途径有音序检索、笔画检索、分类检索、内容检索等，卷内条目有完备的参见系统，部分条目附有参考书目。总索引将 73 卷中所有条目标题集中，统一按汉语拼音顺序并辅之以汉字笔画、起笔笔形顺序排列。中国大百科全书出版社每年还出版该书的补编《中国百科年鉴》，及时提供新的知识信息，应注意利用。

2009 年《中国大百科全书》第二版出版，全书总卷数为 32 卷，其中正文30卷，索引和附录2卷，共收条目约60,000个，约6,000万字，插图约30,000幅，地图约1,000幅。与第一版按学科分卷出版不同，第二版采用条目统编法，所有条目按汉语拼音顺序统一排列。

5.2.1.2 《中国大百科全书》光盘版

《中国大百科全书》已有光盘版1.1版和1.2版，每套四张盘，以《中国大百科全书》和中国百科数据库为基础，由中国大百科全书出版社出版。

《中国大百科全书》光盘版（1.1版）在使用之前必须先安装，运行第一张光盘上的setup.exe程序。

《中国大百科全书》光盘包括66个学科，8万个条目，分为4张光盘，各盘包含内容如下：

第一张光盘：哲学、宗教、考古学、中国历史、外国历史、中国文学、外国文学、语言与文字、戏剧、电影、美术、音乐与舞蹈、戏曲与曲艺。

第二张光盘：经济学、财政、税收、金融、价格、政治学、法学、民族、社会学、军事、教育、体育、新闻与出版、图书馆学、情报学、档案学、文物与博物馆、中国地理、世界地理。

第三张光盘：数学、物理学、力学、化学、生物学、农业、现代医学、中国传统医学、天文学、地质学、地理学、大气科学、海洋科学、水文科学、心理学。

第四张光盘：机械工程、电工、电子学与计算机、自动控制与系统工程、化工、水利、矿冶、交通、环境科学、航空与航天、轻工、纺织、建筑、园林、城市规划、土木工程、固体地球物理学、测绘学、空间科学。

使用《中国大百科全书》光盘版（如图 5-6）时，我们先在菜单中的“卷目”下选择学科，然后在目录下选择按何种方式查看条目，可选择的方式有：按条目顺序目录浏览条目、按条目分类目录浏览条目、按条目笔画目录浏览条目、按条目拼音目录浏览条目、按条目外文目录浏览条目、按条目主题词目录浏览条目、按条目撰稿人目录浏览条目、按彩图目录浏览图片。

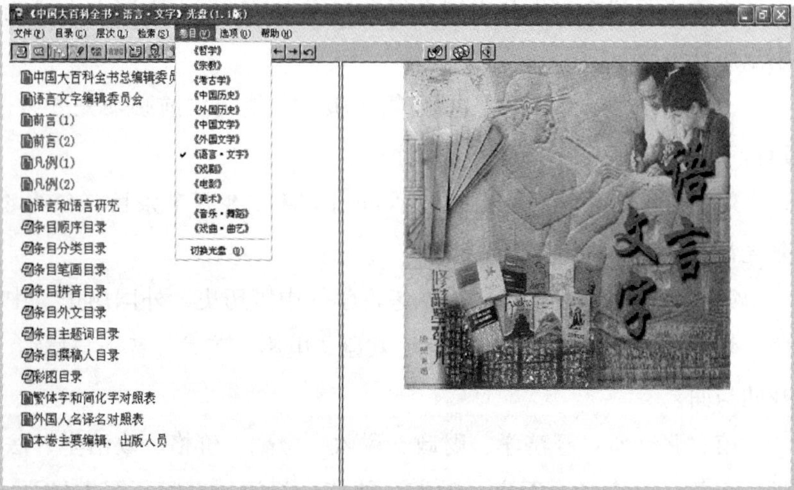

图 5-6 《中国大百科全书》光盘（1.1 版）

该系统除了可根据条目的顺序目录、分类目录、笔画目录、拼音目录、外文目录、主题词目录、撰稿人目录依次浏览或检索所有条目外，还提供了模糊检索功能。模糊检索有“包含检索词”和“以检索词开头”两种检索方式，默认方式为“包含检索词”。一次检索后，读者可以在此基础上进行二次或多次检索。如果读者想浏览另一张光盘，选择“卷目”下的“切换光盘”，按照系统提示取出原来的光盘，放入新光盘即可。

与光盘版 1.1 版相比，光盘版 1.2 版更换补充最新资料近 2,000 条，替换增加彩图 500 余幅。光盘版 1.2 版采用全新界面，设置自动安装、自动运行，并特别增加内容打印功能，使之更便于使用。

5.2.1.3 《中国大百科全书》网络版

《中国大百科全书》网络版以《中国大百科全书》和中国百科术语数据库为基础，向局域网用户提供在局域网范围内检索使用《中国大百科全书》。共收条目 78,203 条，计 12,568 万字，图表 5 万余幅。内容涵盖了哲学、社会科学、文学艺术、文化教育、自然科学、工程技术等 66 个学科领域。

《中国大百科全书》网络版将《中国大百科全书》各卷分成哲学社会科学、文学艺术、文化教育、自然科学、工程技术五大类。系统提供首页、分卷检索、全文检索、条目顺序、组合检索、大事年表、帮助信息、安装字体八个主页面，点击图标，可进入相应的页面。

在首页中，《中国大百科全书》网络版按以上五大类将《中国大百科全书》的所有卷分别排列出来（如图 5-7），读者点击其中的某一卷，即可对该卷进行检索。

系统提供分卷检索、全文检索、条目顺序、组合检索、大事年表等多种检索方式。

（1）分卷检索

“分卷检索”指在选读的卷目范围中进行检索。读者可选择某一类、一卷或数卷。如果选择的是一卷，即显示该卷按汉语拼音音序排列的条目名称；如果选择的是多卷，则显示相应卷的条目名称。

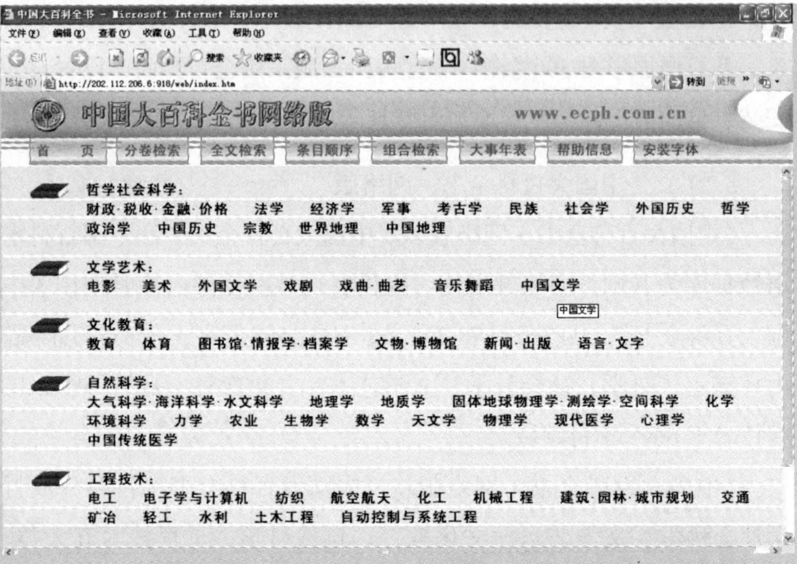

图 5-7　中国大百科全书网络版首页

（2）全文检索

读者可对所选中的某一卷或多卷进行逻辑检索。“全文检索”页面设有中文名称、外文名称和正文三个检索字段，读者可在字段前的方框中勾选。检索词之间的逻辑关系有四种：同时包含（相当于“逻辑与”）、包含其一（相当于“逻辑或”）、不包含后者（相当于“逻辑非”）和不同时包含。

（3）条目顺序

读者点击“条目顺序”按钮，即显示所有条目。如果在“分卷检索”中确定了要检索的卷的范围，显示的就是所选卷的条目顺序。

（4）组合检索

“组合检索”提供对中文名称、外文名称和正文三个字段的组配检索，三个字段之间的关系是“逻辑与”的关系。中文名称字段提供的逻辑关系有：包含、相等（与检索词完全一致）和不包含；外文名称字段提供的逻辑关系是包含；正文字段提供的逻辑关系有：包含和表达式。表达式指利用系统设定的运算符组配检索词。

（5）大事年表

“大事年表”提供了49个学科的大事年表，每个大事年表分别收录了各领域发生的具有历史意义的重大事件。

检索结果界面左窗口显示结果数量和条目列表，点击“条目名称”，右窗口显示其正文内容，可对条目内容进行下载、复制和打印。

5.2.2 《不列颠百科全书》及其数字版

《不列颠百科全书》（Encyclopædia Britannica，简称EB）全套共32册，被认为是最具有权威的大型综合性百科全书，是ABC三大百科全书之B（A指《美国百科全书》，C指《科里尔百科全书》），我国知识界过去习惯称之为《大英百科全书》。《不列颠百科全书》1768年首次出版，历经多次修订和再版，已有200多年的历史，1974年推出了第15版。其条目均由世界各国著名学者、各个领域的专家撰写，对主要学科、重要人物事件都有详尽介绍和叙述，两百多年来，《不列颠百科全书》一直是英语世界的知识宝库，其学术性及权威性已为世人所公认。目前，《不列颠百科全书》除英文版外，还有法、西、日、葡、希、中、韩等10多个语种出版。2005年美国不列颠百科全书公司出版了第15版《不列颠百科全书》的修订版及最新版。全书32册，收录20万条词条，共计4,400余万字，有24,283幅插图、地图和照片。

Encyclopædia Britannica Online（http://www.britannica.com/）是《不列颠百科全书》的在线版，在保留原百科全书的质量和特点的基础上，又增加了许多新的功能，如：功能强大的检索功能和按照主题字顺排列的浏览功能，互联网指南（由百科全书的编辑们搜集、选择和推荐一些相关互联网站点），以及一些选自顶尖杂志和报纸上的文章，此外还有一些相关产品。该在线工具书每周更新一次，需付费使用，但任何读者都可以申请 3 天的免费试用。界面如图 5-8：

图 5-8　在线《不列颠百科全书》

该系统提供关键词检索，支持通配符（“？”代表一个字符，“*”代表多个字符）检索、布尔逻辑（AND、OR、NOT）检索、词组检索（用引号括起）、自然语言检索，还可以使用圆括号确定检索符运算的优先次序。该系统也可以提供多种浏览功能，包括字顺浏览、世界地图浏览、时间浏览和主题浏览，用户可以根据自己的需要来进行选择。

5.2.3 其他

（1）《简明不列颠百科全书》

该书由中国大百科全书出版社和美国不列颠百科全书公司合作编译，主要根据英文版《不列颠百科全书》第 15 版的《百科简编》编译而成，其中有关中国的条目由我国专家学者重新撰写，中国大百科全书出版社出版。该书 1985 年 9 月起出版，1986 年 9 月出齐，共 10 卷。共收条目 71,000 余条，插图 5,000 余幅，内容涉及社会科学、文学艺术、自然科学、工程技术等各学科的概述和专名、术语、各国人物、史、地、团体、机构等，侧重西方文化、科学成就和当代知识。1991 年，中国大百科全书出版社又出版了该书的增补卷（第 11 卷）。

（2）《不列颠百科全书（国际中文版）》

该书由中国大百科全书出版社和美国不列颠百科全书公司合作编译，中国大百科全书出版社 1999 年出版，后再版 7 次。该书对照《不列颠百科全书》英文版第 15 版，在简明版基础上，逐条修订，更新资料、增补内容和纠正错误，并增加新条。全书共 20 卷，1~18 卷是正文，19~20 卷是索引，共有条目 81,600 余条，字数达 4,350 余万，图片 15,300 余幅。其中，关于中国的条目增加了 450 条新条目和 1,200 条参阅条目，全部条目按英文版原书条目标题的外文词的字母顺序排列。索引提供“条目标题笔画索引”和按汉语拼音音序排列的“条目标题和内容索引”。

（3）《简明中华百科全书》

该书由中国大百科全书出版社 1994 年出版，它是我国一部有代表性的小型百科全书。该书共 3 卷，收录 8,000 多个条目，概述文章约 15 万字，插图 1,700 幅，全书共约 500 万字，分正文、附录和索引三大部分。该书的内容以全面、系统、简明地介绍中国古今文化为主，内容构成有鲜明的特色，侧重于社会科学，涵盖了历史、地理、哲学、宗教、人类、社会、政治、法律、军事、经济、文化、艺术、文学、教育等广泛的社会科学知识领域。科学技术方面的内容只着重介绍中国古代较大的技术发明及科学理论和现代在科技领域取得的突出成就。该书贯彻详今略古的原则，在全书的整个知识体系中，1948年以后的近现代中国是介绍的重点，特别是对1949年以后中国各方面的基本情况做了全面介绍，对1978年以后中国在改革开放过程中出现的新事物、新情况、新人物、新知识做了突出介绍。

案例

请利用《中国大百科全书·语言文字卷》查找有关“拼音”的内容。

首先，我们要对该工具书加以了解，可通过前言、凡例、目录获取相关信息。其次，我们选择合适的检索途径。根据检索课题，可以利用的检索途径有：条目分类目录、按汉语拼音排序的正文、条目汉字笔画索引、内容索引等。前三个检索途径均只能检索到条目，而对于条目中的具体内容则无法检索，内容索引既可查找某一条目，又可查找隐含于某一条目中的较重要的内容，按汉语拼音字母的顺序排列，设有条目的主题用黑体字，未设条目的主题用仿宋字。索引主题之后的阿拉伯数字是主题内容所在的页码，数字之后的小写拉丁字母表示索引内容所在的版面区域。最后，我们实施检索。查看目录，得知内容索引在569页，按音序可在584页找到“拼音”的相关词条，按相应页码及版面区域提示即可查看具体内容，找到我们想要的资料。

5.3 数据信息的检索

5.3.1 纸本工具书选介

（1）《中国统计年鉴》

中华人民共和国国家统计局编，中国统计出版社 1982 年起出版。这是一部反映中华人民共和国国民经济和社会发展情况的统计资料性年刊，内容大致分为综合、行政区划和自然资源、人口、劳动力和职工工资、农业、工业、运输和邮电、固定资产投资、商业、对外经济贸易和旅游、财政、金融、保险、物价、人民生活、教育、科学、文化、体育、卫生、民政、司法等部分，是社会各界进行宏观经济和社会问题研究不可缺少的工具。

（2）《中国统计摘要》

中华人民共和国国家统计局编，中国统计出版社 1983 年起逐年出版。1984-1987 年诸卷曾简要收入 1949 年以来主要年份和 1978 年以来国民经济各部门的统计数据。

（3）《国际统计年鉴》

中华人民共和国国家统计局编，中国统计出版社出版。该书是一部综合性国际经济、社会统计资料书，收录了世界多达 160 个国家和地区的统计资料，对其中的 40 多个主要国家的经济和社会发展状况以及世界主要企业的基本情况做了更为详细的介绍。该年鉴资料来源主要是各国家组织的年报、月报和各国年鉴、月报。每张表均附有资料来源。

（4）《联合国统计年鉴》

该年鉴源于设在海牙的国际统计研究所 1916 年出版的《国际统计年鉴》及后改由“国联”用英、法文出版的《国际联盟统计年鉴》。目前每 4 年出版一次，为综合性国际统计资料，统计数据来源于各国政府统计部门，一般较为可靠。该年鉴包括世界 280 多个国家和地区的人口、工业、农业、财经、贸易、社会、文化、教育等统计资料。统计数据一般回溯几年至几十年，并注明材料来源。

（5）《美国统计摘要》

该书是一部美国官方的综合性统计资料汇编，内容涉及美国经济和社会的各个方面，每年出版一次，是研究美国国情的重要工具书。全书一般分为 30 多个大类，每一大类前有概括性的导言、名词术语解释。图表下有详细的脚注和资料来源，统计资料一般回溯 15 或 20 年。卷末还附有“资料来源指南”。

5.3.2 数据库资源选介

（1）国研网（教育版）

“国研网”是“国务院发展研究中心信息网”的简称，该网站创建于 1998 年 3 月，由国务院发展研究中心信息中心主办、北京国研网信息有限公司承办。国研网汇集、整合了国内外经济金融领域的研究成果和经济信息。国研网（教育版）由全文数据库、统计数据库、研究报告数据库、专题数据库、世经数据库等组成，包含了丰富的数据资料，其中的统计数据库是数值数据库。该数据库提供简单检索和高级检索两种方式。关键词检索可以通过标题、关键词、作者名称和全文四种途径查询；高级检索增设了栏目选择、时间选择、排序方式等检索条件，检索词之间的逻辑关系可以选择“包含以下全部的关键词”、“包含以下完整的关键词”、“包含以下任意一个关键词”、“不包括以下关键词”。

（2）中华人民共和国国家统计局——统计数据，网址为 http://www.stats.gov.cn/tjsj/

中华人民共和国国家统计局是主管全国统计和国民经济核算的国务院直属机构，统计数据是中华人民共和国国家统计局网站提供的在线统计数据查询栏目。该栏目由数据库查询、数据表阅览、部门数据链接组成。

（3）中宏数据库（教育版）

中宏数据库（教育版）由国家发改委所属的中国宏观经济学会、中国经济学奖管理委员会、中国宏观经济信息网等权威机构联合研制，北京中宏金智资讯有限公司出版。该数据库包括统计数据库、形势研析库、战略规划研析库、金融研析库、财政税收研析库、投资研析库、消费研析库、物价研析库、商业物流研析库、外贸研析库、外资研析库、产业研析库、区域经济研析库、世界经济研析库、政策法规数据库、体制改革研析库、企业经营研析库、中宏百人团数据库、课题成果库。

（4）中经网统计数据库

中经网统计数据库由中经网数据有限公司研制。该数据库现有数百万个序列的经济数据，数据内容指标涵盖宏观经济、产业经济、行业经济、区域经济以及世界经济等领域，包括中国经济统计数据库和世界经济统计数据库两个子库。

（5）中国资讯行——中国统计数据库

该数据库收录自 1995 年以来国家及各省市地方统计局的统计年鉴及海关统计、经济统计快报、中国人民银行统计季报等月度及季度统计资料，其中部分数据可追溯至 1949 年，也包括部分海外地区的统计数据。该数据库提供关键词检索，检索选项包括行业、地域、参考资料（来源）、时间范围等。

（6）搜数网

搜数网是由北京精讯云顿数据软件有限公司推出的专门面向统计和调查数据的专业垂直搜索网站，网址为 http://www.soshoo.com.cn/。该网站提供各种有关中国和世界各国的经济和社会统计数据。目前数据总数达 2.9 亿个，其中部分数据可追溯至 1949 年，数据范围覆盖了全国 32 个省（自治区 / 直辖市）、2 个特别行政区，数据内容涉及 44 个行业。

案例

查找 2007 年北京市出版了多少种语言文字方面的图书。

检索过程：年鉴一般反映上一年度的数据，所以我们查找 2007 年的数据要利用 2008 年的年鉴，因此选用《北京统计年鉴 2008》。在“十八、教育文化”类别下找到相关数据的所在页为 370 页，我们翻到相应页找到 2007 年北京市出版了 7,768 种语言文字方面的图书（如图 5-9）。

5.4 人物信息的检索

人物信息的检索工具主要是名人录和传记词典，也可利用百科全书、年鉴、手册等检索工具。查找学术界人士，我们还可通过各专业的文献数据库或学科信息门户，将该人名作为入口词检索，在获得该著者成果的同时，往往能在其简介部分找到一些相关信息。

北京 2008 统计年鉴　　Beijing Statistical Yearbook

18-28　图书出版情况

BOOKS PUBLISHED

项目	Item	出版图书种数合计（种）Number of Publications (kind)		#新书 New Publications		总印数（万册、万张）Total Copies (10000 volumes, 10000 pieces)		总印张（万印张）Total Printed Sheets (10000 printed sheets)	
		2007	2006	2007	2006	2007	2006	2007	2006
总　计	**Total**	125412	113232	69594	64793	186774	171942	1952961	1853113
书籍合计	**Books**	125162	113104	69433	64722	185911	171381	1943023	1852185
马列主义、毛泽东思想	Marxism-Leninism -Mao Zedong Thought	315	212	207	105	1093	260	19000	4609
哲　学	Philosophy	2865	2435	2101	1795	2638	1951	40298	31141
社会科学总论	General Social Sciences	2127	1702	1352	1066	1438	1372	25155	22213
政治、法律	Politics and Law	9115	7869	6939	5710	9698	9348	135056	136104
军　事	Military	520	414	431	337	287	248	4890	4083
经　济	Economics	14709	13231	9616	8661	11132	10171	190598	167588
文化、科学、教育、体育	Culture, Science, Education and Sports	27725	24838	10394	11602	101046	95695	695606	671521
语言、文字	Languages	7768	7201	3645	3447	10785	10917	164942	180526
文　学	Literature	6406	5788	4604	4266	7047	6102	97048	86564
艺　术	Art	3357	3172	2133	1923	3290	2574	25728	25105
历史、地理	History and Geography	4681	4149	3339	3090	9001	4526	69895	47120
自然学科总论	General Natural Sciences	211	231	141	138	121	135	1942	1993
数学科学、化学	Mathematics and Chemistry	2965	2877	1216	1074	2244	2338	41793	42818
天文学、物理科学	Astronomy and Physics	880	823	628	591	439	370	4446	4328
生物科学	Biology	972	841	566	467	509	464	9679	9828
医药、卫生	Medicine and Health Care	7771	6704	4725	3863	5201	5103	93873	98465
农业科学	Agricultural Science	2744	2245	1238	1378	1629	1413	15416	13838
工业技术	Industrial Technology	26346	24944	13929	13103	15476	14923	269533	265141
交通运输	Transportation	1927	1659	935	756	1415	1360	20202	19056
航空、航天	Aeronautics and Aerospace	121	107	106	90	40	35	647	523
环境科学	Environmental Science	750	798	563	580	470	1006	6084	7385
综合性图书	General Books	887	864	623	680	912	1070	11193	12237
图片合计	**Pictures**	250	128	161	71	863	561	9938	928

资料来源：北京市新闻出版局、中华人民共和国新闻出版总署。

Source: Beijing Municipal Bureau of Press and Publication, The General Administration of Press and Publication of the P. R. China.

图 5-9 《北京统计年鉴 2008》

5.4.1 纸本工具书选介

（1）《中国当代名人录》

该书由中外名人研究中心编，上海人民出版社 1991 年出版。该书收录当代中国各界有杰出贡献、地位重要以及知名度较高的人物 7,564 人，逐一介绍其生平、籍贯或出生地、主要经历、主要贡献。

（2）《中国人名大词典·当代人物卷》

该书由廖盖隆等主编，上海辞书出版社 1992 年出版，收录中华人民共和国成立以后去世的和在任的中央和地方的党政军高级领导人以及各领域、各部门的著名人物 17,970 余人。每人都有较为详尽的介绍。

（3）《中华人民共和国人物辞典（1949-1989）》

该书由王乃庄、王清树主编，中国经济出版社 1989 年出版，收录 1949-1989 年间来华的外国人物 2,000 余条。

（4）《中国近现代人名大辞典》

该书由李盛平主编，中国国际广播出版社 1989 年出版，收录 1840-1988 年间逝世的中国近现代历史人物 10,750 人，其中包括外国来华人物 846 人。

（5）《中国名人志》

该书由澹泊主编，中国档案出版社 2001 年出版。全书共 12 册，收录中华民族自上古至清末有史可考的历史人物，包括少数民族历史人物。全书按朝代分 12 卷，每个朝代人物分正传和附传两部分，正传每人配线条头像一帧，附传列于每个朝代之后。传文简明扼要叙述人物生平，大致包括姓名、异名、别名、化名、字号、生卒年、性别、思想学说、主要著作等。

（6）《中国现代社会科学家传略》

该书由晋阳学刊编辑部编，山西人民出版社 1982-1987 年陆续出版。全书共十辑，收录社会科学各个学科，包括马列主义、哲学、经济学、政治学、民族学、宗教学、文学、艺术学、语言学、科学学、民俗学、考古学、社会学、新闻学、档案学、图书馆学、博物馆学等方面的专家和知名学者共284人。内容包括职称、姓名、曾用名、笔名、生卒年月日、籍贯、家室、学历、生平事迹、社会科学活动、学术成就及其著述等。

（7）《当代国际人物词典（第二版）》

该书由新华社国际资料编辑室编，上海辞书出版社1989年出版。该书收录当代国际人物词目7,000条，包括政治、外交、经济、军事、学术、文化界知名人士，绝大多数是在世人物。

（8）《世界人物大辞典》

该书由中国现代国际关系研究所《世界人物大辞典》编委会编辑，国际文化出版公司1990年出版，共2册。该辞典收录世界上著名人物1.4万人，其中绝大多数是20世纪90年代还健在的人物，也包括部分二次大战期间的风云人物。

（9）《外国人名辞典》

该书由于鹏彬等编，上海辞书出版社1988年出版。该辞典共收录外国历史人物10,510人，不收录在世的人物。

（10）《国际名人传记辞典》

该书由剑桥国际名人传记中心编纂，1993年出版。

（11）《国际名人录》（International Who's Who）

该书是一部常用的国际性名人录，专收在世人物，每年出版一次，修订及时。每年约收2万名世界各国知名人物，条目内容包括人物的出生年、国籍、简历、荣誉称号、业余爱好、通讯地址等，这些信息一般都经被传人审核，较为准确。所有条目按人物姓氏的字顺排列，卷前还有“在位皇室名录”，颇具特色。

（12）《近代来华外国人名辞典》

中国社会科学院近代史研究所翻译室编辑，中国社会科学出版社 1981 年出版，收录 1840-1949 年间来华的外国人物 2,000 余条，每条均列出来华人士的原名、国别、生卒年、汉名、官方译名或习惯译名、规范译名，以及在华的主要活动和所编著有关中国的书籍等。

5.4.2 数据库资源选介

（1）中国资讯行高校财经数据库中国人物库

该库提供详尽的中国主要政治人物、工业家、银行家、企业家、科学家以及其他著名人物的简历及有关的资料，其文献内容主要来源于国内 800 多种公开发行资料。提供简易搜索和专业搜索两种方式，可选全部字词命中、任意字词命中和全部词不出现三种逻辑关系进行组配检索。简易搜索是系统默认的检索界面，对两个以上人物关键词进行检索时，只要选好逻辑关系，彼此间空一格即可。专业检索不仅可以定义要检索的人物关键词及它们之间的逻辑关系，还可以选择在人物关键词的职业分类、籍贯、检索范围（姓名、性别、正文、全部）、起始日期等字段中进行限定检索。

（2）Gale 人物传记库

Gale 公司的人物传记资源中心数据库整合了 800 卷 Gale 集团独家拥有的人物传记权威参考书与 300 多种全文刊物。该库主要报道世界范围内各学科领域 315,000 名有重大影响人物的 40 多万条评传型资料，内容涵盖文学、科学、政治、历史、多文化研究、商业、娱乐、体育、艺术和当今事件等。用户可从姓名、出生年、卒年、国籍、种族、职业等角度检索，检索结果包括人物简历、报章资料、网站资料、人物照片、传记全文等。

（3）Wilson 人物传记图文数据库

该数据库收录近 10 万条人物记录，数据源于该公司出版的 100 多种印刷本人物传记工具书及相关的期刊文献，其中有《现代作家》、《世界作家系列丛书》、《诺贝尔奖获得者》、《世界艺术大师》、《世界电影导演》、《美国改革家》等。该数据库有原文全文记录、文摘记录以及简介等类型，还包括 26,000 多幅有关的照片。用户可从姓名、职业、出生地、性别、民族、生卒年、职务头衔、关键词等角度检索。

（4）中国地方志人物传记索引数据库

该数据库由中国国家图书馆制作，提供 1949 年以后新编地方志中所见人物的姓名、性别、民族、生活朝代、生卒年、字、号、别名、籍贯、身份类别及本条资料出处等方面的信息检索。

（5）人物传记词典

该网站（http://www.s9.com）目前收录 28,000 多个从古至今世界范围内的著名人物的传记，可选择检索、浏览两种方式，可根据姓名、生卒年、职业或职位等内容检索某个特定人物，也可按首字母、类别、国籍浏览。

（6）传记网

该网站（http://www.biography.com）目前收录 25,000 多个从古至今的著名人物的传记，条目的长度从一页到数页不等，只能按人名查找。对人物的介绍内容有：生卒日期、职业信息、人名的不同拼写形式，有的还提供照片、作品一览表、录像和相关链接，其资料来源于剑桥百科全书数据库、《剑桥美国传记词典》等。

5.5 机构信息的检索

5.5.1 纸本工具书选介

（1）《中国政府机构名录》

该书由新华通讯社《中国政府机构名录》编辑部编，中央文献出版社 2002 年出版，是继《中国政府机构名录》1989 年版、1992/1993 年版、1996 年版问世以来，第四次出版的关于中国政府机构有关资料的权威大型工具书，分为中央卷和地方卷。中央卷收集范围包括国务院、国务院各部委、国务院直属机构、国务院办事机构、国务院直属事业单位、国务院由部委归口管理的国家局、原国务院直属部分全国性公司、人民团体、事业单位和北京市人民政府、天津市人民政府、上海市人民政府、重庆市人民政府以及上述单位所属局、局（厅）机构和处（室）机构。在上述 4 个直辖市中还收录了乡镇一级政府机构。地方卷收集的范围包括我国各省、自治区、副省级市、省会城市及直属厅局级单位以及下属处室。资料截至 2002 年 10 月底。

（2）《中国工商企业名录大全》（1-8）

该书由本书编写组编，中国国际广播出版社 1992 年出版。它是目前收录商务业务信息最新、最完整的大型名录，主要编入截止到 1991 年 7 月底之前成立的、具有法人资格的我国各行业工商企事业单位的名称、邮政编码、通信地址、电话、电报挂号及部分经营范围、产品简介。

（3）《世界工商企业大全》

该书由本书编委会编，中国友谊出版公司 1993 年出版，反映了世界 182 个国家和地区的 1.4 万家公司企业的基本情况。

（4）《世界大学名录》

该书由麦克米伦公司出版，每年一版，收录世界上近 200 个国家的约 1 万所大学和其他高等院校的名称、地址、院系设置和教学范围等内容，一般不包含教员信息。

（5）《中国高等教育名录》

该书由全国高等学校学生信息咨询与就业指导中心主编，中国统计出版社 2004 年出版。该名录收录了我国教育系统行政机构、省级招生和就业指导机构、普通高等学校及招生、就业部门、成人高等学校、港澳地区高等学校等的联系方式。资料内容截止到 2004 年一季度。条目内容较为简单，包括单位名称、地址、电话、传真、邮编、网址、信箱等。

（6）《中国社会团体组织大全》

该书由陈冬东主编，专利文献出版社 1998 年出版。该书精选了中国 21,000 多个具有代表性的社会团体组织，并对每一社团的基本信息加以介绍，信息内容包括地址、邮编、电话、机构、成员、刊物、性质、宗旨、任务和成立时间等。按中文图书分类法和信息分类，共分成 29 个大类，每一大类内部先排国家级社团，后排省市级社团，各省、市、区级社团的排列顺序按国内排序惯例编排，各省市以下的社团按字头排序。台、港、澳及海外华侨社团的资料未经核实，仅供参考。该书资料收集日期为 1996 年 12 月至 1998 年 8 月。卷末附“中国社团的名称索引”，按首字拼音音序排列。

5.5.2 数据库资源选介

（1）万方机构资源库

万方机构资源库包括“中国企业公司与产品数据库”、“中国科研机构数据库”、“中国科技信息机构数据库”和“中国高等院校及中等专业学校数据库”。“中国企业公司与产品数据库”由万方数据联合国内近百家信息机构于1988年共同开发研制，目前收录了近百个行业20余万家企业详细信息，每条数据包含30多个字段，对企业公司进行了全面的详细描述。“中国科研机构数据库”收录了我国近1万家地、市级以上及大学所属主要科研机构的详细信息，包括机构所在地区、通信地址、邮政编码、联系电话、传真、网址、电子邮件地址、成立年代等，是查找我国科技单位的名录库。“中国科技信息机构数据库”是一个介绍我国各科技信息机构和高校图书情报单位业务状况的数据库，共收录我国各科技信息单位和高校图书情报单位2,000多家，著录项目包括单位标识、通信地址、邮政编码、机构所在地区、联系电话、传真、网址、电子邮件地址、机构类别、机构负责人等信息。“中国高等院校及中等专业学校数据库”全面收集国家公布的有招生资格的高校信息，辅以部分中专学校，主要内容包括主管单位、通信方式、办学类型、重点学科、专职教师数量、定期出版刊物、院系设置、博士硕士本科专科专业、研究机构、校办产业、学校名人等，对高校的人才培养和学术研究等情况进行了全方位的立体描述，是学生择校和了解高校现状的重要参考工具。

（2）中国资讯行中国中央及地方政府机构库

该数据库收录中央国务院部委机构及地方政府各部门资料，内容包括各机构的负责人、机构职能、地址、电话等主要资料。提供关键词检索，检索选项包括机构分类、级别分类、文献出处、检索范围（标题、正文）等。

（3）World of Learning Online

该网站（http://www.worldoflearning.com）是《学术世界》（World of Learning）的网络版，它是一种著名的且利用率颇高的学术机构名录，提供世界范围学术机构、团体的基本资料。该网站可以检索所有国际组织和各国学术机构，各国学术机构包括学术团体、研究机构、图书馆、博物馆、画廊以及各类高校等。结果条目中介绍了各机构的地址、创建情况、负责人、历史、现状、出版物等。

5.6 地理信息的检索

检索地理信息的工具主要有：地名词典、地名录、地图、地名索引、地名译名手册、地名学工具书等。它们可以用来查找古今中外的地名及所代表的地理、历史、人文等简况。由于我国幅员辽阔，历史悠久，经过历代王朝的变迁、疆域分化和地名演化，出现了同地异名、异地同名、一地古今异名等复杂情况，我们有时还要利用正史地理志、地方志和其他的地理专书。

5.6.1 地名工具书

（1）《中华人民共和国地名词典》

该地名词典由商务印书馆出版，有5卷。1992年版按省、自治区、直辖市分32卷出版，1997年开始以此为基础编纂了《新编地名词典》，收录了18万条地名。该地名词典分8大类收录地名，即政区与居民点、自然实体、交通、科教文卫体和服务业、工矿企业、农业与水利设施、名胜古迹和纪念地、地域名及简名和旧名。8大类之下又按分类和分省相结合的原则进行编排。

（2）《中华人民共和国地名大词典》

该书由崔乃夫主编，商务印书馆1998-2002年出版。该词典收录中国范围的地名约18万条，资料截止日期为1994年12月31日。

全书分政区与居民点、自然实体、交通、科教文卫体和服务业、工矿企业、农业与水利设施、名胜古迹和纪念地、地域名及简名和旧名8大类，词目排列按分类和分省相结合的原则。每卷卷首均有本卷地名的词目表，最后一卷还设有全书地名的汉语拼音音序索引和词目首字检索表。

（3）《中国地名词典》

该书由社科院民族研究所等编，上海辞书出版社1990年出版。该书是建国后出版的第一部中型的中国地名工具书，以收录今地名为主，古地名一般不收，共收我国地名21,240条，包括国名、省、自治区、直辖市，各省（区）市、县、旧市县、重要集镇，山脉、河流、湖泊，峡谷，海，港湾，岛屿、半岛及山岬，关隘，山口，交通，水利，矿区，革命纪念地和名胜古迹等。卷前有字顺检字表。

（4）《世界地名词典（修订版）》

该书由中国科学院地理研究所等单位编写，上海辞书出版社1996年出版。该词典选收外国地名10,200条。收录范围包括：大洲、大洋；世界各国家、地区及其首都、首府；选收各国大行政区、城市以及历史上发生过重大事件的地名；主要山脉、河流、湖泊、港湾、岛屿；部分古国名、古地名；世界著名名胜古迹及建筑物。该词典资料一般截至1988年底，个别资料截至1994年底。条目按笔画顺序排列。书前有笔画查字表，书末附词目外文索引表。另有“世界各国家和地区一览表”、“世界各国家和地区行政区划表”等附录。

（5）《哥伦比亚利平科特世界地名词典》（The Columbia Lippincott Gazetteer of the World）

该书是目前最详尽的地名词典之一，号称是最权威的地名百科全书，1952年初版。该地名词典收录地名广泛，1998年版共收录

160,000余个条目，其中新增条目25,000余条。地名条目著录详尽，提供了关于地名读音、地理位置、经济、政治、历史、文化、人口以及农业和自然资源等各方面的资料，还给出了地名的变迁和不同的拼写方法。其网络版（http://www.columbiagazetteer.org）以印刷本 The Lippincott Pronouncing Gazetteer 和 The Columbia Lippincott Gazetteer of the World 为蓝本，包括170,000多个条目或文章，提供地名检索、全文检索、浏览等功能。

（6）《中国地名录——中华人民共和国地图集地名索引》

该书由国家测绘科学研究所地名研究室编辑，中国地图出版社1983年出版，既可与《中华人民共和国地图集》配合使用，也可单独使用。

（7）《世界地名录》

该书由中国大百科全书出版社1984年编辑出版，精装2册。该书收录中外地名近30万条。正文分外国地名和中国地名两部分。外国地名部分收录了中国地名委员会编辑的《外国地名译名手册》和《泰晤士世界地图集》（1981年版）中全部外国地名词条。中国地图出版社出版的《世界分国地图：非洲》、美国国家地名出版局出版的《亚洲、美洲分国地名录》和《不列颠百科全书》（简编）中重要地名，也酌量选入。同时，还有部分重要的历史朝代名。外国地名条目不分国家和地区，不论有没有附加符号，一律按罗马字母顺序混合排列。每一条目一般包括罗马字母拼写、中文译名、所在地域和地理坐标等四项内容。其中，中国地名条目按汉语拼音字母顺序排列，列汉语拼音、汉字名、地理坐标。该书资料截止于1983年12月。

（8）《21世纪世界地名录》

该书由萧德荣、周定国主编，现代出版社2001年出版。该书是

《世界地名录》的新版，分外国卷、中国卷和索引三部分，共收中外地名 30 多万条。

（9）《中华人民共和国地名录》

该书由中国地名委员会编，中国社会科学出版社 1994 出版。该书收各级行政区域、居民聚落、自然地理实体等地名约 10 万条，有地名首字音节和笔画查字表。

5.6.2 地图

（1）《中华人民共和国地图集》

该图集由总参谋部测绘局编，星球地图出版社 2000 年出版。该图集由序图、省区图、附录三部分组成：序图主要反映我国自然及政区地理概貌；省区图为该图集主体，有省区略图、文字说明、省区地理图、大中城市平面图，重点表示了该省区的行政区划、居民地分布、交通、旅游资源、水系地貌等；附录为中国地理信息资料。县级行政区划资料截至 2001 年 3 月，序图及文字说明中资料依据 1999 年版《中国统计年鉴》，人口数采用 2000 年第五次全国人口普查数据。

（2）《中国地图集》

该图集由中国地图出版社 1998 年出版，是以政区、交通、城市、旅游为主的多功能实用地图集。其中，总图 10 幅，省区图和扩大图 38 幅，城市图 96 幅，共包括 200 多个城市及主要旅游点，并附有文字说明。

（3）《中华人民共和国行政区划沿革地图集》

该图集由中国地图出版社 2003 年出版，介绍了中华人民共和国建国 50 年来省、地、县三级行政区划的设置、变迁和现状。该图集以地图为主，插图附表为辅，图文对照、相互补充，分为序图、总图（含旧省区图）、省图、统计表格、地名索引五部分。资料截至1999年12月31日。

（4）《中国历史地图集》

该图集由谭其骧主编，中国地图出版社1982-1988年出版，是一部以历代疆域政区为主的普通地图集，也是迄今为止国内外同类地图中质量最高、内容最详尽、印制最精美的一种。该图集按历史时期分为8册，各册均有中、英文的编例和地名索引。

（5）《泰晤士世界地图集》（The Times Atlas of the World）

它是一部在全世界最具影响力的权威性地图集，1895年始创于英国，1967年开始改为单卷本出版，称为综合版。该地图集图片多、编制科学、内容详尽，而且它的索引非常完备，修订也很及时，现已出版了11部。第10版共320页，有73页的篇幅利用特殊的图像、地图和照片来提供涉及各主题的地区和宇宙特性方面的信息，有包含地质、国家版图、海洋学、世界经济、人口密度、环境、气候变化、天文学等方面信息的地图127幅。其索引包含了超过20万的地名，全部彩图印刷，装帧精美，图像清晰。

（6）《世界地图集》

该图集由总参谋部测绘局编制，星球地图出版社2000年出版。该图集包括序图、世界图、洲图、洋图、地区图、分国图、城市图以及文字说明等。每图后有文字说明，简要介绍各国和地区的概况，包括居民、自然环境、资源、经济概况、重要城市等项内容。

（7）MapQuest

该系统（网址为http://www.mapquest.com/）目前隶属于美国在线服务公司。除了地图查询，系统还提供对黄页信息、机场航班、行车路线等信息的查询功能。

案例

利用《世界地名录》查找一下“长春”（中国的一个城市）的地理坐标。

检索过程：通过目录，找到“中国部分”2555页，按汉语拼音即可找到。

5.7 不同历法的检索

5.7.1 历法

各种文献中关于时间的记载都是依据当时当地的历法。各民族在不同时期，由于生产、发展水平不同，产生的历法也不同。历法归纳起来主要有三种：阳历、阴历、阴阳历。

阳历又称太阳历，如儒略历、格雷果里历、现行的公历（西历）。它规定一年12个月，平年365日，1、3、5、7、8、10、12月为大月，每月31日，2月为28日，4、6、9、11月为小月，每月30日；闰年366日，多的一日加在2月，为29日。凡是能被4整除的年份叫闰年，但世纪年中（如1700年、1800年、1900年、2000年）能被400整除的才算闰年，其余是平年。我国的24个节气也属于阳历范围，每个节气都固定在阳历一定日期上。

阴历又称太阴历，如伊斯兰教历、希腊历、现行阿拉伯国家中的回历。它规定一年12月，平年单月为大月，每月30日，双月为小月，每月29日，全年共354日。每30年中置11个闰年，即第2、5、7、10、13、16、18、21、24、26、29年为闰年，凡闰年就在12月上加一日，为30日，闰年为355日。阴历年比阳历年约少11天，因此，岁首逐年提前，月序与寒暑、农业生产无关，所以，这种历法现很少使用。

阴阳历，如我国的中历（夏历、农历）、藏历等，这是兼有阴历月、阳历年性质的阴阳合历。它规定平年一年12个月，全年354天，30年中第3、5、8、11、14、16、19年为闰年，加一闰月为29日，全年13个月，共383日。置闰月是以24个节气为依据，凡没有中气的月份为一年中额外月份，称上月的闰月。

5.7.2 不同纪年法

中国历史上纪年的方法很多，也很复杂。主要采用的有：

（1）年号纪年法

年号是中国古代帝王在位时用以纪年的名号。在中国封建社会，年号被认为是政权的象征，因此，皇帝登基后首先便要确立自己的年号，而且一遇朝廷或国家发生大事，便要改换年号，称之为“改元”。所谓年号纪年，是以朝代名称、年号配以年次或干支纪年的一种方法，如清康熙五十五年、清康熙癸丑等。因为明代以前一个皇帝要用多个年号，而不同皇帝的年号又时有雷同，为避免混淆误会，故后人在使用明代以前的年号纪年时，均要在朝代名称后、年号前加上皇帝名号，如汉武帝元朔三年、唐太宗贞观五年等。年号纪年是中国古代使用时间最长的一种纪年方法，自汉武帝建元元年始，至清宣统三年止，从未间断，直到今天，人们在讨论历史问题时仍然使用，需要随时对照查考。

（2）干支纪年法

干支是天干与地支的统称，干支纪年就是天干和地支依次搭配起来用以纪年的方法。十天干为甲、乙、丙、丁、戊、己、庚、辛、壬、癸，十二地支为子、丑、寅、卯、辰、巳、午、未、申、酉、戌、亥。天干、地支依次搭配成循环顺序，共60个单位为一周期，周而复始永不间断，用以纪年。这个周期称为六十甲子。甲子表（表5-1）如下：

表5-1　甲子表

1 甲子	2 乙丑	3 丙寅	4 丁卯	5 戊辰	6 己巳	7 庚午	8 辛未	9 壬申	10 癸酉
11 甲戌	12 乙亥	13 丙子	14 丁丑	15 戊寅	16 己卯	17 庚辰	18 辛巳	19 壬午	20 癸未
21 甲申	22 乙酉	23 丙戌	24 丁亥	25 戊子	26 己丑	27 庚寅	28 辛卯	29 壬辰	30 癸巳
31 甲午	32 乙未	33 丙申	34 丁酉	35 戊戌	36 己亥	37 庚子	38 辛丑	39 壬寅	40 癸卯
41 甲辰	42 乙巳	43 丙午	44 丁未	45 戊申	46 己酉	47 庚戌	48 辛亥	49 壬子	50 癸丑
51 甲寅	52 乙卯	53 丙辰	54 丁巳	55 戊午	56 己未	57 庚申	58 辛酉	59 壬戌	60 癸亥

（3）生肖纪年法

在我国民间，还广泛流行着一种和干支纪年密切相关的纪年方法，即生肖纪年。它以十二个肖兽的名称来对应十二个地支，用肖兽的名称作为年名，如虎年、狗年、龙年等。十二个肖兽和十二个地支的对应关系是：子鼠，丑牛，寅虎，卯兔，辰龙，巳蛇，午马，未羊，申猴，酉鸡，戌狗，亥猪。因为二者是一一对应的，所以我们只要知道了一个干支纪年的年名，便可知道与之相应的生肖纪年年名。

5.7.3　年表、历表的使用

（1）《中国历史纪年表》

该年表由方诗铭编，上海辞书出版社1980年出版。该年表所记时间起于公元前 841 年，止于 1949 年中华人民共和国成立之时，按时代分为 15 个纪年表，即十二诸侯（周、春秋）、战国、秦、汉、三国、晋及十六国、南北朝、隋、唐、五代十国、宋辽金、元、明、清、民国，后附三代世系表、辛亥革命期间所用黄帝纪年对照表及韵目代日表三个表。该书所列表的第一栏为公历纪年，第二栏为干支纪年，第三栏为王朝，凡农民革命政权所建的年号皆加“[ ]”标志。

（2）《中国历史纪年表》

该书由万国鼎编，万斯年、陈梦家补订，商务印书馆 1956 年出版，中华书局 1978 年再版。全书分上、下两编。上编主要是公元甲子纪年表，始于公元前 841 年，至 1949 年止。下编包括各朝代年表和中日对照年表等附表。

（3）《中国历史纪年》

该书由荣孟源编，生活 • 读书 • 新知三联书店 1956 年出版。该书分三编：“历代建元谱”、“历代纪年表”和“年号通检”。“历代建元谱”按年代顺序将汉高祖元年（公元前 206 年）至 1949 年中华人民共和国成立前的历代帝王姓名、谥号、庙号、世系、即位年的干支、公元、在位年数、卒年、年号等汇集成编。各朝发生的农民起义和割地称王的年号，亦附于各朝之后。“历代纪年表”将西周共和元年（公元前 841 年）至 1949 年中华人民共和国成立前的年代，按朝分为十五个表。每表第一格为公历纪年，第二格为干支纪年，第三格为史籍中常见的纪年，第四格以下罗列其他各种纪年，可供检查年代顺序之用。“年号通检”是检查年号的索引，包括“历代建元谱”所载的一切年号，按年号笔画顺序排列，不同朝代使用的同一年号，均予以说明。该书内容全面，编排醒目。

（4）《近世中西史日对照表》

该表由郑鹤声编，中华书局 1981 年出版。该表所记时间始于

1516 年（明武宗正德十一年），止于 1941 年（民国三十年），以西历为主体，每月一小表，列出阳（阳历）、阴（阴历）、星（星期）、干节（干支和节气）四项以相对照。

（5）两千年中西历转换

该系统（网址为 http://sinocal.sinica.edu.tw/）由台湾“中央研究院”计算中心开发。该系统根据薛仲三、欧阳颐的《两千年中西历对照表》编制而成，只要输入国号、帝号、年号、干支、余闰或西元年、月、日等内容，便可进行中西历日期转换，使用更加便捷。

案例

唐太宗贞观 12 年，相当于公元多少年？

利用《中国历史纪元表》（纪元，记录年号的第一年），找到唐代贞观元年是公元 627 年，用 627+12–1=638，即，唐贞观 12 年，就是公元 638 年。

思考与练习题

1. 利用《汉语大字典》给以下汉字注出汉语拼音：

   飧（　　）　醍（　　）　啉（　　）

2. 利用《辞海》解释以下词语的含义：

   朔气

   弹道式

   导弹

   给付

3. M. A. K. Halliday 是英国语言学家，利用《中国大百科全书》介绍一下他的主要经历和学术著作。
4. 查找 2009 年北京市来华留学生硕士生毕业人数。
5. 利用《中国高等教育名录》了解北京市高等学校的情况。

第六章　如何检索网络信息

本章提要

网络信息的快速发展为人们提供了更加丰富、便捷的信息。对于学习汉语的广大留学生而言，通过网络查找中国语言、历史、文化等方面的信息是一个重要的学习途径，但网络信息的庞杂、无序等特点，给人们检索网络信息带来了诸多不便。因此，如何在海量的网络信息中及时、准确地找到能够满足自己需求的信息就显得更为重要。本章主要介绍网络信息资源的特点、搜索引擎、学科信息门户等。

6.1　网络信息资源

网络信息资源，或因特网信息资源，是指“以数字化形式记录的，以多种媒体形式表达的，分布式存储在因特网不同主机上的，通过计算机网络通讯方式进行传送并能通过相应搜索引擎获取的信息资源的集合”[①]，是集文字、图像、声音、视频等为一体的信息资源。

---

① 彭志宏，王家驹主编．现代图书馆信息检索与利用．郑州：郑州大学出版社，2008.

6.1.1 网络信息资源的特点

与传统的信息资源相比，网络信息资源在数量、结构、分布、载体形式、传递形式、控制机制等方面有着鲜明的特点。一方面，信息存储和传递的数字化，使数量巨大、形式多样、及时新颖而且免费的网络信息资源跨国界无障碍流动，为网络用户提供了一个重要的信息获取途径；另一方面，由于网络的共享性、开放性等特点，网络用户可以在因特网上获取和存放信息，使得网络信息呈现出质量参差不齐、排列分散无序的状态，而且信息地址、链接及内容处于经常性的变动之中，为用户有针对性地查找信息带来了障碍。因此，掌握有效的信息检索途径对于有特定信息需求的用户来说就显得尤为重要。

6.1.2 搜索引擎

所谓搜索引擎，是基于万维网的信息处理系统，是对网络资源进行标引和检索的工具，是人们获取网络资源的信息检索系统。搜索引擎的工作过程一般包括发现与搜索网页信息、对信息的提取与组织、响应用户查询三个步骤，包括目录式搜索引擎、基于机器人技术的搜索引擎和元搜索引擎三大类。

互联网上搜索引擎越来越多，类型不同，特点不一。对于有针对性信息需求的检索者而言，对不同搜索引擎进行筛选非常重要。评价搜索引擎的标准一般有以下几点：

（1）查全率

既然是搜索引擎，那么首先要比较的就是搜索范围。搜索引擎有综合性和专业性之分。一般来说，综合性搜索引擎能够查得比较全，而专业性搜索引擎能够查得比较准。

（2）搜索速度

这是搜索引擎的重要指标，快速响应是基本要求。搜索速度与多方面因素有关，如计算机硬件、上网方式、是否具有记忆搜索结果加速调用的能力等。

（3）查准率

这对于搜索引擎也相当重要，搜到的东西即使又多又快，但想要的那条结果不知道要翻多少页才能找到，那也失去了搜索引擎的意义。好的搜索引擎内部应该含有一个相当准确的搜索程序，搜索精度高。

（4）更新速度

网络信息瞬息万变，网络信息检索工具的数据更新频率只有尽可能跟上网络资源的更新速度，才能保证信息的时效性。优秀的搜索工具内部应该有一个含时间变量的数据库，能保证所查询信息都是最新的和最全面的。

（5）重复链接和死链接

在网络环境下，检索结果中重复链接的数量、死链接的数量成为评价网络检索工具的特有的指标。很显然，重复链接浪费用户宝贵的时间和精力，死链接会出现找不到原始文献的情况，这样命中记录再多也没有用，特别是当重复链接和死链接出现在前 10 个结果中时，会严重影响检索效率，从而影响用户对检索工具的印象。普通搜索引擎总有些搜索结果是点不进去的，少到百分之一二，多到百分之八九。有的搜索引擎通过“快照”功能在一定程度上解决了死链接问题。

（6）易用性

搜索引擎的易用性包括搜索界面是否简洁、对搜索结果的描述是否准确、是否提供多种检索模式以适应不同用户的检索需求。

（7）其他

搜索引擎的稳定性、对高级搜索的支持能力等都是评价搜索引擎的重要指标。

6.2 搜索引擎举解

搜索引擎泛指网络上提供信息资源检索服务的工具或系统，即在因特网上或通过因特网响应用户的搜索请求，返回相应查询结果的信息技术和系统。根据用户的实际应用情况及不同的信息检索需求，搜索引擎可分为常用搜索引擎和学术搜索引擎两大类。

6.2.1 常用搜索引擎

6.2.1.1 独立搜索引擎

独立搜索引擎就是指人们通常意义上所说的搜索引擎，主要是通过自身的数据采集与标引机制、数据组织机制和数据检索机制提供网络信息检索服务。独立搜索引擎是发展最早、数量最多、利用最普遍的网络检索服务系统，早期分为关键词检索和分类目录浏览两大类，后来又发展出了全文检索，现在几种类型已经步入相互融合的时代。常用的中文独立搜索引擎有百度、搜狐、新浪、天网、网易等，常用的外文独立搜索引擎主要有 Yahoo！、Google、AltaVista、Go/Infoseek、HotBot、Northern Light、Excite、Lycos 等。

百度（http://www.baidu.com/）于 1999 年在美国创建，支持近 4 亿中文网页，并以每天几十万的速度增加新的网页，目前已成为全球最大的中文搜索引擎。百度页面简洁，具有全球独有的“超链分析”技术，搜索功能强大，除提供常规的搜索服务外，还提供如导航、社区、游戏娱乐、移动、站长、软件工具及其他服务等。百度除了可以进行网页搜索、新闻搜索外，还有一些特色功能，如 MP3 搜索、图片搜索、地图搜索、视频搜索、词典查询、文档搜索、地区搜索、常用信息查询、IE 搜索伴侣、百度超级搜霸、百度快照、拼音提示、错别字提示、双向数字识别、同义词转换等。百度提供基本搜索和高级搜索两种方式。基本搜索：直接在搜索框内输入关键词，点击“百度一下”按钮，便会分页出现所搜集的所有网站和资料，并将相关度最大的网站和资料排列在最前面。高级搜索（如图 6-1）：在百度网页上点击“高级搜索”按钮，可以自己定义搜索要素，如时间、语言、关键词、关键词出现的位置、关键词之间的逻辑关系、文档格式等，使获得的信息更加准确。

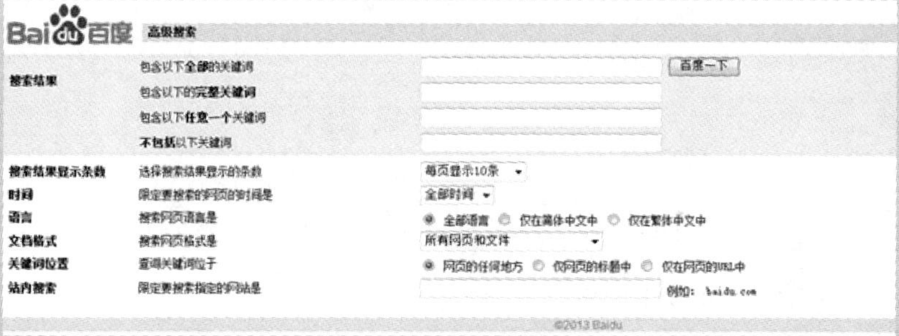

图 6-1　百度高级搜索页面

Google（http://www.google.hk/）以其高效的算法、超速的检索服务、令人满意和有效的检索结果，成为 Internet 历史上最佳的搜索引擎之一及第三代搜索引擎的代表。其主要特点有：数量较多、质量较高的索引库，目前其索引库中的 URL 链接数量已超过 13 亿个；不论是在网页的文本中还是超链接中，可以实现将用户的所有检索项完全匹配；可以根据匹配用户请求的检索词出现的位置、检索词之间的相对位置来确定网页内容与用户请求的匹配程度，从而保证检索结果的高效性；对于符合用户请求的检索结果，可以给出相关网页的综述性概要（如图 6-2），让用户进行详细阅读之前可以对该网页的内容有一个大致了解。Google具有强大的检索功能，包括目录浏览、简单检索、布尔检索、截词检索、限制检索、词组检索、高级检索等。Google还提供了一些特色的功能，主要包括网页快照、集成化的工具条、手气不错、网页翻译、个性化设置（使用偏好）等。

图 6-2　Google 检索结果页面

6.2.1.2　元搜索引擎

元搜索引擎是在独立搜索引擎基础上建立起来的、可以在一个统一查询界面同时或分时查询多个搜索引擎的万维网站点，其英文原意为搜索引擎之上的引擎。元搜索引擎虽建立在独立搜索引擎之上，但是集成了不同性质和不同风格的搜索引擎，具有一些独立搜索引擎所不具有的查询功能，如能在最大限度上满足查全率。常用的中外文元搜索引擎有万纬搜索、北斗搜索、Xooda、Mamma、Profusion、DigiSearch、Dogpile、MetaCrawler、Metafind、Ask Jeeves 等。

万纬搜索（http://www.widewaysearch.com/）（如图 6-3）是最著

名的中文元搜索引擎，万纬搜索集成了 2 个英文和 6 个中文搜索引擎。用户可以根据需要自由选择其中的搜索引擎同步搜索，结果可按照时间、相关度、域名和引擎分类。

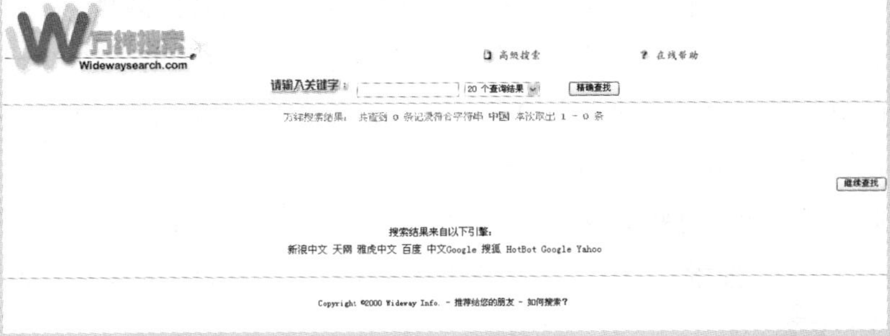

图 6-3　万纬搜索主页

Xooda（http://www.xooda.com/）（如图 6-4）集成了 AltaVista、Yahoo！、iAsk、Baidu、Accoona、Sogou、Google、Exalead、Zhongsou、MSN、Gigablast、Dmoz 等中外常用搜索引擎，可选择多个搜索引擎同时搜索，并对返回的多个搜索引擎的搜索结果进行重新排序。

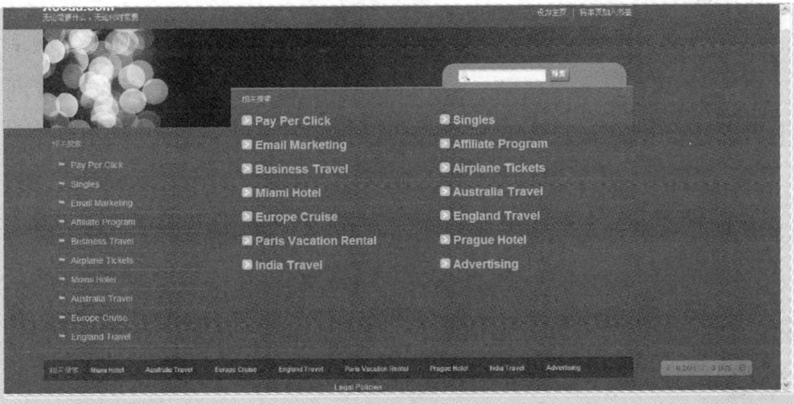

图 6-4　Xooda 主页

6.2.2 学术搜索引擎

学术搜索引擎是搜索运营商针对学术资源检索而推出的专门性、有针对性的特色搜索引擎，其目的是将互联网上的各种资源与可获得的学术资源结合起来，更好地为学术研究者提供服务。目前推出学术搜索引擎的运营商比较多，大致可分为两类：1）综合性搜索引擎中设置的学术搜索引擎：如 Google 的 Google Scholar、微软的 Windows Live Academic Search、百度的国学搜索等，学术资源可以无限免费下载；2）专门学术搜索引擎：如 Scirus、读秀、CNKI 知识搜索、e 读等，人们可免费获取有限资源或付费后获取完整资源。

6.2.2.1 综合性搜索引擎中设置的学术搜索引擎

Google Scholar（http://www.scholar.google.com）是目前影响最大的学术搜索引擎，通过它可以快速搜索各学科学术资源。Google 学术搜索包括来自广泛研究领域的同行评审文章、论文、图书、摘要和其他学术文献，通过它人们可以找到各种学术出版商和专业社团的作品，以及 Web 上的学术文章。其中文学术搜索开始于 2006 年，信息主要来源于万方数据资源系统、维普资讯等商业数据库，包括主要大学发表的学术期刊、公开的学术期刊、大学硕博论文以及网上可以搜索到的各类文章。

Google 学术搜索的特点有：第一，全面性。如其网页搜索一样，学术搜索根据相关性对搜索结果进行排序，最相关的信息排在最上方，同时考虑到文章的全文内容、作者、刊物及被引用情况等要素。第二，深入性。Google 学术搜索可以实现全文搜索而不仅限于摘要、关键词部分，加强了搜索的相关性。第三，广泛性。Google 学术搜索可以搜索到多语种相关文献，如英语、西班牙语、德语、意大利语等语种文献。第四，关联性。搜索的每一结果都代表一组学术成果，其中可能包含一篇或多篇相关文章甚至是同一篇文章的多个版本，而且还提供每一搜索结果中文章标题、作者及出版社信息的编目信息。如图 6-5 所示的“汉语言”搜索结果，一组编目数据都与整组文章相关联，并推举出具代表性的一篇。这些编目数据来自于该组文章中的信息以及其他学术著作对这些文章的引用情况。

图 6-5　Google 学术搜索结果页面

6.2.2.2　专门学术搜索引擎

读秀（http://www.duxiu.com/）是一个集资源整合、深度搜索和文献传递于一体的知识库平台。读秀将图书馆现有纸质图书、电子图书和其他图书异构资源整合到一个平台，实现统一检索，为用户提供书目和全文的深度检索及部分文献全文试读。并且，读秀知识库可以通过文献传递功能实现海量信息在资源版权范围内的合理使用，即通过电子邮件在最短时间内向读者提供任何局部资料。读秀可以实现中英文资料的检索，系统提供知识、图书、期刊、报纸、学位论文和会议论文等文献检索。

案例

请利用“读秀知识库”查找“跨文化交际（Intercultural Communication）”的图书、期刊、论文等中英文资源。

首先，进入数据库，我们在检索框内输入“跨文化交际”，选定“知识搜索”（也可以对图书、期刊、报纸等分类检索）；

其次，我们点击“中文搜索”，检索到的信息在下拉页面中分条显示，点击信息条目可查阅具体信息内容（如图 6-6）。

图 6-6　读秀知识库中文检索结果页面

第三，我们在检索框内输入英文“Intercultural Communication”，点击“外文搜索”，下拉页面中将显示检索出的英文各类文献（如图 6-7）。

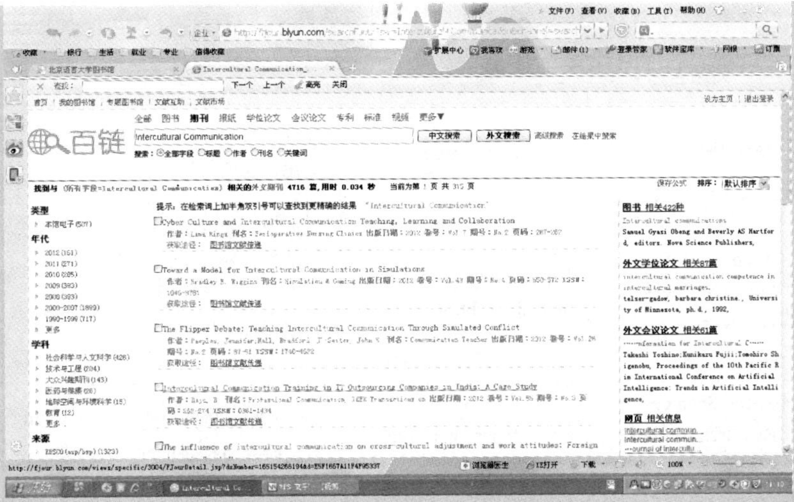

图 6-7　读秀知识库外文检索结果页面

6.2.3　学科信息门户

6.2.3.1　综合性学科信息门户

综合性学科信息门户主要是指在同一检索平台可以用类似的检索方式实现多学科信息检索的大型数据库。综合性学科信息门户主要包括中国知识资源总库，万方数据资源中心，Dialog 检索系统，CAS 文献中心及 OCLC 系统。另外，还有一些综合性资源网站，如表 6-1 所示：

表 6-1 综合性资源网站

网站名称	网 址	资源类型
联合国教科文组织	http://www.unesco.org/	教育，自然，社会，人文科学，文化，通信等
AcademicInfo — Social Sciences Gateway	http://www.academicinfo.net/subcoc.html	人类学，考古学，通讯，犯罪学，经济学，地理学，同性恋研究，历史学，精神健康，政治科学，社会学，心理学，统计学，妇女研究等
Social Science Research Network (SSRN)	http://papers.ssrn.com/	700 多种社会科学期刊文献，140 多个研究所提供的研究论文等
Internet Public Library	http://www.ipl.org/	艺术及人类，经济，计算机科学，教育，健康，环境，政府，区域，科学与技术，社会科学等学科
Data on the Net	http://3stages.org/idata/	主要是网络上的社会科学统计资料，社会科学书目数据，图书馆数据以及社会科学网关
Social Science Data Analysis Network	http://www.ssdan.net/	为教育工作者、政策制定者、新闻媒体以及学生等提供新的人口数据及人口统计学上的数据
Social Science Research Council (SSRC)	http://www.ssrc.org/	人类，经济，历史，政治，心理，社会，统计学及其他社会学科
H-Net: Humanities and Social Sciences Online	http://www.h-net.msu.edu/	促进新技术在如艺术、人文社会学科等领域的教学和研究
Research Engine for Social Scientists	http://www.wjh.harvard.edu/soc-sci/resengine.html	心理学，社会学，人类社会学及其他相关学科的组织机构，学者，参考资料，新闻组等

除上述表中的数据库外，还有如 Social Science Research Resource，Voice of the Shuttle，Scholarly Societies Project，Resource Discovery Network，Arts and Humanities Data Service，Open Access Publications，OAIster，Bepress，eScholarship，以及中国高校人文社会科学信息网等。

案例

请利用综合性信息门户查找“中国文学（Chinese Literature）”的中外文资源。

首先，我们根据“中国文学”所属学科挑选有相关资源的门户网站，除一些中文网站外，外文网站如：联合国教科文组织、Social Science Research Network、Social Science Research Council等；

其次，我们进入网站检索页面后，中文网站就输入“中国文学”，英文网站就输入“Chinese Literature”，搜索之后就可以在检索结果里面挑选符合自己查询的文献（如图 6-8）。

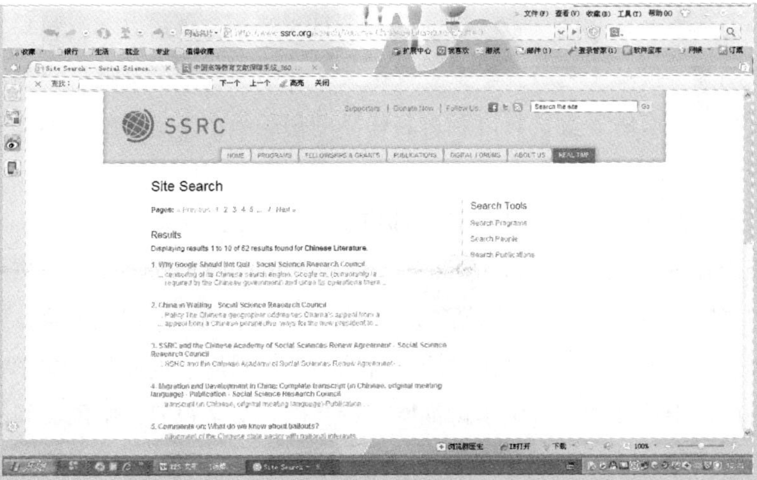

图 6-8　Social Science Research Council 检索结果页面

6.2.3.2 专业数据库及网站

专业数据库即单独某一学科信息门户，主要是指在同一检索平台可以用类似的检索方式实现某一专门学科检索的大型数据库，分为文学、艺术、历史、政治、哲学、教育、心理学、社会学、法学、经济、管理等学科。

6.2.3.2.1 文学专业数据库及网站

MLA International Bibliography 为全球语言文学数据库，收录自1981 年至今有关语言、文学、民俗等书目资料，取材自 3,000 多种刊物，包括主题有：非洲语言学，国际语言学，印欧语言学，理论及描述语言学，比较及历史语言学，非语言沟通，非洲文学，拉丁美洲文学，东欧文学，意大利文学，美国文学，巴西文学，英国文学，现代希腊文学，荷兰文学，法国文学，葡萄牙文学，西班牙文学，德国文学，斯堪的纳维亚文学，文学批评，文学理论等。

香港文学资料库，是由香港中文大学图书馆与中国语言及文学系合作建立的首个香港文学数据库，收录了 20 世纪 20 年代起刊于香港学报及期刊的文章。目前已有条目 5 万条，包括书本资料、文学期刊、报章文艺版及学术会议论文，其中还收录了一批早年香港报章文艺版的珍贵资料以及著名作品的初版版本，是目前香港最完备的数据库。

类似数据库及网站还有：都市女性继承人（The City Heiress），莎士比亚全集（The Complete Works of William Shakespeare），文学图书馆，免费古典文学网站，Bibliomania（藏书狂），伊索寓言，经典名著文库，经典短篇小说网，台湾文学资料库，世界华文文学资料库，千秋文学网，中华诗词网，诗神网，文学视界，中国民间故事网，榕树下，随笔杂文网，小小说作家网，中国儿童文学网等。

案例

请利用文学专业数据库及网站查找“当代中国文学（Contemporary Chinese Literature）”的相关资料。

首先，我们根据主题信息选择适当的数据库及网站；

其次，进入数据库或网站后，我们在检索框内输入检索字段“当代中国文学（Contemporary Chinese Literature）”；

第三，我们点击“搜索”，并在下拉页面中查找信息（如图 6-9，图 6-10）。

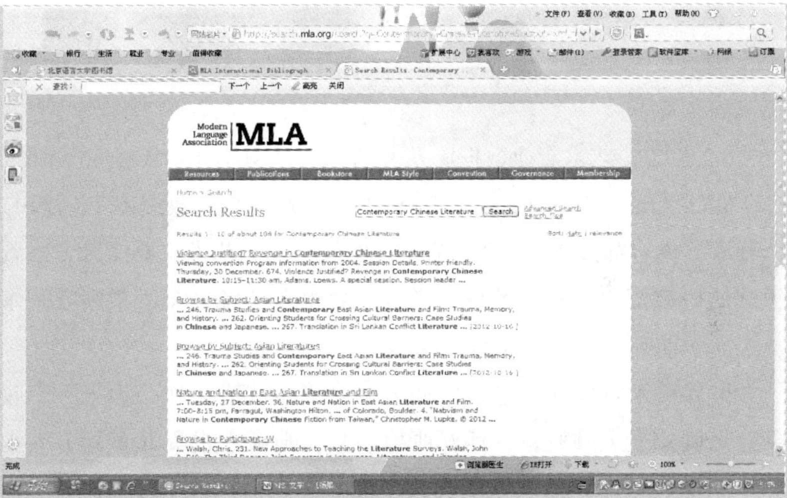

图 6-9　MLA International Bibliography 检索结果页面

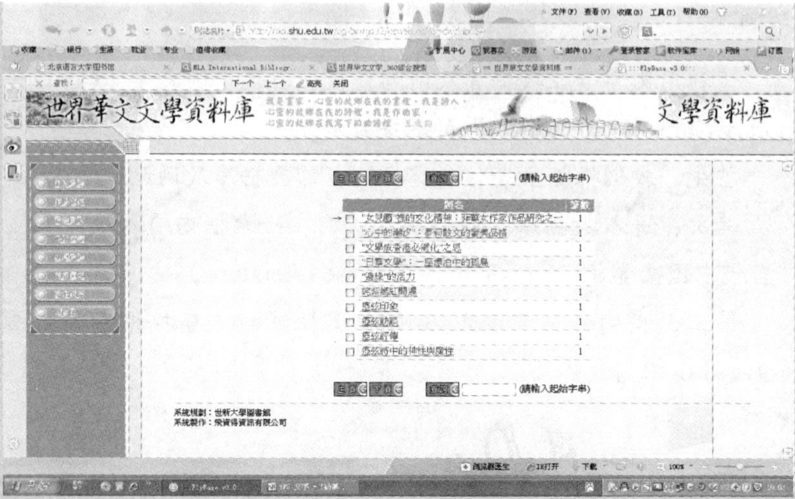

图 6-10　世界华文文学资料库检索结果页面

6.2.3.2.2　艺术专业数据库及网站

CAS Arts & Humanities（CAS 艺术与人文系列数据库）包括 11 个分库，内容涉及 19 世纪末至今的现代及当代艺术主要信息、宗教领域的研究资料、建筑及设计学的主要书目来源、英语系国家艺术及人类学期刊书目、语言学书目等。

世界美术资料库精选了中西艺术家毕生代表之作，为第一套收录台湾画家、大陆画家、西洋画家、故宫典藏、世界儿童画五大类美术图像数据库。该数据库收录了 800 位大师，近 4 万幅作品。而且，数据库每日更新画家人数、图像、图书与解析，包括“主题欣赏”、“创作媒材”、“进阶搜寻”三大部分。

类似数据库及网站还有：All Media Guide，著名建筑物，因特网电影数据库，网络上的艺术，ArtsNet，卢浮宫艺术博物馆，大英博物馆，CGFA 在线画廊，Center Pompidou，美国电影大全，IUMA 互联网地下音乐库，Adam，中国民间美术信息服务系统，故宫在线，金匠戏剧目录，神州戏曲网，中华美术网，蜂鸟摄影网，中国摄影，九天音乐网，中国舞蹈网等。

案例

请利用艺术专业数据库及网站查找“中国国画（Chinese painting）”的相关资料。

首先，我们根据主题信息选择适当的数据库及网站；

其次，进入数据库或网站后，我们在检索框内输入检索字段“中国国画（Chinese painting）”；

第三，我们点击“搜索”，并在下拉页面中查找信息（如图6-11）。

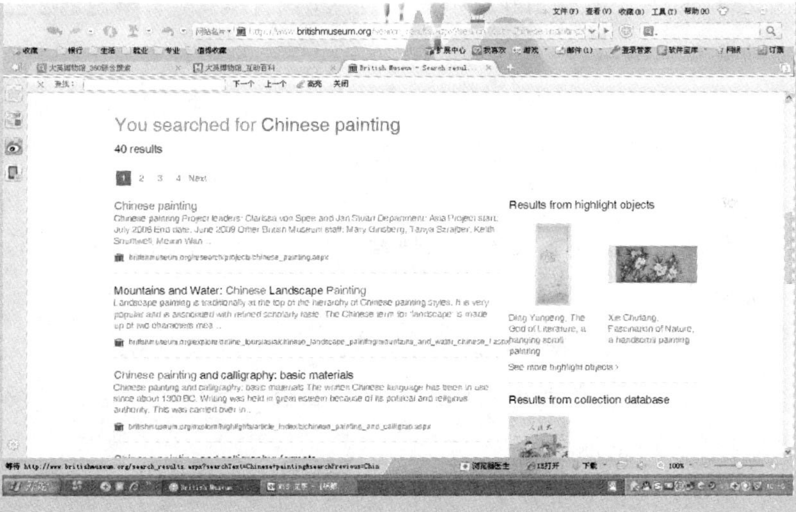

图 6-11　大英博物馆检索结果页面

6.2.3.2.3　哲学专业数据库及网站

InteLex Past Masters（西文哲学数据库），是最大的哲学文献全文数据库，全面而详尽地收录了有关柏拉图、亚里士多德、休谟、霍布斯、洛克以及其他古典哲学家的电子版文献。

北京大学图书馆哲学网络资源导航，按照地域分为中国哲学和西方哲学，中国哲学部分主要提供哲学家、期刊、原典、研究和研究机构等检索点，西方哲学部分提供期刊、原典、指南、学会组织、研究院系、参考资料等检索点。

类似数据库及网站还有：香港中文大学哲学系教学研究资料库，American Philosophical Society，The American Philosophical Association，Erratic Impact，Stanford Encyclopedia of Philosophy，Animus，哲学虚拟图书馆，The Carleton University Student Journal of Philosophy，EServer，哲学在线，中国科学哲学，思问哲学网站，中国文哲研究所，孔子 2000，孔子在线，全国哲学社会科学规划办公室网站等。

案例

请利用哲学专业数据库及网站查找“孔子（Confucius）”的相关资料。

首先，我们根据主题信息选择适当的数据库及网站；

其次，进入数据库或网站后我们在检索框内输入检索字段“孔子（Confucius）”；

第三，我们点击搜索，并在下拉页面中查找信息（如图6-12，图 6-13）。

图 6-12　香港中文大学哲学系教学研究资料库检索结果页面

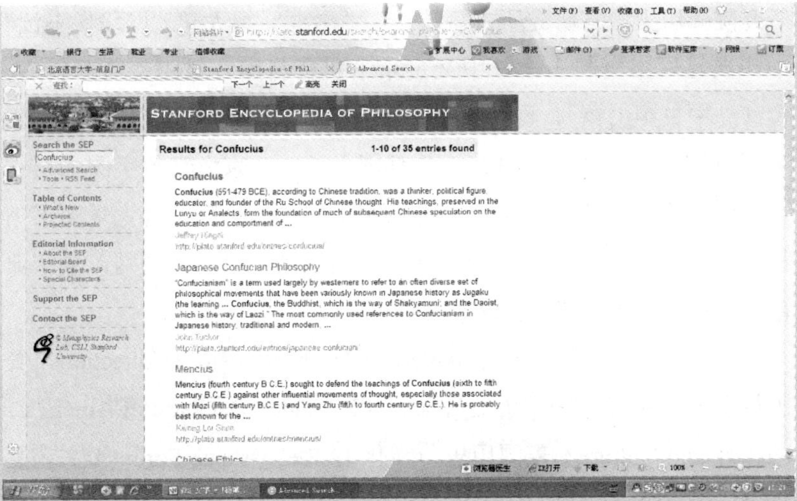

图 6-13　Stanford Encyclopedia of Philosophy 检索结果页面

6.2.3.2.4 历史及古籍数据库及网站

中国基本古籍库，是运用现代信息技术手段，对中国传统文化的基本文献进行数字化处理的大型数字资源库。该库共分四个子库，二十大类和一百个细目，以独有的ABT数据格式，承载上自先秦、下迄民国的一万余种历代典籍和超过一万五千余个珍贵版本的图像数据。用户还可以通过其独有的ADK工具包，利用典籍提要、作者通检、版本速查、新康字典四种工具，排除古籍整理和研究的疑难与障碍。类似数据库还有：国学宝典，《龙语瀚堂》典籍数据库，书同文公司系列数据库，ABC-CLIO历史数据库，Gale现代世界历史资源中心，二十五史全文检索系统。

古籍网络资源主要有：唐宋金元词文库及赏析系统，全唐诗电子检索系统，台湾"中央研究院"汉籍电子文献，台湾大学中华电子佛典线上藏经阁大正藏全文检索，简帛金石资料库，台湾"中央研究院"历史语言研究所古籍数据库，台湾元智大学"网络展书读"中华典籍网络资料中心，中文古籍书目资料库，郭店楚简资料库，台湾"中央图书馆"，台湾"中央研究院"历史语言研究所，中国国家图书馆，上海数字图书馆，首都图书馆，北京大学数字图书馆古文献资源库，天津图书馆馆藏古籍善本图录，北京师范大学图书馆特色资源，诗词总汇，中华诗词网，国学网，唐诗宋词网，数字典籍网，古籍电子书连线，汉龙网等。

历史学网络资源主要有：American Memory History Collections（美国往事），History Net（历史目录），PBS Video Database of America's History and Culture（美国历史与文化），Renaissance Forum（文艺复兴讲坛），History Channel（历史频道），World History Archive（世界历史文档），Art History Resources on the Web（艺术史资源），历史在线，北京大学历史学网络资源导航，中国世界古代史研究网，中国

历史地图，中华万年网，中国家谱网，绍兴方志，殷商文化网，中国国家博物馆，史学连线，中华文史网。

案例

请利用历史学专业数据库及网站查找“南京（Nanjing）”的相关资料。

首先，我们根据主题信息选择适当的数据库及网站；

其次，进入数据库或网站后我们在检索框内输入检索字段“南京（Nanjing）”；

第三，我们点击“搜索”，并在下拉页面中查找信息（如图6-14，图 6-15）。

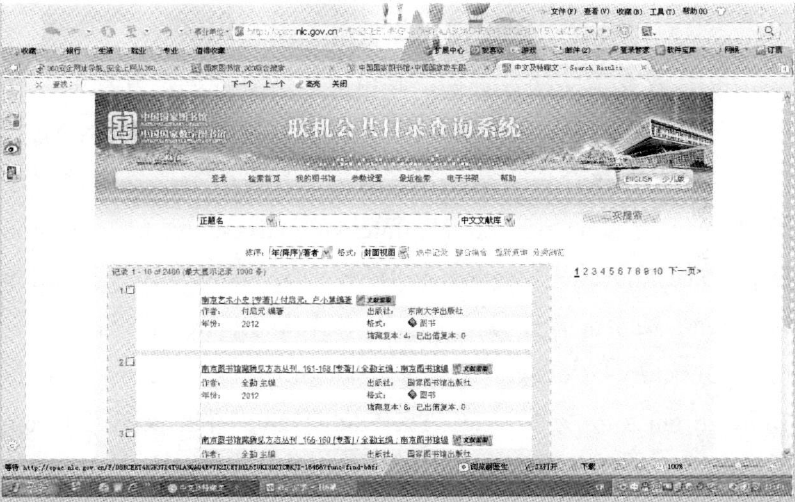

图 6-14　中国国家图书馆检索结果页面

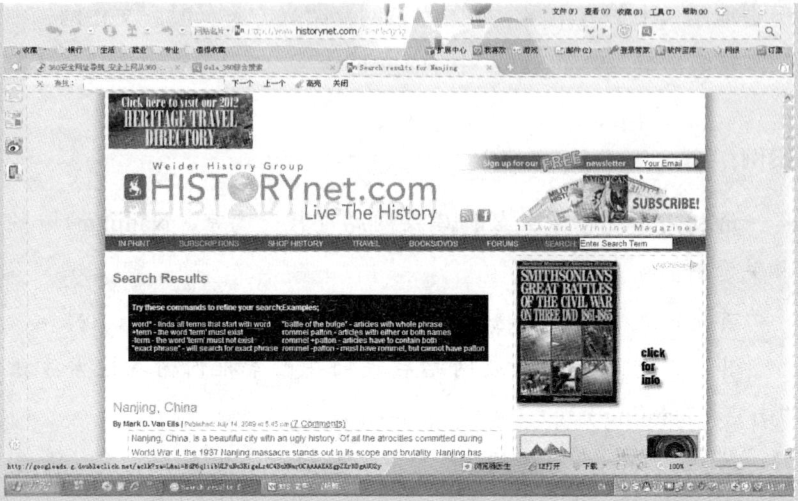

图 6-15 History Net 检索结果页面

6.2.3.2.5 教育学专业数据库及网站

ERIC 教育学文摘数据库，是由美国教育部倡议发起的一个教育资源信息系统，是美国教育文献的国家书目数据库，也是世界上最大的教育信息数据库。另外，教育学专业资源网站还有 Peterson's Education Portal，International Archive of Education Data，The Educator's Reference Desk，The Gateway to Education Materials，Kaplan 教育考试中心，US News Education，GNA Distance Directory，College Net，GradSchool，studyusa.com，Search/Topi-cs from A to Z，FinAid，The Study Guide—Financial Aid from the U.S. Department of Education，Fastweb.com，美国教师教育学会网，Education World（世界教育），Thegateway.org，Education-line，中国教育和科研计算机网，中国教育信息网，中国教育在线，新思考网—中国教育资源服务平台，中国教育技术网，中国教育技术学科资源网，康城学院等。

案例

请利用教育专业数据库及网站查找“中国高等教育（Higher Education in China）”的相关资料。

首先，我们根据主题信息选择适当的数据库及网站；

第二，进入数据库或网站后，我们在检索框内输入检索字段“中国高等教育（Higher Education in China）”；

第三，我们点击“搜索”，并在下拉页面中查找信息（如图 6-16）。

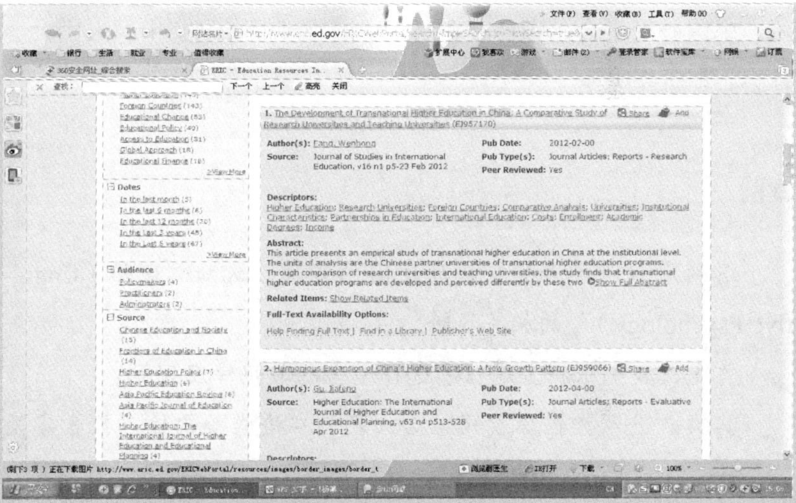

图 6-16　ERIC 检索结果页面

6.2.3.2.6　心理学专业数据库及网站

PsycINFO 是美国心理学会出版的著名心理学相关的文摘索引数据库，数据库提供了几千种期刊的书摘和索引，收录数据自 1887 年开始。PsycARTICLES 全文数据库收录了美国心理学协会、美国心理学协会教育出版基金会、加拿大信息学会和 Hogrefe & Huber 所出版的期刊，收录了 1988 年以来的 50 多种顶级刊物的全部内容。另外，心理学专业网站还有：Social Psychology Network，Encyclopedia of Psychology，The Higher Education Academic Psychology Network，American Psychology Association，Psychology World Wide Web Virtual Library，Alphabetical Listing of Psychology Departments，PsychCrawler，Association for Humanistic Psychology，Psychology.com，Psychology Online Resource Centre，Psychology-Directory，History & Theory of Psychology Eprint Archive，中国科学院心理研究所，中国心理学会，华夏心理网，中国心理服务网，中国人民大学社会心理研究所等。

案例

请利用心理学专业数据库及网站查找“认知心理学（Cognitive Psychology）”的相关资料。

首先，我们根据主题信息选择适当的数据库及网站；

其次，进入数据库或网站后，我们在检索框内输入检索字段“认知心理学（Cognitive Psychology）”；

第三，我们点击“搜索”，并在下拉页面中查找信息（如图 6-17，图 6-18）。

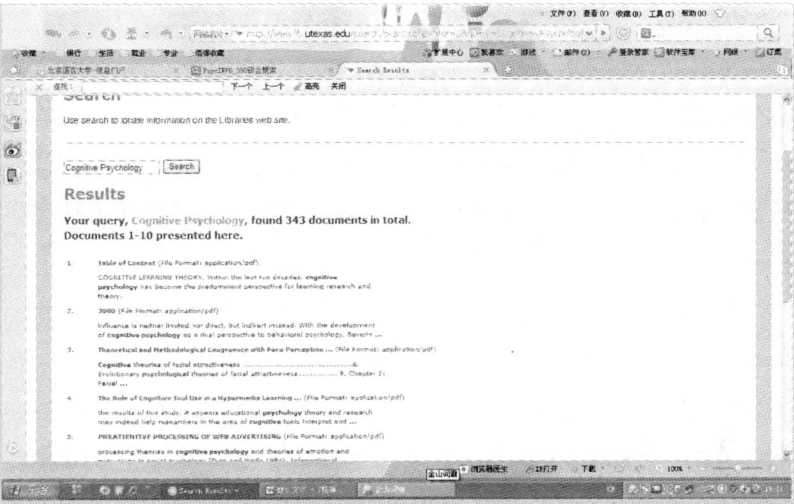

图 6-17　PsycINFO 检索结果页面

图 6-18　中国科学院心理研究所检索结果页面

6.2.3.2.7 社会学专业数据库及网站

Sociological Abstracts（社会学文摘数据库），是一个社会学文摘索引数据库，主要收录了全球与社会学、社会和行为科学相关的文献文摘索引信息。文献主要来源于 1963 年以来的近两千种期刊或连续出版物，以及图书、学位论文、会议论文等，内容覆盖了社会学科几乎所有的研究领域。

相关社会学专业网站还有：The Social Web，WWW Virtual Library: Sociology，The Anthropology and Sociology Section，The SocioLog，Social Work Search，National Association of Social Workers，American Sociological Association，Sociology Central，Allyn & Bacon Sociology Links，Dictionary of Critical Sociology，Sociology Online，Statistical Resources on the Web，中国社会学网，社会学人类学中国网，社会学吧，中国社会科学在线，中国社会工作网，中国社会工作协会等。

案例

请利用社会学专业数据库及网站查找“社会福利（Public Welfare）”的相关资料。

首先，我们根据主题信息选择适当的数据库及网站；

其次，进入数据库或网站后，我们在检索框内输入检索字段“社会福利（Public Welfare）”；

第三，我们点击“搜索”，并在下拉页面中查找信息（如图 6-19，图 6-20）。

图 6-19　中国社会学网检索结果页面

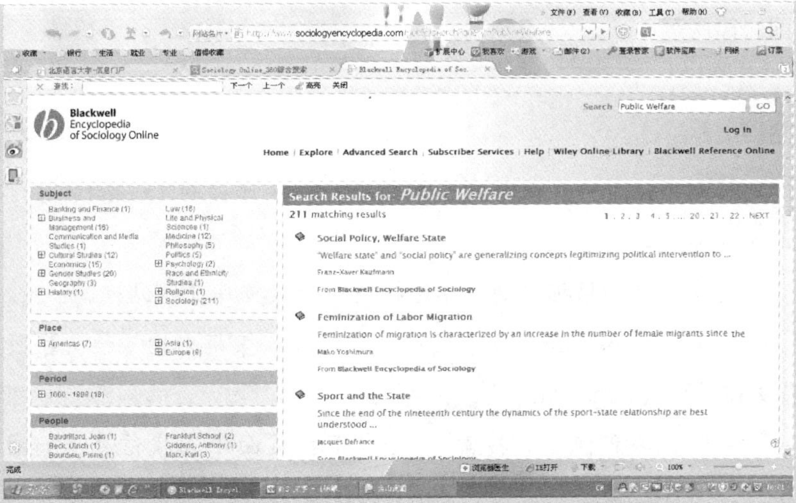

图 6-20　Blackwell Encyclopedia of Sociology Online 检索结果页面

6.2.3.2.8　法学专业数据库及网站

由于有关法学信息资源内容广泛，形式多样，以及不同国别分属不同的法律体系，因此法律信息的获取相对较有难度。主要数据库有：Lexis，Westlaw，法意数据库，国信中国法律网，万方“中国法律法规全文数据库”，博利群公司法律系列光盘库等。主要的国外法律专业网站有：FindLaw，美国国会法律图书馆，康奈尔大学法律信息中心，美国政府网站，Australasian Legal Information Institute（澳大利亚法律信息协会），American Law Sources On-line（美国法律在线），JURIST：School of Law，BAILII，CanLII，LLRX，WorldLII，THOMAS等。主要的国内法律专业网站有：北大法律信息网，中国律师网，法律帝国网，西湖法律图书馆，法律服务网—中国法律法规信息系统，中国民商法律网，今日说法，中国法院在线，中国法院网，中国法律网等。

案例

请利用法学专业数据库及网站查找“法律援助（Legal Aid）”的相关资料。

首先，我们根据主题信息选择适当的数据库及网站；

第二，进入数据库或网站后，我们在检索框内输入检索字段“法律援助（Legal Aid）”；

第三，我们点击“搜索”，并在下拉页面中查找信息（如图6-21，图6-22）。

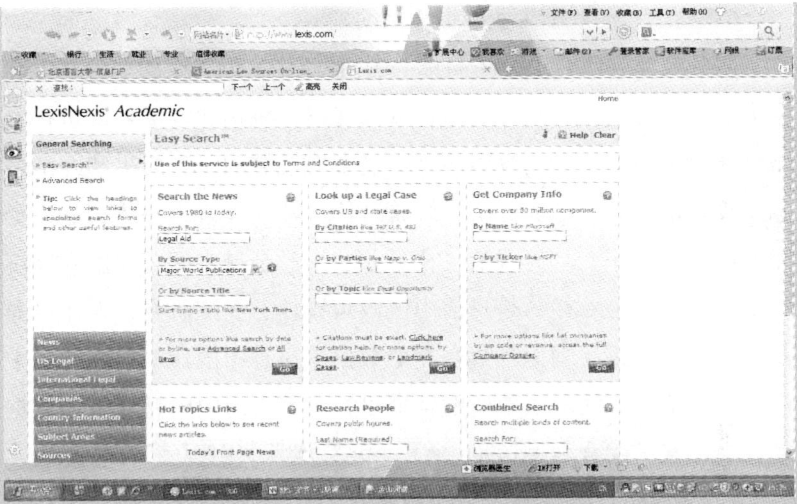

图 6-21　Lexis.com 检索页面

图 6-22　北大法律信息网检索结果页面

6.2.3.2.9 经济学专业数据库及网站

国务院发展研究中心（简称“国研网”），以丰富的信息资源和强大的专家阵容为依托，与海内外著名研究机构和经济咨询机构紧密合作，全面汇集、整合国内外经济金融领域的研究成果和经济信息，集理论研究、形势分析、政策解读、辅助决策为一体，是一个专业经济信息平台。开设有“国研报告”、“金融中国”、“世界经济与金融评论”等专栏，是目前中国政策设计、经济研究、人才培养及投资决策的重要辅助工具。类似数据库还有中国经济信息网，中国宏观经济信息网，道琼斯财经资讯教育平台，中国财经报刊数据库，中银网—综合金融信息中心，（北京大学）中国经济研究中心，龙语财经信息分析系统，华通数据中心，Business Source Premier，ABI/Informal Global，Wilson’s Business Periodicals Database 等。

相关网站有：RePEc，RFE—Resources for Economists on the Internet，NBER美国国家经济研究局，Internet Resources for Economics，Biz/ed—Reference，The Review of Economic Studies，美国联邦贸易委员会，BigCharts（证券数据库），The Global Financial Database（全球金融数据），Cowles Foundation for Research in Economics，EconDirectory，商业周刊，中华人民共和国国家统计局网站，中国经济学家科研网，清华大学中国经济研究中心，中国科学院世界经济与政治研究所网站，中国经济时报，中华人民共和国国家发展和改革委员会，中国投资协会，中国人民银行网站，金融界等。

案例

请利用经济学专业数据库及网站查找“微观经济（Microeconomy）”的相关资料。

首先，我们根据主题信息选择适当的数据库及网站；

其次，进入数据库或网站后，我们在检索框内输入检索字段“微观经济（Microeconomy）”；

第三，我们点击“搜索”，并在下拉页面中查找信息（如图6-23，图6-24）。

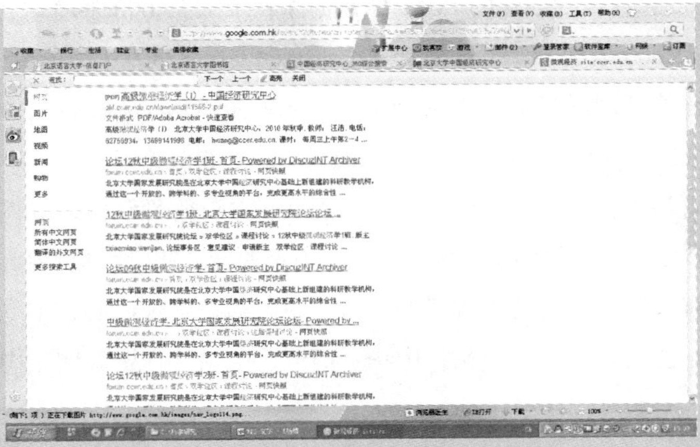

图 6-23　中国经济研究中心网站搜索结果页面

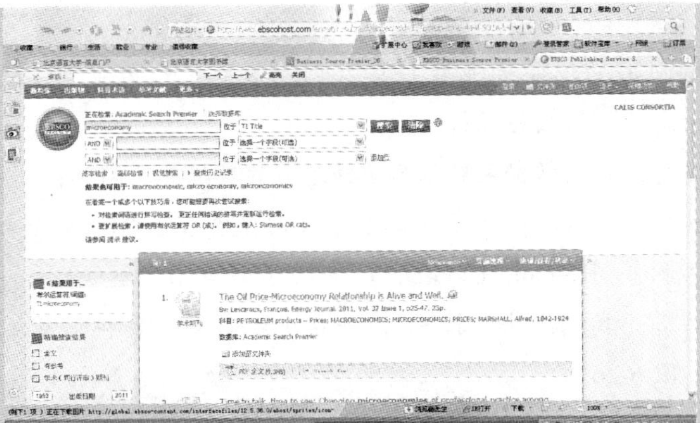

图 6-24　Business Source Premier 搜索结果页面

6.2.3.2.10　管理学专业数据库及网站

EMERALD 系列数据库，是 1967 年英国 Bradford 大学创办的世界一流的管理学、图书馆学出版社，目前提供的数据库大多与管理学有关，有 Emerald Management Xtra，Emerald Fulltext，Emerald Management Reviews 三个分数据库。另外，由 Chartered Management Institute 管理学院创建的 IMID 的数据库收录了 35,000 多篇期刊论文以及 25,000 本图书，可以为管理学研究领域提供最基本的研究资源。

有关管理学专业的相关网站有：Free Management Library，Knowledge Management，The Management Courses Information Site，美国项目管理协会，亚太管理论坛，管理联合会，管理学院研究网，佛山科技学院管理学网络资源，中国人力资源网，HR 管理世界，中国管理咨询网，项目管理者联盟网站，中国知识管理中心，中华管理在线，公共管理学人网站，中华工商网，中国管理资源网，中华企管网，AMT 知识库等。

案例

请利用管理学专业数据库及网站查找“人力资源（Human Resources）”的相关资料。

首先，我们根据主题信息选择适当的数据库及网站；

其次，进入数据库或网站后，我们在检索框内输入检索字段“人力资源（Human Resources）”；

第三，我们点击“搜索”，并在下拉页面中查找信息（如图 6-25，图 6-26）。

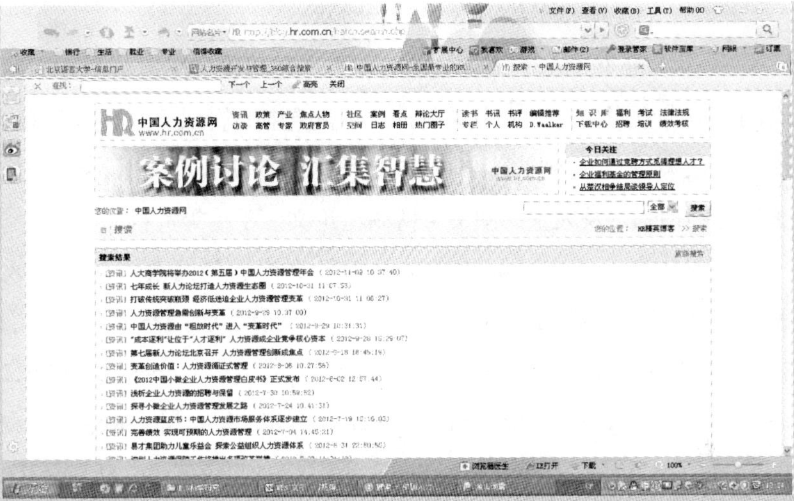

图 6-25　中国人力资源网检索结果页面

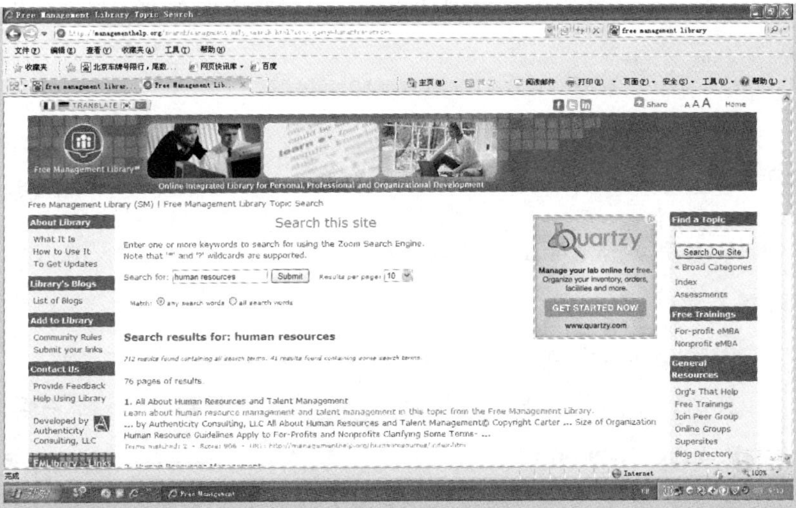

图 6-26　Free Management Library 检索结果页面

6.2.3.2.11 政治学专业数据库及网站

Worldwide Political Science Abstracts，是提供国际政治学方面期刊的文摘和索引信息的专业数据库，主题包括国际关系、公共管理、法律、政策等。其内容覆盖了1,510种国际性期刊（其中67%是美国以外的期刊）及大量的图书、博硕士论文、手稿等资料。

类似数据库还有国际政治学文摘数据库、美国政府政治和政策研究期刊全文数据库等。另外，有关政治学的网络资源还有：拉丁美洲国家数据库，Political Database of the Americas，Political Resources on the Net，Richard Kimber's Political Science Resources，Political Science Resources on the Web，American Political Science Association，WWW Resources for Political Scientists，联合国网站，东南亚联盟网站，欧洲联盟网站，Foreign Government Resources on the Web，政治文化研究网，中国政治学，中国政府白皮书，制度分析与公共政策等。

案例

请利用政治学专业数据库及网站查找"扩散（Proliferation）"的相关资料。

首先，我们根据主题信息选择适当的数据库及网站；

其次，进入数据库或网站后，我们在检索框内输入检索字段"扩散（Proliferation）"；

第三，我们点击"搜索"，并在下拉页面中查找信息（如图6-27，图6-28）。

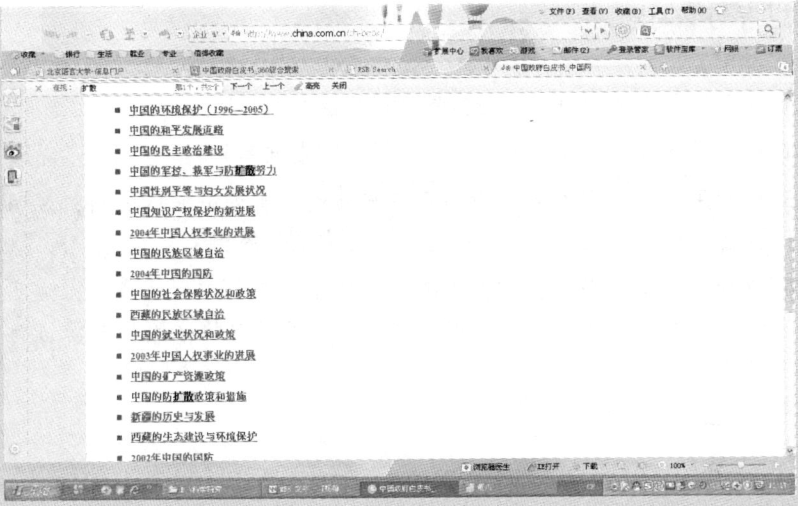

图 6-27　中国政府白皮书检索结果页面

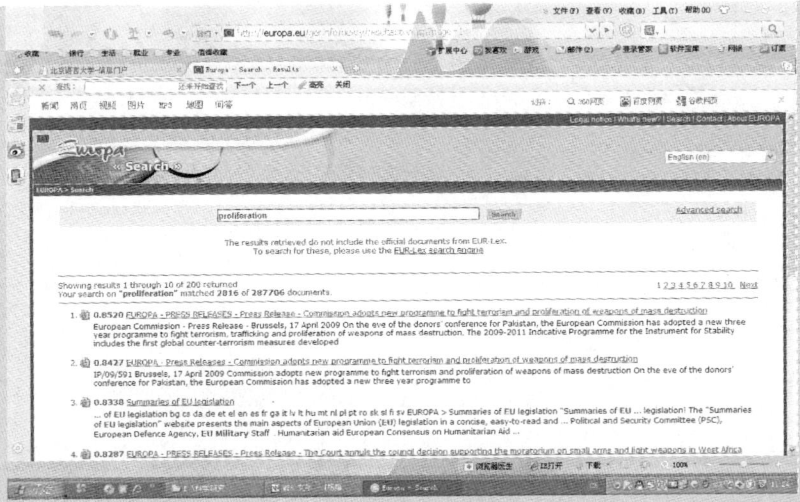

图 6-28　欧洲联盟网站检索结果页面

思考与练习题

1. 如何检索交叉学科的主题信息资源？请举例说明。
2. 在利用网络信息资源的时候如何保证“查准率”和“查全率”？
3. 请利用网络资源查找“中国语言与地理”有关方面的资料，注明资料来源，并说明检索到的资料与检索主题的相关性。
4. 请利用网络资源查找“毛泽东与尼克松”有关方面的资料，注明资料来源，并根据“查全率”和“查准率”对检索到的资源进行分析。

第七章　对外汉语专题资源的检索

本章提要

我们可以利用综合性的检索工具或数据库查找相应的对外汉语教学方面的资源，此外我们还可以利用一些专门的检索工具或数据库。本章主要介绍对外汉语专题资源的检索，包括专业工具书、专业数据库、语料库、专业网站、推荐期刊及图书等。

7.1　专业工具书

7.1.1　字典、词典、手册

（1）《语言学百科词典》

该词典由戚雨村等编，上海辞书出版社 1993 年出版。该词典是一部综合性语言学词典，共收词目 5,000 余条。术语、理论、方法、学科、流派、人物、著作、事件、团体、刊物、世界诸语言等均单独列目收录。全书按词目首字的笔画笔顺排列，首字相同的词目，字数少的在前，多的在后；字数相同的，再按第二字画数排列。该词典另附“词目首字音序索引”。

（2）《中国语言文字学大辞典》

该辞典由唐作藩主编，中国大百科全书出版社 2007 年出版。它是一部关于语言文字学的专门性的大型工具书，共收词目 10,000 条左右。内容包括中国语言文字、部分世界语言文字、中国语言文字学的各个分支学科，中国语言文字学文献资料、人物、论著、刊物、社团等名称、术语，举凡与语言文字学有关的名词、术语，都纳入在内。

（3）《中国语言文字大词典》

该词典由中国大百科全书出版社和香港中华辞书出版社 2007-2008 年出版。全书共分 7 卷：语言文字学卷、现代汉语卷、古代汉语卷、汉语成语卷、汉语俗语卷、汉语方言卷和少数民族语言文字卷，总字数约 2,800 万字，综合收录了《康熙字典》中至今仍有“生命力”的所有汉字和《规范汉字表》中的全部汉字，同时还适量收录了港、澳、台地区的常用字词。

（4）《中国语言学大辞典》

该书由陈海洋主编，江西教育出版社 1991 年出版，32 开，1,174 页，158 万字。该书共收词目 8,200 余条，其中文字学 730 余条，音韵学 740 余条，训诂学 420 余条，语音学 670 余条，词汇学•语义学•辞书学 670 余条，语法学 850 余条，修辞学 620 余条，方言学 300 余条，中国诸民族语言 490 余条，语言理论•语言新学科 540 余条，人物 580 余条，著作 1,120 余条，语言学史 470 余条。辞典正文前有分类词目表，正文后有附录“中国语言学记事”，附录后有“词目音序索引”。

（5）《语言与语言学百科全书（第二版）》

该书由布朗（英）主编，上海外语教育出版社 2008 年出版。该书是迄今世界上最大的一套语言学百科全书，英文，共 14 册，收录大词目 3,000 多条，每条词目均有丰富的内容和详尽的解释，除按字母顺序编排外，还有主题分类、交叉检索和主题索引。全书纵贯理论语言学、应用语言学、语言学边缘学科三大分科，涵盖语言学语言体系研究、言语活动研究、言语机制研究、话语研究、计算语言学研究、文字体系研究六大领域。

（6）《语言学和语音学基础词典》

该书由克里斯特尔（英）著，方立等译，北京语言学院出版社1992年出版。该词典收录20世纪以来应用广泛、在语言学文献中出现频率较高的语言学和语音学术语1,000余条，另包含带有词条词头的短语1,000多条。所收词条均附定义和解释，其中大多数术语都有关于使用历史环境以及与有关领域术语关系的说明。词条后附有该词条的参考书目及章节，以便读者进一步了解该术语的含义及演变过程。

（7）《现代语言学词典》

该词典由克里斯特尔（英）编，沈家煊译，商务印书馆2000年出版。该词典包括1,400个主词条，释义中又含1,400个黑体术语，1,200个加引号的特殊名称，共计收录了4,000个语言学文献中常出现的术语，内容涉及语言学各个新领域和新理论。译本增加了“汉英术语对照表”，便于中文读者使用、查阅。

（8）《语言学词典》

该词典由布斯曼（德）著，陈慧瑛等编译，商务印书馆2003年出版。该词典共收3,000词条，详细地阐释了理论语言学和应用语言学的全部内容，并通过全面论述文章、不同的参阅系统将各个概念之间的关系、不同看法和使用方式之间的关系论述清楚。

（9）《语言与语言学词典》

哈特曼（英）著，黄长著等译，上海辞书出版社1981年出版。该书收录使用比较广泛、在语言学各个研究领域的重要著作中经常出现的语言学术语3,000余条，逐一做了解释，比较系统地介绍了语言学各个领域的基本知识。中译本在一些地方对原文做了订正或补充。

（10）《语言文字规范手册（第四版）》

语文出版社编，语文出版社 2006 年出版。该书收录了我国历年来颁布、实施的有关语言文字方面的主要法律决定、法规性文件、国际标准、国家标准和规定等，对语言文字规范化、标准化起到了推动作用。

（11）《语言学名词 2011》

语言学名词审定委员会编，商务印书馆 2011 年出版。该书收录的是全国科学技术名词审定委员会审定公布的语言学名词，内容包括：理论语言学，文字学，语音学，语法学，语义学、词汇学，辞书学，方言学，修辞学，音韵学，训诂学，计算语言学，社会语言学，民族语言学 13 个部分，共收词 2,939 条。

（12）《语言文字学常用辞典》

蔡富有、郭龙生主编，北京教育出版社 2001 年出版。内容包括语言学、文字学、语音学、词汇学、语法学、修辞学、方言学、训诂学、应用语言学、学派、世界诸语言、中国诸民族语言等共16项。

（13）《中国文化语言学辞典》

宋永培、端木黎明编著，四川人民出版社 1993 年出版。全书的内容分为“中国文化语言学综论”、“语言与文化”、“中国历代语言与文化结合研究”、“训诂、词义、词汇与文化”、“汉字与文化”、“方言与文化”、“专名与文化”、“语言接触、融合与文化”、“语法与文化”、“语音与文化”、“语言交际与文化”、“语言与民俗”、“中国文化语言学的方法”、“人物”、“论著”、“会议、团体、刊物”，共 16 个部分，比较全面地反映了中国文化语言学的成果与特色。

（14）《实用中国语言学词典》

葛本仪主编，青岛出版社 1992 出版。该词典精选词目 2,000 余条，分为语言学、语音学、词汇学、语法学、修辞学、文字学、音韵学、训诂学、方言学等 12 个部分。

（15）《朗文语言教学及应用语言学辞典 • 英汉双解》

理查兹（英）等著，外语教学与研究出版社 2002 年出版。该书是国内唯一全面收录语言教学及应用语言学词汇的英汉双解工具书，它的内容涵盖了语言学、社会语言学、心理语言学、语用学、话语分析、语言习得、教学法、语言测试、课程设计等诸多学科。

（16）《英汉语言学词典》

劳允栋编，商务印书馆 2004 年出版。该词典收词目 7,800 余条，内容涉及普通语言学、语法学、语音学、音位学、词汇学、语义学、修辞学、语体学、文字学等学科领域。

（17）《新编英汉语言学词典》

戴炜华主编，上海外语教育出版社 2007 年出版。该词典收词目 7,500 条，内容包括理论语言学及其各分支、各交叉学科的术语等，解释词语言简意赅，适合初学者使用。

（18）《中国语言学人名大辞典》

陈建初、吴泽顺主编，岳麓书社 1997 年出版，16 开，852 页，188 万字。该书为我国第一部语言学人名大辞典，它既是历代语言学者名录，也是历来中国语言学研究论著的目录索引。该书收录古今中外语言学者 2,512 人，以国家为单位编排，中国内部按国家邮电部公布的邮政区划分省排列，一省之内按音序排列。辞典立传内容丰富而简要。书后附音序索引。

（19）《中国现代语言学家》

该书由《中国现代语言学家》编写组编，河北人民出版社 1981-1986 年分 5 个分册出版，32 开，每分册约三四百页。该书收录范围自 1898 年《马氏文通》的作者开始，5 个分册共收录语言学家 216 人。

除了对各语言学家的生平经历做简单介绍外，该书将重点放在学术成就方面。各语言学家介绍之后，附有论著目录。

（20）《中国现代语言学家传略》

该书由中国语言学会《中国现代语言学家传略》编写组编写，河北教育出版社 2004 年出版，共 4 册。该书收录了三百多位语言学家，以人物为线索，以介绍入编者的学术成果、学术活动为主，兼及学术观点、学术影响及个人自然情况和学术业绩，大致反映和展示了 20 世纪中国语言学的历史概貌。

（21）《北美汉学家辞典》

该书由安平秋、安乐哲（美）主编，人民文学出版社 2001 年出版。该书在每一位学者的名下，开列了个人简历、治学范围、主要论著、现今所在机构和联络办法，是一部了解美国、加拿大当代汉学家基本情况的工具书。

（22）《日本的中国学家》

该书由严绍璗编著，中国社会科学出版社 1980 年出版。该书根据 100 余种日文书刊和其他资料，介绍了当代日本研究中国的著名专家 1,105 人。各条目内容包括：姓名及其英译、生卒年代、专长、现职、学位、学衔、社会身份、学历、工作履历、学术活动、获奖项目、代表作品等。

7.1.2 书目、索引、文摘

（1）《中国语言文学系学生阅读书目（修订本）》

该书目由南开大学中文系编，南开大学出版社 1996 年出版。该书目收录 500 多部书，语言学类 80 多部，文学类 400 多部，排列顺序大体是先依类别，后按时间。该书目对每部书都有简单介绍，对初学者有指导入门的意义。

（2）《大学文科指导书目 中国语言文学》

该书目由陈贻焮、赵新月主编，北京大学出版社 1991 年出版。该书目包括中国古代文学、中国现代文学、中国当代文学、外国文学、文学理论、古代汉语、现代汉语、语言理论、工具书等几个部分。

（3）《中国语言学分类参考书目》（Chinese Linguistics: A Selected and Classified Bibliography）

该书目由杨福绵（S. J. Paul Fu-mien Yang）编著，香港中文大学出版社 1974 年出版。该书目择要收录 1900-1973 年间出版的有关中国语言学的有价值的论著 3,257 条，分 12 个部分：Bibliography and Collected Essays，History of Chinese Linguistics，Methodology of Chinese，General History of the Chinese Language，Archaic Chinese，Post-archaic Chinese，Ancient Chinese，Medieval Chinese，Ancient Mandarin，Modern Chinese，Chinese and Other Languages，Chinese Writing。书后附著者罗马字索引、中文笔画姓名索引。

（4）《中国语言学要籍解题》

该书由钱曾怡、刘聿鑫主编，齐鲁书社 1991 年出版。全书分音韵、训诂、语法修辞、方言、文字五类，共 170 多篇。各篇解题重在剖析论著的内容、体例、研究方法和学术得失，评议其承前启后的历史地位，介绍刊刻流传情况。

（5）《汉语语言学论著目录》（1975-1982）

该书由 Alain Lucas 编，有 1985 年巴黎东亚语言研究中心交叉语言版。该书汇编了大约 6,200 个条目，分三类：发表在杂志或论文集上的文章，专题论文、专题著作，论文、学位论文。除应用语言学外，该书概括了汉语语言学的各个领域。该书分类详细，便于查找。除中国书刊外，该书还收集了日语、英语、法语、德语、俄语文献，基本上概括了世界上主要国家研究汉语的情况。

（6）《汉语语言学书目》（1980-1997）

该书目由徐烈炯、王志洁主编，外语教学与研究出版社 2000 年出版。该书目收集自 1980 年至 1997 年期间在海内外出版的、以汉语为对象或者以汉语语料为主的语言学著作（包括图书、期刊论文、学位论文、会议论文等），共 5,036 条。读者可以按著作内容及出版年份在正文中查检，也可以参照书后的索引按作者姓氏查检。

（7）《中国语言学论文索引》（甲编 / 乙编 / 乙编增补本）

该索引由中国社会科学院语言研究所编，商务印书馆 1978 年出版甲编、乙编，1983 年出版乙编增补本。该索引分甲、乙两编，1949 年以前发表的有关语言学的论文收为甲编，1950-1963 年发表的论文收为乙编。甲编所收国内报刊及一部分论文集计 600 余种，论文 5,000 余篇。乙编所收国内报刊计 240 余种，论文 7,000 余篇。甲、乙两编内容均分为语言和语言学、汉语、少数民族语言三部分，书末附著者姓名索引。乙编增补本收 1950-1980 年发表的文章，收国内报刊 500 余种，论文 12,000 余篇。

（8）《中国语言学论文索引》

该索引由杨秀君、魏克等编，吉林省图书馆学会 1986 年 12 月出版。该索引收录 1981-1985 年间论文 12,013 条，分语言学概论，汉语，少数民族语言，动态、评论、书评四大部分。书后附著译者索引。

（9）《语言学论文索引》（1991-1996）

该索引由董树人主编，北京语言学院（北京语言大学）出版社 1993-1998 年每年出版一册。该索引只收集各年度发表在中国大陆杂志、报纸上的论文。索引的分类依照《中图法》分类标准，内容分为五大部分：语言和语言学、汉语、中国少数民族语言文字、副语言、学术活动 • 人物评价。1991-1993 年书后附作者姓名音序索引。

（10）《语文教学篇目索引》

该书由中国语文编辑部编，上海教育出版社 1982 年出版。该书收录 1950-1980 年国内报刊上发表的文章，约 1 万篇，部分内容与《中国语言学论文索引》(乙编）有参互。内容分 18 类：语文教学、教材、教学法、语音和拼音教学、普通话教学、口语训练和朗读、汉字教学、阅读教学、字词句和篇章教学、词汇教学、语法修辞逻辑教学、作文教学、各种文体教学、标点符号教学、文言文教学、课文讲析、预习复习练习和考试、语文教师。书后附著者姓名音序索引。

（11）《对外汉语教学研究论著索引（1950-2006）》

该书由孙德金主编，商务印书馆 2009 年出版。该书收录了 1949 年以来（1950-2006）在中国内地出版和发表的汉语作为第二语言教学（对外汉语教学）研究的论文和著作，共计 5,700 余条。全书分为“论文”和“著作”两大部分，论文部分按照对外汉语教学学科内容构成分成十个大类，每个大类再分成若干小类；著作部分分为“专著”和“文集”两大类，各类下再分若干小类。

（12）《北京大学图书馆藏西文汉学珍本提要》

该书收录了 330 种北大馆藏“西文东方学文库”中出版年代较早的、有关中国的西文珍本书籍。它覆盖了这个收藏中 1800 年及以前出版的书籍共 93 种，基本包括了这个收藏中 1800 年至 1850 年之间的书籍，其他所收录书籍的出版年代也多在 1850 年至 19 世纪末。这些西文珍本涉及英文、法文、德文、拉丁文、意大利文、俄文、西班牙文、葡萄牙文、荷兰文共 9 种文字。

（13）《语言教学——供语言教师及应用语言学参考的国际期刊文摘》

（Language Teaching—The International Abstracting Journal for Language Teachers and Applied Linguistics）

英国剑桥大学 1968 年创刊，季刊，原名为“Language Teaching and Linguistics: Abstracts”。该文摘来源于国际 400 种期刊，涉及语言教学及应用语言学方面最新研究成果。该文摘分为语言学习与教学——理论与实践、语言教学、语言学分支的研究和语言的描写与利用。每期有新书评介、著者索引和主题索引。每年出版累积索引。

7.2　专业数据库

7.2.1　对外汉语教学数字图书馆

北京语言大学图书馆收集、整理、报道世界各国、各地区汉语教学及汉语研究的文献资料，开发了一系列与汉语教学有关的数据库，自 2006 年底北语图书馆将数据库做了进一步的分类与扩充，并将所有的数据库整合到“对外汉语教学数字图书馆”（网址为 http://lib.blcu.edu.cn:89/tpi_2/sysasp/include/index.asp）门户下。“对外汉语教学数字图书馆”（见图 7-1）是一个涵盖对外汉语教学学科重要学术资料，并具备网络服务功能的数字图书馆，其建设目标是提高本校对外汉语教学专业的文献保障水平。该网站现包括：中文期刊论文数据库、英文期刊论文数据库、中文硕博论文数据库、英文硕博论文数据库、中文图书数据库、英文图书数据库、中文会议文献数据库、英文会议文献数据库、对外汉语教材（中国出版）数据库、对外汉语教材（国外出版）数据库、中国语言学家名录、中国语言学家专著论文库、留学生硕博论文库等。该系统支持初级检索、高级检索、跨库检索等。

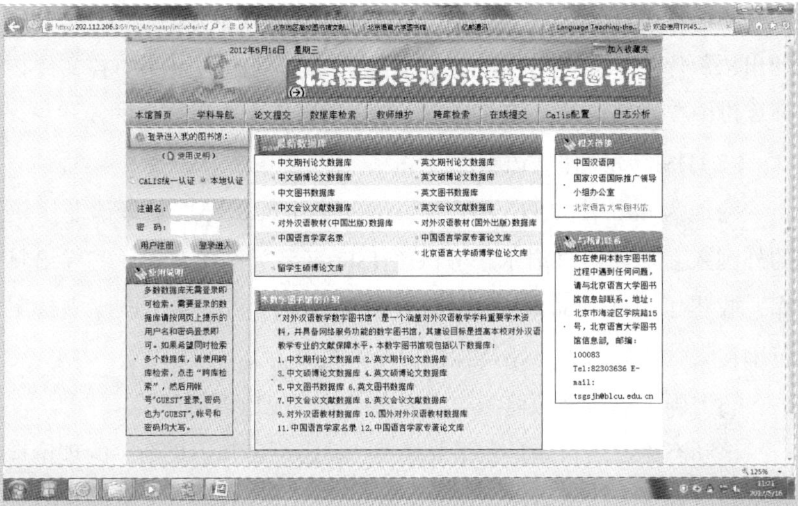

图 7-1 “对外汉语教学数字图书馆”首页

7.2.2 语料库

语料库是为某一个或多个应用而专门收集的、有一定结构的、有代表性的、可以被计算机程序检索的、具有一定规模的语料的集合，① 它是存放语言材料的数据库。语料库在语言学研究中主要的应用领域有词典编纂，语言统计，语言监控，语言教学，语言信息处理，语法、语义、词汇、语音等各种语言问题的研究，方言研究等。下面列举一些语料库：

（1）北京大学中国语言学研究中心语料库

北京大学中国语言学研究中心语料库的网址为：http://ccl.pku.edu.cn/corpus.asp，包括现代汉语语料库、古代汉语语料库、汉英双语语料库。语料库中所含语料的基本内容信息可以在“高级搜索”页面上点击相应的链接查看。比如：“作者列表”列出语料库中所包含的

① 何婷婷.语料库研究[D].武汉:华中师范大学，2003.

文件的作者；“篇名列表”列出语料库中所包含的篇目名；“类型列表”列出语料库中文章的分类信息；“路径列表”列出语料库中各文件在计算机中存放的目录；“模式列表”列出语料库中可以查询的模式。

（2）HSK 动态作文语料库

网址为 http://202.112.195.192:8060/hsk/index.asp，是母语非汉语的外国人参加高等汉语水平考试（HSK 高等）作文考试的答卷语料库，收集了 1992-2005 年的部分外国考生的作文答卷。该库支持字符串检索、错句检索、错篇检索、全篇检索等。

（3）国家语言资源监测与研究中心动态流通语料库

该动态流通语料库是在张普教授“动态语言知识更新”的理论指导下建设的下一代语料库，对北京青年报、北京日报、北京晚报、法制日报、光明日报、广州日报、环球时报、经济日报、今晚报、南方周末、钱江晚报、人民日报、深圳特区报、新民晚报、羊城晚报、扬子晚报、中国青年报等报纸的网络版的内容进行下载，作为监测与研究的原始数据。在动态流通语料库的基础上，国家语言资源监测与研究中心目前已经成功发布 10 次中国主流报纸流行语。基于动态流通语料库，自 2006 年起，国家语言资源监测与研究中心和有声媒体分中心、网络媒体分中心共同按年度实施字词语的监测任务。

（4）北京语言大学语言研究所北京口语语料查询系统

网址为：http://www.blcu.edu.cn/yys/6_beijing/6_beijing_chaxun.asp，该系统可按说话人的属性和话题，查询某一字、词、短语或结构在北京口语语料中的使用情况，可对查询结果进行自定义排序，系统默认依次按照出生年份、性别、民族、文化程度排序。

（5）对外汉语研究中心现代汉语研究语料库

网址为：http://www.dwhyyjzx.com/cgi-bin/yuliao/，该数据库包含数据 50,137 条，提供“词形”和“词形和词性”两种方式的查询。

（6）人民日报标注语料库

该语料库是北京大学计算语言学研究所和富士通研究开发中心有限公司在得到人民日报社新闻信息中心的许可后，对人民日报1998年上半年的纯文本语料进行词语切分和词性标注制作而成的，严格按照人民日报的日期、版序、文章顺序编排。文章中的每个词语都带有词性标记。目前的标记集里有26个基本词类标记，它们是：名词n、时间词t、处所词s、方位词f、数词m、量词q、区别词b、代词r、动词v、形容词a、状态词z、副词d、介词p、连词c、助词u、语气词y、叹词e、拟声词o、成语i、习惯用语l、简称j、前接成分h、后接成分k、语素g、非语素字x、标点符号w。除此之外，从语料库应用的角度，增加了专有名词（人名nr、地名ns、机构名称nt、其他专有名词nz）；从语言学角度也增加了一些标记，总共使用了40多个标记。须付费购买。

（7）国家语委现代汉语通用平衡语料库

国家语委现代汉语通用平衡语料库是由国家语言文字工作委员会自1990年开始组织语言学界和计算机界的专家学者共同建立的一个大型国家级语料库，以语言文字的信息处理、语言文字规范和标准的制定、语言文字的学术研究、语文教育和语言文字的社会应用为主要服务目标。作为国家级语料库，该库在汉语语料库系统开发技术上具有国际领先水平，在语料可靠、标注准确等方面具有权威性。“句法树库”是其中的一项重要资源，供给100万字（5万句），蕴含丰富的句法信息，为研究者提供带有句法标记的汉语真实文本素材，使之能够从中获得有关句法的各种信息；同时还可以进行数据统计、例句抽取等工作，为汉语教学科研、信息处理、词典编纂等领域的研究提供高质量资源。

（8）台湾“中央研究院”现代汉语平衡语料库

网址为：http://app.sinica.edu.tw/cgi-bin/kiwi/mkiwi/mkiwi.sh，该数据库是专门针对语言分析而设计的，每个文句都依词断开，并标示词类，是现代汉语无穷多的语句中一个代表性的样本。

7.2.3 翰堂典藏

翰堂典藏（http://www.hytung.cn/）采用国际 Unicode 标准七万汉字之超大字符集，以古代字书、类书和出土文献为特色，是集成古代文献检索与图文同步呈现的专业古典文献互动平台，收录近 10 万卷古籍，1,500 多万条图书记录，1,200 多万页图文对照之图书影像，计 20 亿以上汉字。其目录树分经部集成、史部集成、子部集成、集部集成、古典戏曲、古本小说、专题文献七大类，各类下还有小类。检索时可利用目录树选择检索范围，检索字段可选择全文、标题、出处、书目，检索模式可选择“绝对精准”、“精准”、“模糊”，支持二次检索，可选择“结果中找”、“结果不含”。如图 7-2：

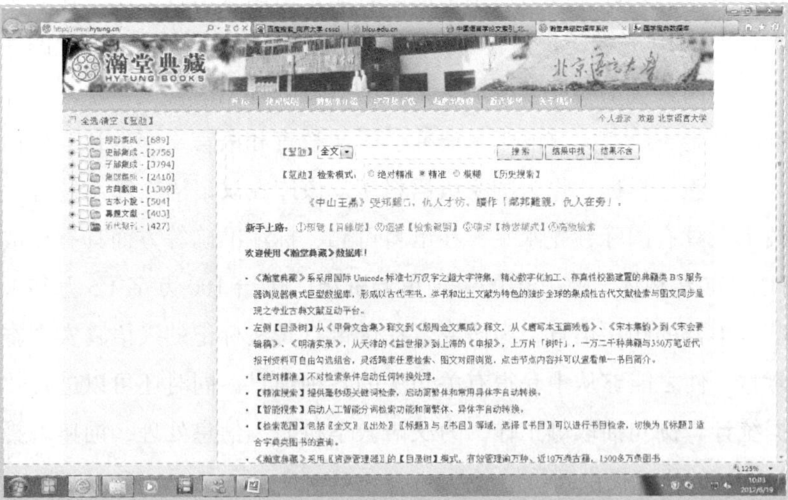

图 7-2 “翰堂典藏”首页

7.2.4 国学宝典

国学宝典（http://dbpub.cnki.net/grid2008/dbpub/brief.aspx?id=gxdb）由北京国学时代文化传播有限公司开发，是一套主要面向中文图书馆、中国文化研究机构、专业研究人员和文史爱好者的中华古籍全文资料检索系统。收录范围为上起先秦、下至清末两千多年所有用汉字作为载体的历代典籍。这些典籍内容充分吸收了清代以后至当代学人有关古籍整理的重要成果，大部分文献附有内容提要，包括作者简介、内容组成、版本等相关信息，均为文史研究人员常用资料，实用价值很大。截止到 2012 年 5 月，该系统已收入古籍文献 4,503 本。“国学宝典”按照电子文献的特点，以四库分类法为基础，建立了一套兼容古籍文献和电子数据库特点的分类法，分经部、史部、子部、集部、丛书、通俗小说六大类，各大类下面还有小类。读者可选择“整书检索”或“段落检索”。该数据库支持初级检索、高级检索、专业检索。如图 7-3：

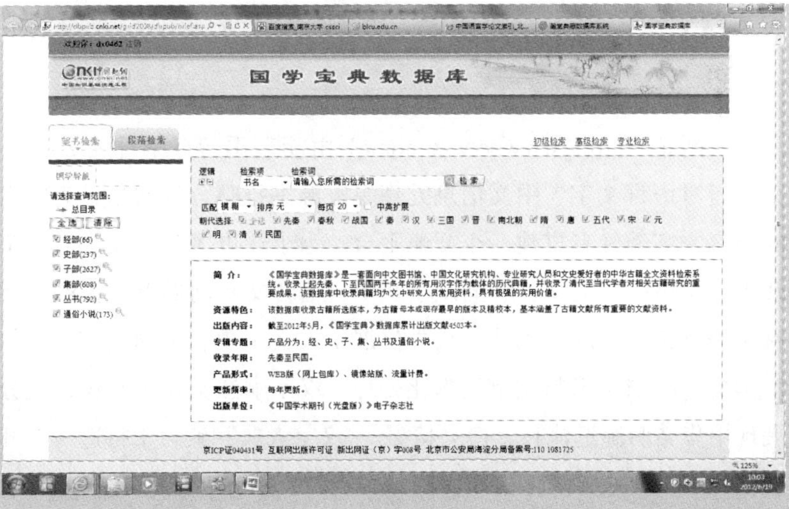

图 7-3 “国学宝典”首页

7.2.5 Linguistics & Language Behavior Abstract 数据库

《语言学与语言行为文摘》(LLBA)，季刊，创刊于 1967 年，由美国 Cambridge Scientific Abstracts 公司出版，收录世界各国 2,000 多种期刊上发表的非评论性的文章，涉及的学科领域有声学、人类学、通讯、教育、信息学、医学、哲学、心理学、语言学、应用语言学、音韵学、语文学、听力与语言生理学、精神病理学、特殊教育等方面。最后一期为年度索引。其数据库收录数据为 1973 年至今，涵盖了语音学、音韵学、词法、语法和语义学等语言学各方面的文献。每月更新，每年新增 18,000 条记录。该数据库在美国剑桥科学文摘社 CSA 检索系统中提供服务，它是研究语言学方面的专业期刊和很有效的参考工具。

7.3 专业网站

7.3.1 语言学相关网站

（1）语言文字网

该网站（http://www.yywzw.com/）由胡敬禹等学者主办，是一个专门对语言文字、中文信息处理等资源进行整合的网站，为广大的语言文字爱好者搭建一个交流平台。为了让更多的朋友了解汉字知识、珍惜汉字文化、传播汉字文明，语言文字网倡议建立网络版汉字博物馆——汉字大典，全方位展示古文字学、中国文字学、文字学史、印刷技术与文字信息化处理、汉字书法文化等知识，充分展现中华文明源远流长、博大精深。“汉字大典”致力于打造一个开放的大型专题，读者注册成为网站会员，就可以参与“汉字大典”的编纂，推荐新闻、发表作品、转载文章等。

（2）中国语言文字网

该网站（http://www.china-language.gov.cn/）由国家语言文字工作委员会主办，教育部语言文字应用研究所承办。网站宗旨是：宣传国家语言文字政策，服务社会语文生活，引导社会正确使用祖国语言文字，提高国民语文素养，促进学术研究与交流。网站内容主要包括工作机构、法规·标准、语文工作、科研工作、学术交流、培训测试、中文信息处理、语文博物馆、网上服务、百家论坛、图片·视频等。

（3）中文研究网

该网站（http://www.zwyjw.net/）自称“最专业最全面的中国语言文学研究网”，分“二十世纪中国语言文学研究数据资料库”、“中国语言文学学术文库”、“中文学科动态视窗”三大板块，包括论文索引、学术专题、学者档案、学位论文、论著提要、文学名著、学术史回顾、新书推介等栏目。

（4）国学网站

该网站（http://www.guoxue.com/）包括国学宝典、国学论坛、国学司南、国学资讯、国学人物、国学书苑、国学投稿、国学入门、国学专题、国学产品、国学图库、学术期刊、电子定本、国学工具等栏目。

（5）东方语言学

该网站（http://www.eastling.org/）由上海高校比较语言学 E- 研究院主办，提供文献查询、方言查询、民族语查询、古代语音查询、学术讨论、学人主页、在线学术讲座等。

（6）华语桥

该网站（http://www.huayuqiao.org/）由香港中国语文学会主办，提供桥友新书、桥友文集、华语杂谈、华语评论、华语考据、华文教育、网上词典等栏目，还选登了《语文建设通讯》上发表的一些论文。

（7）语言学家列表（Linguist List）

该网站（http://www.linguistlist.org/）自称拥有“世界上最大的在线语言学资源”，由 Eastern Michigan University 主办，为语言学家提供学术会议信息、网上语言学资源、邮件讨论列表、出版信息、求职等多方面的服务，是一个专业性比较强的网站。

（8）语言学之家

该网站（http://www.cxrlinguistics.com/）是南京大学博士生导师陈新仁教授组织创办的集课程教学、科学研究、学术讯息、在线讨论于一体的英语语言学类网站。该网站共分学术动态、课程资源、学术资源、成果推介、学术讨论等主栏目。

（9）孔子文化网络资源库

该网站（http://www.kongzionline.com/）由山东大学中文信息研究所主办，包括文本语料库、图形资源库、音频资源库、视频资源库、动画资源库、民俗资源库、汉语教学资源库、网络超链接等栏目。

（10）搜索语言（Search Language）

该网站（http://www.searchlanguage.com/）是一个面向语言学习的搜索引擎，提供各种语言信息及相关产品与服务的检索。

（11）语言学在线

该网站（http://jiny.blog.edu.cn/）是一个语言学方面的博客网站。

其他网站还有：北大中文论坛（http://www.pkucn.com/）、北语对外汉语研究中心学术论坛（http://bbs.dwhyyjzx.com/）、中国语用学研究会（http://www.cpra.com.cn/）、中国认知语言学研究会（http://www.ccla2006.com/）、语料库语言学在线（http://www.corpus4u.org/）、

山东语言学网站（http://www.yyxx.sdu.edu.cn/）等。

7.3.2 世界汉语教学相关网站

（1）华文教育—中国侨网

该网站（http://www.chinaqw.com.cn/hwjy/index.shtml）由华声报社主办，网站内容丰富，包括华教时评、华教新闻、中外交流、华校动态、孔子学院、汉语课堂、学生习作、故事荟萃、成语典故等栏目。

（2）台湾师范大学华语文教学研究所

该网站（http://www.ntnu.edu.tw/tcsl/）提供有关汉语学习的研究成果、新闻、网络资源等。

（3）正保·中文教育网

该网站（http://chinese.chnedu.com/index.htm）由北京东大正保集团主办，包括汉语学堂（名家朗诵、生活汉语、旅游汉语等）、关于中国（中国地理、中国气候、民族文化、中国旅游、中华美食等）、趣味汉语等栏目。

（4）网上北语

该网站（http://www.eblcu.net/index.shtm）是北京语言大学和华夏大地远程教育网络服务有限公司合办的汉语教学网站，提供学历和非学历教育。"网上北语"以北语雄厚的对外汉语教学资源为依托，课程内容与北语实体学院完全一致，学分互认。目前网上课程有学历课程（汉语言专业一、二年级课程）以及其他一些非学历课程。

（5）汉语网

该网站（http://www.hanyu.com.cn/）由华东师范大学主办，主要提供网上教学，有英语、韩语和日语三种语言可以选择。在这个网站上学习，学生必须先注册，网站确认后，将会给学生一个学号，学生就可以开始学习里面的课程了。网站还提供网络广播、电子杂志、中国文化、娱乐世界等栏目。

（6）网络孔子学院

该网站（http://www.chinese.cn/）提供新闻汉语、孔院快讯、名家讲坛、在线学习、文化集锦、精品课件等栏目。

（7）中央广播电视大学对外汉语教学中心

该网站（http://www.myechinese.org/）提供热点新闻、个人视界、魅力中国、汉语学习、培训交流、论坛等栏目。

（8）网上学中文

该网站（http://www.csulb.edu/~txie/online.htm）是由谢天蔚教授策划的中文网络教学网站，界面语言主要为英文。

（9）外国人在中国

ForeignerCN.com（http://www.foreignercn.com/）是一个针对在华外国人的综合门户网站，网站的核心宗旨是弘扬中华文化，推广汉语学习，并为在华学习和工作的外国朋友提供一个学习和信息交流的平台。同时，该网站也为对外汉语爱好者提供一个学习和交流平台。

（10）方言

这是一个汉语语言学习和汉语词典搜索引擎类的网站（http://www.chinalanguage.com/），收录汉字、客家话、粤语、普通话、中文字谱、英汉、汉英等多种网上词典，还包括有关普通话、广东话、客家话等翻译讨论方面的交流论坛等。

（11）文化传通

该网站（http://www.culturalink.gov.cn/portal/site/wentong2011/index.jsp）由中国文化部外联局主办，中外文化交流中心承办，网站包括要闻聚焦、国内新闻、中外合作、各地动态、交流快讯、海外传真、国际观象、环球视野、前沿报告、外事动态、文献汇编、主题活动、文化贸易、文通讲坛、业界论衡、交流档案、信息公告等十多个频道栏目，以文字、图片、视（音）频等多种形式全面呈现大文化视野内的新闻资讯、观点评述，为文化交流相关从业者以及各界人士提供海量资讯，实时反馈文化交流动态、热点文化现象。

其他网站还有：国家对外汉语网（http://www.hanyuwang.cn/）、世界汉语教学学会（http://www.shihan.edu.cn/）、对外汉语信息交流网（http://www.tcfl-info.com/）、对外汉语网（http://www.tcfl.cn/）等。

7.4 推荐期刊及图书

7.4.1 推荐期刊

（1）《中国语文》

中国社会科学院语言研究所主办，双月刊，是汉语语言学专业学术性刊物。该刊刊登汉语语言学通论、语言文字的现状和历史、语言应用和语文教学、实验语言学、数理语言学等方面的文章。

（2）《当代语言学》

中国社会科学院语言研究所主办，季刊，继承《国外语言学》，语言学专业刊物。该刊刊载有关国外语言学研究的论文和译述，介绍国外语言学著作、刊物、研究机构和人物。主要栏目有论文译介、书刊评介、语言习得、句式句法、语法化研究等。

（3）《语言文字应用》

语言文字应用研究所主办，季刊，汉语语言文字学学术性刊物。该刊宣传国家语言文字工作的方针政策，研究语言文字的规范化、标准化，开展对语言文字信息处理的研究，为国家语言文字政策的制定提供理论依据。辟有语文教育、语文信息处理、汉字研究、词汇研究、语用研究、青年学子论坛、问题讨论、综评与信息等栏目。

（4）《语言教学与研究》

北京语言大学主办，双月刊，对外汉语教学与汉语研究学术性刊物。该刊发表汉语研究、语言文化研究、对外汉语教学研究、语言学习和语言教学研究、语言与文化、汉语与中国社会文化研究、汉语言文字研究等方面的文章，研究对外汉语教学的理论和规律，交流教学经验。

（5）《世界汉语教学》

北京语言大学主办，季刊，世界汉语教学学会会刊。该刊旨在指导汉语作为第二语言的教学实践，推动学科理论建设的基本思想，反映跟汉语教学有关的最新理论研究成果，交流世界各地的汉语教学经验。主要栏目有语言学和汉语研究、语言认知与习得研究、语言教学研究、语言测试研究、对外汉语教学史研究、各地教学、学术评论等。

（6）《语文研究》

山西省社会科学院主办，季刊，汉语语言学学术刊物。该刊主要刊登语言学理论及汉语语音、词汇、语法、文字、修辞等方面的研究成果，兼及对山西方言、晋语区方言的研究。

（7）《语言研究》

华中理工大学中国语言文学研究所主办，汉语语言学学术刊物。该刊研究汉语语言、文字的历史和现状，探讨汉语语文的教学问题，刊登有关汉语语言、文字、词汇、语法及语言学与现代科学的关系等方面的论文。

（8）《汉语学习》

延边大学主办，双月刊，专业学术性刊物。该刊报道国内汉语研究成果及学术信息，旨在推动国内汉语科学发展及汉语学科的不断充实和改造。主要栏目有语言学与现代汉语研究、对比研究、语言文化社会、第二语言汉语教学、研究生论坛、语言发展与规范、书评、消息等。

（9）《语言科学》

徐州师范大学《语言科学》编辑部主办，双月刊，语言学及应用语言学专业学术刊物，主要刊登语言科学领域内有理论意义和应用价值的基础研究、应用基础研究、应用研究的专论，以及基于共时或历时的具体语言事实且有理论深度或独创性见解和在交叉学科、新兴学科领域中有突破性进展的专题研究成果，包括理论语言学、计算语言学、工程语言学（语言信号处理、机器翻译、人工智能等）、神经语言学、心理语言学、认知语言学、社会语言学、数理语言学、声学语音学、比较语言学、人类语言学、语言习得研究、现代汉语研究、汉语史研究、中国境内各民族语言研究、国外语言及国外语言学研究、中外语言学史等方面的内容。

（10）《中国翻译》

中国外文局编译研究中心、中国翻译工作者协会主办，双月刊，继承《翻译通讯》，开展翻译学理论研究，交流翻译经验，评介翻译作品，传播翻译知识，促进外语教学，介绍新、老翻译工作者，报道国内外翻译界思潮和动态。

7.4.2 推荐图书

（1）《普通语言学教程》

该书由费尔迪南·德·索绪尔（瑞士）著，高名凯译，商务印书馆 1980 年出版。这是一部曾在语言学史上产生深远影响的著作。书中指出语言是一种符号系统，有其“内部要素”与“外部要素”。该书将语言现象分为“语言”、“言语”和“言语活动”，将语言学分为“共时语言学”和“历时语言学”，将语言各种成分之间的关系分为

“语段关系”和“联想关系”，并对上述诸论断进行了阐述。此外，该书还说明了地理语言学和回顾语言学的问题。

（2）《语言论》

布龙菲尔德（美）著，袁家骅等译，商务印书馆 1980 年出版。该书分别从共时语言学与历时语言学两个方面，对语音、语法、词汇等进行分析，对比较法、方言地理学、语言演变等加以说明。此书不乏独到见解，其所强调的客观地描写语言的原则与方法，曾产生很大的影响。

（3）《现代语言学教程》

霍凯特（美）著，索振羽、叶蜚声译，北京大学出版社 2002 年出版，本书是美国结构语言学的一部集大成的理论著作，又是论述语言学各方面问题的一部优秀教材，对汉语研究有重要的参考价值。内容包括：音系、音系和语法、语法系统、语素音位系统、习语、共时方言学、语言的个体发生、种系发生、语言的史前情况等内容。

（4）《句法理论的若干问题》

诺姆•乔姆斯基（美）著，黄长著等译，中国社会科学出版社 1986 年出版，该书是作者继《句法结构》之后发表的又一部有代表性的著作，被称为转换生成语法的“标准理论”。它补充和修正了作者原有的观点，阐述了语言能力和语言运用、语言普遍现象、语言的习得、生成语法的结构、深层结构与语法转换等理论问题，反映了作者的语言观点和哲学思想。

（5）《功能语法导论（第二版）》

韩礼德（英）著，彭宣维等译，外语教学与研究出版社 2010 年出版。本书是系统功能语言学创始人韩礼德教授的代表作。该书英文版初版于 1985 年问世以来，在语言学界受到高度评价，被称为集中体现韩礼德博士语言学思想的“集大成者”。在第二版中，作者根据自己在教学以及新的理论探索和应用方面的经验，对初版做了较大幅度的修订，更利于阅读。该书是第二版的翻译版。

（6）An Introduction to Language（语言引论）

Victoria Fromkin（美）著，Holt, Rinehart and Winston（New York）1983年出版。该书是适合所有层次学生的理想教材，包含语言教学的诸多领域，诸如语言学、英语、教育、外国语言、心理学、人类学、社会学以及英语作为第二语言的教学。

（7）《普通语言学导论》

R.H.罗宾斯（英）著，申小龙等译，复旦大学出版社2008年出版。该书是经典的语言学概论性论著，内容包括人类语言的性质、结构、运用以及语言历史等，其特点是兼收并蓄，深入浅出，资料翔实。

（8）《西方语言学名著选读（第三版）》

胡明扬主编，中国人民大学出版社2007年出版。该书精选了17世纪以来西方语言学发展各个时期的代表著作，并加以介绍，内容包括作者小传、译文节选、评介文章、著作要目等。

（9）《语言学纲要（第四版）》

叶蜚声、徐通锵编著，北京大学出版社2010年出版。全书语言结构的总框架借鉴索绪尔的观点，并联系汉语和汉语研究的实际。

（10）《语言与文化》

罗常培著，北京出版社2011年出版。本书从语词的涵义探索语言与文化关系，是一部文化语言学的系统专著。该书或从语词的语源和演变推溯过去文化的遗迹，或从造词心理看民族的文明程度，或从借词看文化的接触，或从地名看民族迁徙的踪迹，或从姓氏和别号看民族来源和宗教信仰，或从亲属称谓看婚姻制度，考察语言与文化的密切关系及语言帮助考证文化的重要作用。

（11）《社会语言学》

陈原著，商务印书馆 2000 年出版。本书介绍了语言论争的社会意义，语言符号与非语言符号，非语言交际与形象思维，术语和缩略语的社会作用，语言的相互接触等内容。

（12）《二十世纪的中国语言学》

刘坚主编，北京大学出版社 1998 年出版。本书从十九个方面介绍了二十世纪的中国语言学。

（13）《语言学基础文献选读》

施旭编选，浙江大学出版社 2011 年出版。本书遴选了语言学领域的一些经典文本。

（14）《认知语言学和语言教学（英文）》

霍姆（英）著，外语教学与研究出版社 2011 年出版，该书把认知语言学和语言教学结合起来，阐述了认知语言学理论对语言教学的影响。作者没有停留在理论层面，而是提出了一些可应用于语言教学的实际手段，是把二者相结合的一个大胆且有益的尝试。

（15）《对外汉语教学参考》

丁永寿编著，北京语言大学出版社 2010 年出版。该书全面介绍了对外汉语教师必备的汉语语音、词汇、语法、汉字、文化等方面的专业知识，提供了可供借鉴的教学方法，对汉语基础的语言项目进行了详细精当的阐释。

（16）《汉语和汉语作为第二语言教学》

吕必松著，北京大学出版社 2007 年出版。该书在对语言规律、语言学习规律和语言教学规律进行动态的观察和解释的基础上，对汉语作为第二语言教学的总体设计、教材编写、课堂教学和语言测试等教学活动进行了深入的探讨，详细介绍了语音、汉字、词汇、语法等语言要素教学以及言语技能和言语交际技能训练的具体内容和方法。

（17）《对外汉语教学的汉语本体研究》

袁嘉著，巴蜀书社2010年出版。该书探讨了汉语本体和汉语作为第二语言教学的一些热点问题，重点对汉语不对称现象进行了研究，力图解决外国人学习汉语的疑难。

（18）《汉语史稿》

王力著，中华书局2004年出版，该书是讲述汉语历史发展课程的国内第一部高等学校教材，讲述了汉语史基本知识，语音、语法及词汇的发展。

（19）《汉语和汉语研究十五讲》

陆俭明、沈阳著，北京大学出版社2003年出版。该书系统地讨论了语法研究和语言应用中的重要理论和方法，分为关于汉语、汉语研究概述、结构理论与结构层次分析、汉语研究和汉语研究的应用等十五讲。

（20）《现代汉语教程》

邢公畹主编，马庆株副主编，南开大学出版社1992年出版。该书除绪论外，分语音、词汇、语法、文字四编，修辞知识分散到有关各编。

（21）《现代汉语语音概要》

吴宗济主编，赵金铭等编写，华语教学出版社1992年出版。该书是以语音实验研究成果为依据论述汉语语音的专门著作，从普通语音学知识入手，细致描写汉语的声、韵、调系统，用比较方法分析汉语和其他几个主要语种语音间的异同，特别是各音的发音部位、发音方法及其声学特征。

（22）《现代汉语词汇学》

卢惠惠主编，学林出版社2011年出版。该书系“留学生汉语学习教材系列”之一，根据汉语词汇学习的规律，向留学生层级递进地讲解汉语词汇构成方式及使用环境。

（23）《语法讲义》

朱德熙著，商务印书馆 1982 年出版。该书阐述现代汉语的语法结构，内容包括语法单位、词的构造、词类、体词、谓词、代词、主谓结构、述宾结构、述补结构、偏正结构、联合结构、介词、副词、疑问句和祈使句、语气词、复句、省略和倒装等，后附索引。

（24）《文字学概要》

裘锡圭著，商务印书馆 1988 年出版。该书把汉字形体演变分为两个阶段，分类详细讨论了汉字的结构类型，还讨论了异体字、同形字、同义换读，文字的分化和合并，字形跟音义的错综关系和汉字的整理简化等问题。

（25）《欧洲中国学》

黄长著、孙越生、王祖望主编，社会科学文献出版社 2005 年出版。该书是中国社会科学院文献信息中心多位科研人员及部分院外专家广泛搜集资料、深入研究的成果。书中对欧洲中国学的历史、研究现状、研究学者、教学与研究机构等进行了介绍。

（26）《德国的汉学研究》

张国刚著，中华书局 1994 年出版。该书介绍了德国中国学研究的历史发展，各个时期有影响的德语国家的汉学家和他们的代表作以及德语国家汉学的现状。

（27）《法国当代中国学》

戴仁主编，耿昇译，中国社会科学出版社 1998 年出版。内容包括法国的中国学研究史、法国当地中国学研究大师、法国对中国学各学科的研究、法国各大学与研究机构的中国学研究等。

案例

请利用北京语言大学的“对外汉语教学数字图书馆”查找有关“流行语”的期刊文章，并说明文章的出处。

检索过程：首先，进入相应的数据库，我们选择“中文期刊论文数据库”；其次，我们选择检索字段“论文题名”，输入检索词“流行语”；第三，我们点击相关论文题目可查看论文详细信息及具体出处（如图 7-4）。

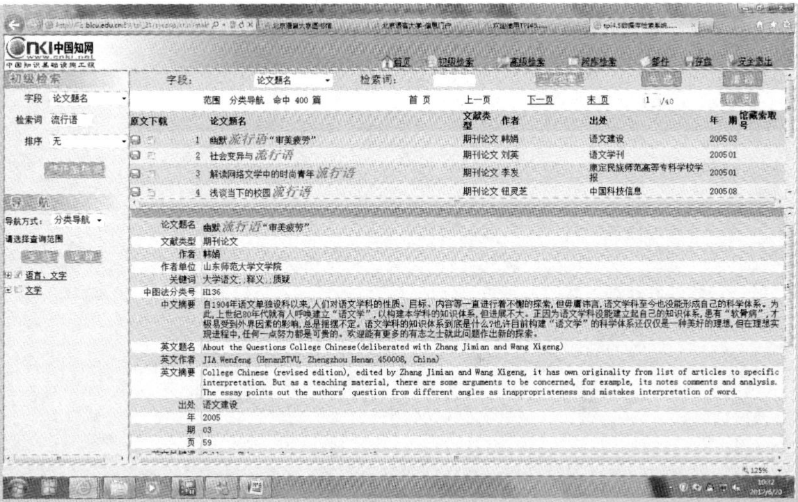

图 7-4　北京语言大学“对外汉语教学数字图书馆”检索结果页面

思考与练习题

1. 请利用《语言学百科词典》查找“反切”的含义。
2. 请利用《中国语言学论文索引》(甲编)查找“裴学海”发表的论文题目及其出处。
3. 某留学生硕士论文题目为“汉韩成语比较研究”，请利用北京语言大学的“对外汉语教学数字图书馆”查找作者的名字。
4. 请利用“北京大学中国语言学研究中心语料库”查找有关“了”的用法。
5. 语言学方面的重要期刊有哪些?

第八章　信息资源的综合利用

本章提要

我们要对通过检索工具和数据库收集到的信息资源进行有效的管理，利用这些信息资源撰写学位论文，同时在撰写论文时要遵守学术规范。本章主要介绍个人文献信息的管理、学位论文的写作和写作时要遵守相关法律法规等学术要求。

8.1　文献信息的管理

通过之前章节所介绍的方法与途径，查找和获取的各种信息与数据，我们如何进行合理的管理，以便在撰写论文时快捷有效地使用呢？下面我们来了解一下个人文献信息管理的方法及相关软件的使用。

8.1.1　个人文献信息管理简介

在完成信息的收集工作后，我们要把去粗存精后的有用信息以一定的方法组织编排起来，形成有序的文档，才能在使用时方便地查用，辅助论文高效完成。

传统的个人信息资料的管理是将自己所积累的材料记录在卡片上、笔记本里或剪辑后粘贴在资料夹内。

随着计算机与网络的普及，现在有了适合个人文献信息管理的软件，可以帮助人们完成文献检索和管理任务。个人文献信息管理软件（Personal Bibliographic Management Tools/Software）也被称为书目数据库管理软件（Bibliographic Database Management，简称 BDM）或者电子文献目录管理（Electronic Bibliography Management）和参考文献管理软件（Reference Management Software）。

同时，一些大型知识库也附有个性化的服务项目，如 CNKI 可以创建研究型个人馆，读秀知识库设有“我的图书馆”。

8.1.2　个人文献信息管理软件使用介绍

NoteExpress 是目前流行的参考文献管理工具软件，其目标是帮助读者在整个科研过程中有效合理地利用电子资源，其核心功能如下：

（1）快速检索文献资料（检索）：通过 NoteExpress 我们可以直接检索全球数以百计的图书馆和电子数据库。

（2）有效管理文献资料（管理）：NoteExpress 方便对大量的电子文献进行管理，并可按不同研究方向分门别类，按照年份、作者、标题等排序。

（3）量化分析检索结果（分析）：通过 NoteExpress 对题录信息进行多字段统计分析，我们可快速了解某领域内的重要专家、研究机构和研究热点等。

（4）做出有益发现（发现）：笔记模块可方便、随时地记录阅读文献时的思想火花，高效有序地管理笔记，方便以后查看；检索条件可以长期保存，自动推送符合条件的文献，方便追踪研究动态。

（5）规范写作和提高效率（写作）：我们利用 NoteExpress 撰写论文时可自动生成符合要求的参考文献列表。NoteExpress 内置 3,000 多种国内外学术期刊和高校论文参考文献格式，并支持不同参考文献格式一键转换。

下面介绍一下 NoteExpress 的使用方法：

（1）检索（文献信息导入）

NoteExpress 系统除可以手动添加题录外，还支持在线数据库检索导入，如 Google、CNKI 等常用数据库的数据导入；我们还可以使用其内置检索模块检索导入，即可以直接检索全球两百多家电子数据库和图书馆，结果可以直接保存；同时 NoteExpress 还支持导入文件和题录更新，即将之前电脑上存有的大量文献全文，导入后借助题录更新，就可以非常方便地建立相应的文献数据库。

例如：我的电脑“D:\ 学位论文”文件夹中存有之前下载的文献全文，若想使用 NoteExpress 对这些文献进行管理，操作如下（见图 8-1）：

① 点击“文件”，选择“导入文件”

② 添加要导入的文件或文件夹，点击“导入”

③ 选择需要补全信息的题录

④ 点击“检索”，选择“在线更新题录 > 自动更新”

⑤ 选择更新题录的数据库

⑥ 勾选匹配题录，应用更新

（2）管理

NoteExpress 系统有多个管理功能模块，可有效地掌控所搜集的文献信息，如文献查重、排序查看、本地检索、全文下载、数据备份、批量编辑等，同时还可以通过虚拟文件夹，让保存在 NoteExpress 中的一条文献同时属于多个文件夹，但数据库中只保存一条；修改任意一条，其他相同题录同步更新，为多学科交叉的科研提供了解决办法。

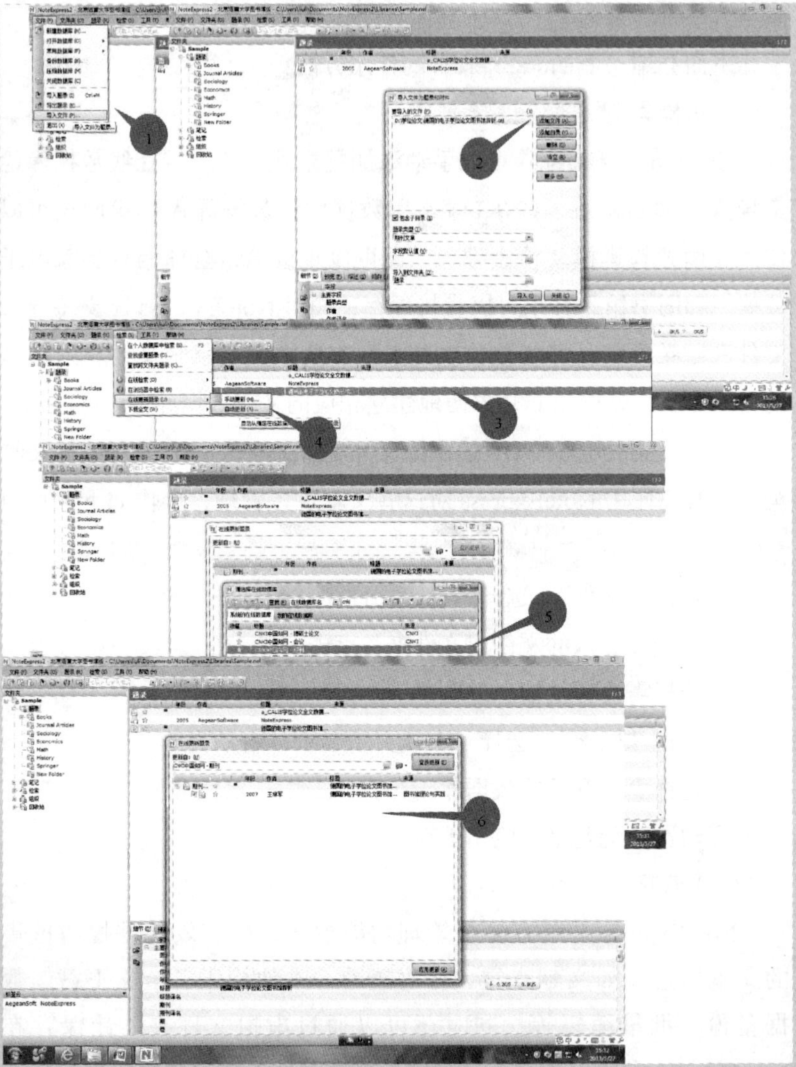

图 8-1　利用 NoteExpress 导入文献信息

例如：排序查看、自定义列表头以及混合排序功能，可以让用户随心所欲地定制题录的显示顺序。操作如下（见图 8-2）：

① 鼠标右键点击表头列表区，选择“自定义”

② 定制表头中显示的字段及顺序

③ 鼠标右键点击表头列表区，选择“排序列表”

④ 选择排序规则

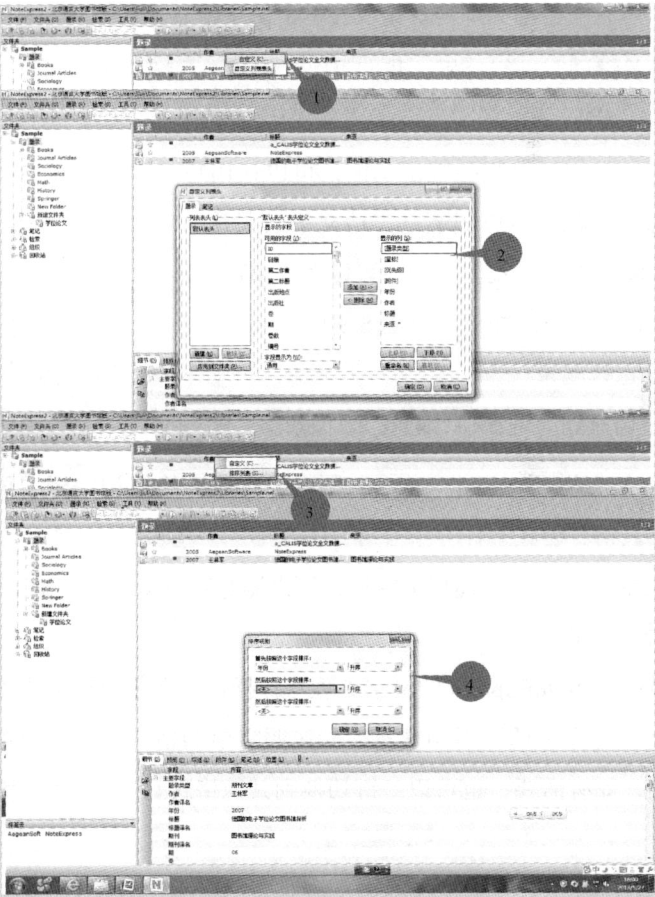

图 8-2　利用 NoteExpress 排序查看文献

（3）分析

通过 NoteExpress 我们可以对文件夹中的题录信息进行多种统计分析，以快速了解某一领域的研究热点、重要专家和研究机构等信息。分析结果可以导出为 TXT、XLS 等格式。

如按照“期刊”进行分析，我们可以找到某个研究论文合适的发表途径；按照“作者”进行分析，我们可以了解某个领域的主要研究人员；按照“年份”进行分析，我们可以了解某个领域的研究进展；按照“关键词”进行分析，我们可以了解某个领域的研究热点。

（4）发现

与文献相互关联的笔记功能，可以让用户随时记录在阅读文献时的思想火花、感想随笔，支持文本、图片、表格文件。笔记与题录相关联，方便查找。笔记还可以插入 Word 中。

笔记添加方法如下（见图 8-3）：

① 选择题录

② 切换到笔记窗口，直接添加笔记

③ 如有需要，点击“”图标，进行高级笔记编辑，可插入图片、表格、公式。

④ 综述：通过综述预览窗口，可以浏览某条文献所有细节信息

（5）写作

借助于 NoteExpress 的文字处理写作插件，我们可以非常方便和高效地在写作中插入引用文献，并按照需要的格式自动生成参考文献列表，如有需要，也可以一键切换到其他格式。

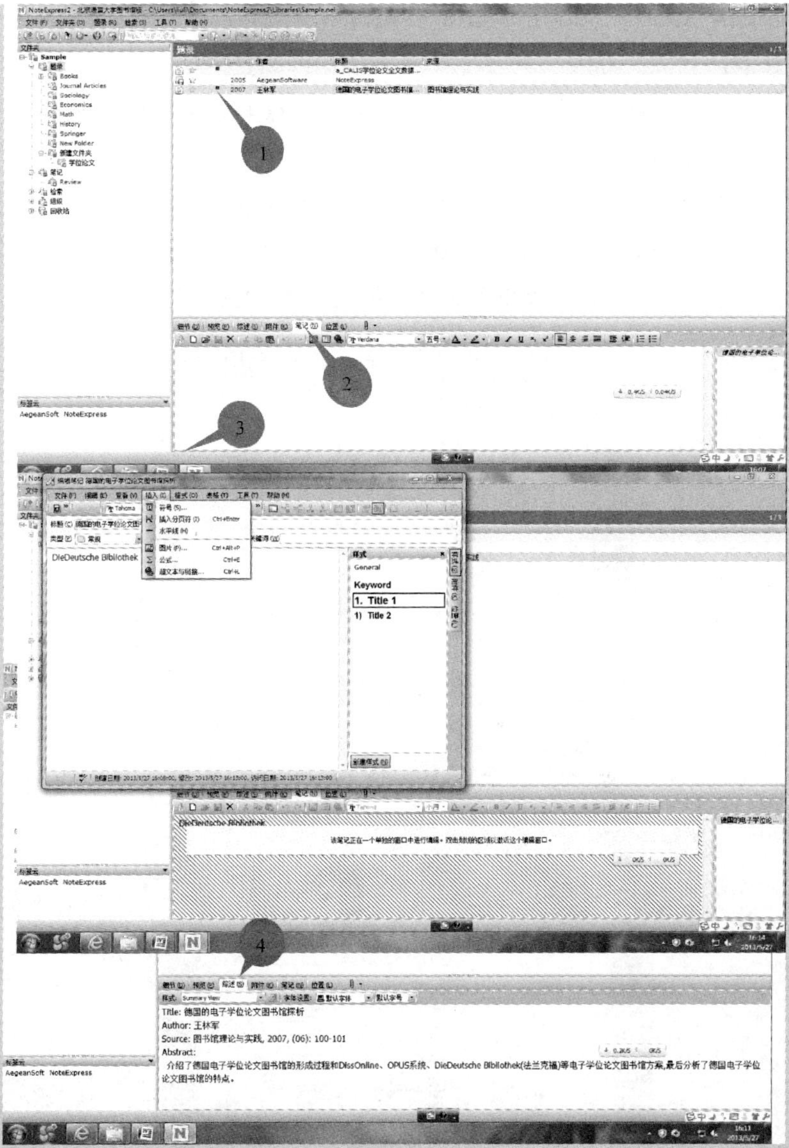

图 8-3　利用 NoteExpress 添加笔记

例如：我们正在用 Word 软件撰写一篇文章，可以如下操作（见图 8-4）：

① 光标放在文中需要插入引文的位置，点击“转到 NoteExpress”

② 在 NoteExpress 选中需要插入的题录

③ 点击“插入引文”，NoteExpress 会生成参考文献列表

④ 若需更换文献格式，点击“样式”图标

⑤ 浏览并选择需要的参考文献格式，然后应用

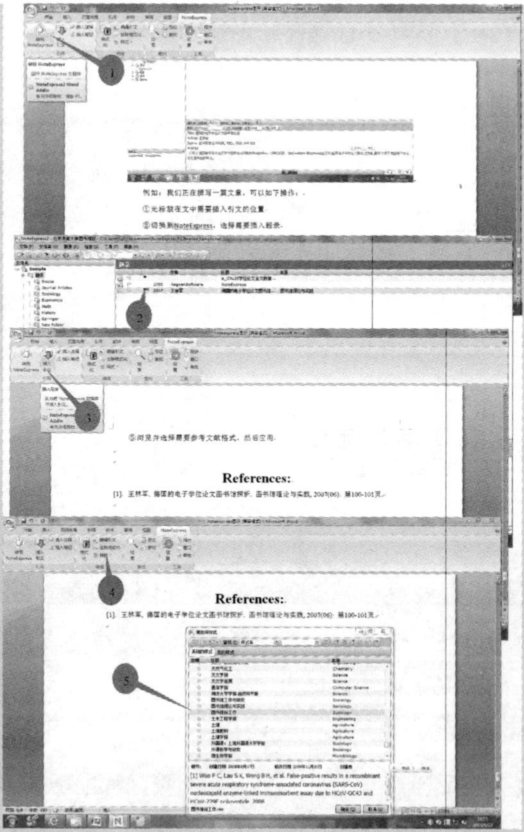

图 8-4　利用 NoteExpress 插入参考文献

8.2 学位论文的撰写

什么是学位论文？我国现行有效的国家标准《科学技术报告、学位论文和学术论文的编写格式》对其的定义是“学位论文是表明作者从事科学研究取得创造性的结果或有了新的见解，并以此为内容撰写而成、作为提出申请授予相应的学位时评审用的学术论文”。

根据申请学位类别的不同，学位论文分为学士论文、硕士论文和博士论文三种。

学士论文应能表明作者确已较好地掌握了本门学科的基础理论、专门知识和基本技能，并具有从事科学研究工作或担负专门技术工作的初步能力。

硕士论文应能表明作者确已在本门学科上掌握了坚实的基础理论和系统的专门知识，并对所研究课题有新的见解，有从事科学研究工作、独立担负专门技术工作的能力。

博士论文应能表明作者确已在本门学科上掌握了坚实宽广的基础理论和系统深入的专门知识，并具有独立从事科学研究工作的能力，在科学或专门技术上做出了创造性的成果。

三种学位论文的内容深度、广度不一，篇幅也不一样，一般来说，学士论文在 1 万字左右，硕士论文在 3 万 ~ 5 万字之间，博士论文在 8 万 ~ 15 万字之间，甚至更长。

为有利于学位论文的撰写、收集、存储、加工、检索和利用，我国在 1987 年制定了《科学技术报告、学位论文和学术论文的编写格式》(GB/T7713-1987)，2006 年进行了修订，颁布了《学位论文编写规则》(GB/T7713.1-2006)，部分代替了 GB/T7713-1987。《学位论文编写规则》对各类学位论文提出了一般要求：

① 学位论文的内容应完整、准确。

② 学位论文一般应采用国家正式公布实施的简化汉字。学位论文一般以中文或英文为主撰写，特殊情况下，应有详细的中、英文摘要，正题名必须包括中、英文。

③ 学位论文应采用国家法定的计量单位。

④ 学位论文中采用的术语、符号、代号在全文中必须统一，并符合规范化的要求。论文中使用专业术语、缩略词应在首次出现时加以注释。外文专业术语、缩略词，应在首次出现的译文后用圆括号注明原词语全称。

⑤ 学位论文的插图、照片应完整清晰。

⑥ 学位论文应用 A4 标准纸，必须是打印件、印刷件或复印件。

8.2.1 学位论文的写作

一篇学位论文大致有以下几个撰写步骤：

（1）提出问题

提出一个好的问题，对于学位论文是非常重要的，若论题太大、太难，很可能解决不了，而论题太小、太容易，又写不出新意来。好的论文选题来自于平时的细心观察和学术积累。

（2）文献综述

学位论文须撰写文献综述，其主要目的在于总结前人研究成果，分析前人研究的不足和空白点，进而引出自己的创新点。自己的研究应该是建立在对已有研究成果进行系统回顾、全面分析的基础之上，是站在前人、别人的肩膀上，一步步把学术推向前进，避免花费时间与精力去做别人已做的研究。

通过文献综述，我们可以检索到以往的研究状况，还可以对研究主题进行适当的调整，如已存在数百篇文章或多部专著，就要考虑是否放弃或缩小主题或改变研究的角度，若只有几篇文章，也要慎重思考研究主题是否具备研究的可行性。

（3）设计框架与选择研究方法

肖东发[①]指出，研究方法是指从事研究的计划、策略、手段、工具、步骤以及过程的总和，是研究的思维方式、行为方式、程序和准则的集合。研究方法包括方法的特点、理论基础、操作程序、具体手段、作用范围等方面，一般来说，可分为以下三个层面：一是方法论，即指导研究的思想体系，其中包括基本的理论假定、原则、研究逻辑和思路等；二是研究方法或方式，即贯穿于研究全过程的程序与操作方式；三是具体的技术技巧，即在研究的某一个阶段使用的具体工具、手段和技巧。

（4）收集、分析数据

通过前几章讲述的方法与路径，我们可以收集与论文相关的各种信息。收集资料时我们要注意紧紧围绕论文选题查找、取舍；我们要采用多种方法尽可能全面而详尽地占有资料，同时不能歪曲资料本来的客观性。

分析数据就是把收集的信息归纳分类、调整取舍，将零碎杂乱的材料系统化、条理化，要研读、鉴别材料，去伪存真，去芜存精。不管是收集材料还是分析材料，都要遵循适用、全面、真实、准确等原则。

（5）撰写论文

为确定论文的基本结构，明确层次和重点，建议撰写论文前要拟定提纲，在提纲里明确各个章节的标题、基本论点、主要论据、论证的方法、参考文献等，以避免逻辑体系不合理、条理不清等问题。学位论文初稿撰写后要从论文结构到个别字句反复修改，以确保论文能够准确、清楚地表达自己的研究成果。

---

① 肖东发，李武.学位论文写作与学术规范[M].北京:北京大学出版社，2009.

8.2.2 学位论文的格式

《学位论文编写规则》中规定学位论文的格式包括以下五大部分：前置部分、主体部分、参考文献、附录、结尾部分。具体如下（见图 8-5）：

（1）前置部分

封面（cover），学位论文的表面，对论文起装潢和保护作用，应包括论文题名、论文作者、学科专业、研究方向、论文提交日期、培养单位等，学位授予机构也可自行规定其他信息。

摘要（abstract），即论文内容的简要陈述，是一篇具有独立性和完整性的短文，一般以第三人称语气写成，不加评论和补充的解释。摘要应具有独立性和自含性，即不阅读论文的全文，就能获得必要的信息。摘要的内容应包含与论文等同量的主要信息，供读者确定有无必要阅读全文，也可供二次文献采用。摘要一般应说明研究工作的目的、方法、结果和结论等，重点是结果和结论。

关键词（keywords），每篇论文应选取 3 ~ 8 个关键词，用显著的字符另起一行，排在摘要的下方。关键词应体现论文特色，具有语义性，在论文中有明确的出处。为

- 前置部分
  - 封面
  - 封二
  - 题名页
  - 英文题名页
  - 勘误页
  - 致谢
  - 摘要页
  - 序言或前言
  - 目次页
  - 插图和附表清单
  - 缩写和符号清单
  - 术语表
- 主体部分
  - 引言
  - 章、节
  - 图
  - 表
  - 公式
  - 引文标注
  - 注释
  - 结论
- 参考文献表
- 附录
- 结尾部分
  - 索引
  - 作者简历
  - 其他
  - 学位论文数据集
  - 封底

图 8-5 学位论文的格式

便于国际交流，我们应标注与中文关键词对应的英文关键词。

目次（table of contents），论文各章节的顺序列表，一般都附有相应的起始页码。

致谢（acknowledgements），放置在摘要页前，对象包括：国家科学基金，资助研究工作的奖学金基金，合同单位，资助或支持的企业、组织或个人，协助完成研究工作和提供便利条件的组织或个人，在研究工作中提出建议和提供帮助的人，给予转载和引用权的资料、图片、文献、研究思想和设想的所有者，其他应感谢的组织和个人。

（2）主体部分

主体部分一般从引言（绪论）开始，以结论或讨论结束。引言（绪论）应包括论文的研究目的、流程和方法等。论文研究领域的历史回顾、文献回溯、理论分析方法等内容，应独立成章，用足够的文字叙述。主体部分由于涉及的学科、选题、研究方法、结果表达方式等有很大的差异，不做统一的规定，但是必须实事求是、客观真切、合乎逻辑、层次分明、简练可读。主体部分可根据需要划分为不同数量的章、节，章、节的划分建议参照《科技文献的章节编号方法》（CY/T35-2001）。示例见图 8-6：

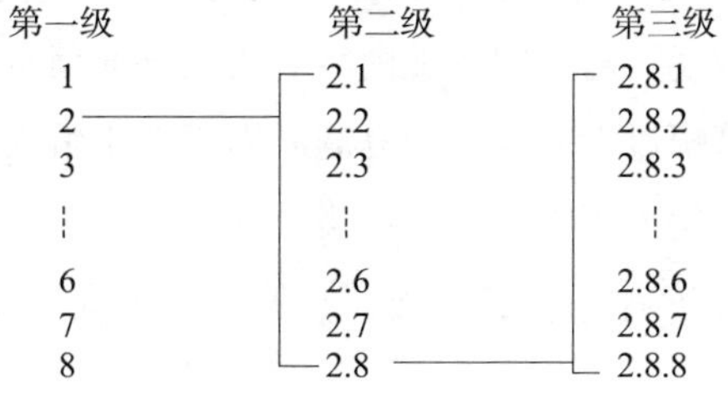

图 8-6　章节编号示例

注释（notes），是为论文中的字、词或短语做进一步说明的文字，一般分散著录在页下（脚注），或集中著录在文后（尾注），或分散著录在文中。我们应控制论文中的注释数量，不宜过多。

论文中的图、表，包括曲线图、构造图、示意图、框图、流程图、记录图、地图、照片等等，图、表应具有“自明性”，应有编号。图、表的编号由“图”或“表”和从“1”开始的阿拉伯数字组成，图、表较多时，可分章编号。图、表宜有图、表题，即图、表的名称，置于图、表的编号之后。图的编号和图题应置于图下方，表的编号和表题应置于表上方。如某个表需要转页接排，在随后的各页上应重复表的编号，编号后跟表题和“（续）”，置于表上方。续表均应重复表头。

（3）参考文献

参考文献表是文中引用的有具体文字来源的文献集合，应置于正文后，并另起页。其著录项目和著录格式下文将详细介绍。

（4）附录

附录是作为主体部分的补充，编于论文后。每一个附录通常应另起页，如果有多个较短的附录，也可接排。以下内容可以作为附录：

——为了整篇论文材料的完整，但编入正文又有损于编排的条理性和逻辑性，这一材料包括比正文更为详尽的信息、研究方法和技术更深入的叙述，对了解正文内容有用的补充信息等；

——由于篇幅过大或取材于复制品而不便于编入正文的材料；

——不便于编入正文的罕见珍贵资料；

——对一般读者并非必要阅读，但对本专业同行有参考价值的资料；

——正文中未被引用但被阅读或具有补充信息的文献；

——某些重要的原始数据、数学推导、结构图、统计表、计算机打印输出件等。

（5）结尾部分

结尾部分包括作者简历、学位论文原创性声明等。

8.2.3 引文规范与文后参考文献著录

8.2.3.1 引文规范

引文，《现代汉语词典》（2002增补本）释义为“引自其他书籍或文件的语句”。肖东发①指出，从引文的方式上分，常用的有直接引用、间接引用、转引等。直接引用，也叫明引，是指直接引用别人成果的某些原话，往往用双引号标注，多用于主要的论据、不常用或新发现的资料、主要论据的资料等。间接引用，是指并不原样照抄别人的话，将别人的意思或成果用自己的语言转述出来。转引，指自己未阅读原始文献，只根据二手资料、译文或他人引用的资料加以引用。

如何规范引文，2004年教育部通过的《高等学校哲学社会科学研究学术规范（试行）》中有明确的规定：

引文应以原始文献和第一手资料为原则。凡引用他人观点、方案、资料、数据等，无论曾否发表，无论是纸质或电子版，均应详加注释。凡转引文献资料，应如实说明。

学术论著应合理使用引文。对已有学术成果的介绍、评论、引用和注释，应力求客观、公允、准确。伪注，伪造、篡改文献和数据等，均属学术不端行为。

在撰写学位论文时，肖东发②认为使用引文的基本原则是：

原则上使用原始文献，不采用间接引用方式。引文应以原始

① 肖东发，李武.学位论文写作与学术规范[M].北京:北京大学出版社，2009.

② 肖东发，李武.学位论文写作与学术规范[M].北京:北京大学出版社，2009.

文献和第一手资料为原则，尽量避免转引文献。

引文以必要、适当为限。引文应是作者阅读过，且对自己研究的观点、材料、论据、统计数字等有启发和帮助的文献，不能伪引（引而不用）。

引用不得改变或歪曲被引内容的原貌原义。引用必须忠实原文，不能断章取义。

引用原则上使用最优或最新版本。

引用标注应完整、准确地显示被引作品的相关信息。包括作者、题名、出版年、出版地等相关信息务必要准确无误。

引用网络资源应该慎重，引用信息包括相关的时间信息，要注明检索的时间与出处。

8.2.3.2　文后参考文献著录

文后参考文献是指为撰写或编辑论文和著作而引用的有关文献信息资源，目前我国主要的著录规范是国家质监总局和国家标准化委员会发布的中华人民共和国国家标准《文后参考文献著录规则》（GB/T7714-2005），自 2005 年 10 月 1 日起实施。

（1）参考文献类型标志

参考文献有以纸张为载体的传统文献，也有电子等非纸张型载体文献。以纸张为载体的参考文献类型标志为：M—普通图书，C—会议录，N—报纸文章，J—期刊文章，D—学位论文，R—报告，S—标准，P—专利，G—汇编。

国家标准 GB/T7714-2005 中规定，电子资源（electronic resources）又称电子文献（electronic documents），是指“以数字方式将图、文、声、像等信息存储在磁、光、电介质上，通过计算机、网络或相关设备使用的记录有知识内容或者艺术内容的文献信息资源，包括电子书刊、数据库、电子公告等”。

电子文献及载体类型标志为：M/CD—光盘图书，DB/MT—磁带数据库，CP/DK—磁盘软件，J/OL—网上期刊，DB/OL—联机网上数据库，EB/OL—网上电子公告，C/OL—网上会议录，N/OL—网上报纸。

（2）参考文献著录项目与著录格式

① 专著（普通图书、古籍、学位论文、技术报告、会议文集、汇编、多卷书、丛书等）

序号 主要责任者 . 文献题名 : 其他题名信息 [文献类型标志]. 其他责任者（任选）. 版本项（任选）. 出版地 : 出版者 , 出版年 : 引文页码 . 获取和访问路径 .

例如：

[1] 余敏 . 出版集团研究 [M]. 北京 : 中国书籍出版社 , 2000:179-193.

[2] 昂温 G, 昂温 PS. 外国出版史 [M]. 陈生铮 , 译 . 北京 : 中国书籍出版社 , 1980.

[3] Piggott, M. The Cataloguer's Way through AACR2: From Document Receipt to Document Retrieval[M]. London: The Library Association, 1990.

[4] 中国力学学会 . 第 3 届全国实验流体力学学术会议论文集 [C]. 天津 :[出版者不详], 1990.

[5] World Health Organization. Factors Regulating the Immune Response: Report of a WHO Scientific Group[R]. Geneva: WHO, 1970.

[6] 张志祥 . 间断动力系统的随机扰动及其在守恒律方程中的应用 [D]. 北京 : 北京大学数学学院 , 1998.

[7] 王夫之 . 宋论 [M]. 刻本 . 金陵 : 曾氏，1845（清同治四年）.

② 连续出版物（期刊、报纸）

序号 主要责任者 . 题名：其他题名信息 [文献类型标志]. 年 , 卷（期）报纸题名 , 出版日期（版次）.

例如：

[1] 丁文祥 . 数字革命与竞争国际化 [N]. 中国青年报 , 2000-11-20（15）.

[2] 陈驰 . 论人权的宪法保障 [J]. 四川师范大学学报（社会科学版）, 2000, 27（1）:1-9.

③ 标准

序号 主要责任者（任选）.标准编号, 标准名称[文献类型标志].出版地（任选）: 出版者（任选）, 出版年（任选）.

例如：

[1] GB/T7714—2005, 文后参考文献著录规则 [S]. 北京 : 中国标准出版社 , 2005.

④ 析出文献

序号 析出文献责任者 . 析出文献题名 [文献类型标志]. 析出文献其他责任者 // 专著主要责任者 . 专著题名 : 其他题名信息 . 版本项 . 出版地 : 出版者 , 出版年 : 析出文献的页码 [引用日期]. 获取和访问路径 .

例如：

[1] 徐新 . 阿尔泰运动及相关的地质问题 [M]// 陈毓川 , 王京彬 . 中国新疆阿尔泰山地质与矿产论文集 . 北京 : 地质出版社，2003:1-11.

⑤ 专利文献

序号 专利申请者或所有者 . 专利题名 : 专利国别 , 专利号 [文献类型标志]. 公告日期或公开日期 [引用日期]. 获取和访问路径 .

例如：

[1] 姜锡洲 . 一种温热外敷药制备方案 : 中国 , 88105607.3[P]. 1989-07-26.

⑥ 电子文献

序号 主要责任者 . 题名 : 其他题名信息 [电子文献 / 载体类型标志]. 出版地 : 出版者，出版年（更新或修改日期）[引用日期]. 获取和访问路径 .

例如：

[1] 萧钰 . 出版业信息化迈入快车道 [EB/OL].（2001-12-19）[2002-04-15].http://www.creadercom/news/20011219/200112190019.html.

参考文献采用实引方式，即在文中用上角标（序号 [1]、[2]…）标注，并与文末参考文献表列示的参考文献的序号及出处等信息形成一一对应的关系。

同一文献被多次引用时的著录问题及处理：同一文献在文中被引用多次，只编 1 个首次引用的序号，正文中引文页码或起止页码放在“[ ]”外，与“[ ]”同为上标。

示例：“张某某 [4]15-17……”“张某某 [4]55……”“张某某 [4]70-75……”，文后的参考文献表中不再重复著录页码。

同一处引用多篇文章时的标注问题及处理：同一处引用多篇文献时，只须将各篇文献的序号在方括号内全部列出，各序号间用“,”。如遇连续序号，可“-”标注起止序号。

示例：裴伟 [570，583] 提出……；莫拉德对稳定区的节理模式的研究 [255-256]。

8.3　学术规范与知识产权保护

8.3.1　学术规范

在撰写学位论文过程中我们一定要遵守学术规范。叶继元[①]指出，学术规范是指学术共同体根据学术发展规律参与制定的有关各方共同遵守而有利于学术积累和创新的各种准则和要求，是整个学术共同体在长期学术活动中的经验总结和概括。其包含四层含义：一是学术规范目的或精髓是要求学术积累和学术创新；二是学术规范必须是学术共同体的产物；三是学术规范的表现形式是条文化的、简明扼要的各种要求、规则等；四是学术规范的研究对象是学术活动的全过程，即研究活动的产生、结果、评价等。

学术研究必须要求独创性、批判性和质疑性，必须坚持学术自由、学术独立、学术平等、学术民主，必须强调求真致用、学术积累、学术创新。制定学术规范是为了更好地保障开展学术交流、增进学术积累、加强学术创新。学术规范应包含学术研究程序规范、学术研究方法规范、学术论著撰写规范、学术引文规范、学术论著署名与著作方式规范、学术评价规范和学术批评规范等。

近些年，国家十分重视学术规范与学术道德建设，教育部在2002年通过了《关于加强学术道德建设的若干意见》，2004年制定了《高等学校哲学社会科学研究学术规范》（试行），以端正学术风气，营造良好的学术氛围。

学术道德规范是学术规范的核心部分，是对学术工作者从思想修养和职业道德方面提出的要求，不仅指在学术研究中要坚持实事求是的科学精神和严谨的治学态度，要忠于真理、探求真知，自觉

---

① 叶继元.学术规范通论[M].上海:华东师范大学出版社，2005.

维护学术尊严和学者的声誉，同时还包括树立法制观念，保护知识产权、尊重他人劳动和权益，要严以律己，依照学术规范，按照有关规定引用和应用他人的研究成果，不得剽窃、抄袭他人成果。

王细荣[①] 指出，一般而言，剽窃有以下几种形式：

① 总体的剽窃：整体立论、构思、框架等方面抄袭；

② 直接抄袭：直接地从他人论著中寻章摘句，整段、整页地抄袭；为了隐蔽，同时照搬原著中的引文和注释；

③ 在通篇照搬他人文字的情况下，只将极少数的文字作注，这对读者有严重的误导作用；

④ 为改而改，略更动几个无关紧要的字或换一种句型；

⑤ 错误理解综述的概念："综述"的意义在于，相同或相近的思想出自不同的论者，因而有必要将其归纳整合，形成一种更具有普遍意义的分析视角。抄袭是将部分综述对象照单全收；

⑥ 跳跃颠转式抄袭：从同一源文本中寻章摘句，并不完全遵循源文本的行文次第和论述逻辑；

⑦ 拼贴组合式抄袭：将来自不同源文本的语句拼凑起来，完全不顾这些语句在源文本中的文脉走向。

8.3.2 知识产权保护

学术活动涉及最多的就是知识产权问题，因而，著作权法等知识产权方面的法律法规，是学术活动应遵守的行为准则。

从中国目前的立法现状看，知识产权法仅是一个学科概念，并不是一部具体的制定法。知识产权法律制度主要由著作权法、专利法、商标法、反不正当竞争法等若干法律行政法规或规章、司法解

---

① 王细荣，韩玲，张勤.文献信息检索与论文写作[M].上海:上海交通大学出版社，2006.

释、相关国际条约等共同构成。

《中华人民共和国著作权法》于1990年9月公布，历经2001年和2010年两次修正，自2010年4月1日起施行。《中华人民共和国专利法》于1984年制订，历经三次修订，于2008年12月公布，自2009年10月1日起施行。

我国著作权法要求人们合理使用他人的作品时应遵守三个一般性义务，即：使用的必须是他人已发表的作品；使用时必须指明作者姓名、作品的名称和作品的出处；不得侵犯著作权人依法享有的其他合法权益。如著作权法第十条规定，作者对自己的作品拥有发表权、署名权、修改权、保护作品完整权、复制权等。

违反学术规范应受到舆论的谴责，或相应的惩处，若是有意造假或侵权，就不是学术规范的问题，而是违法行为了，要受到《中华人民共和国著作权法》、《中华人民共和国专利法》等法律的处理。如著作权法规定"剽窃他人作品的"，"应当根据情况，承担停止侵害、消除影响、赔礼道歉、赔偿损失等民事责任"。

案例

学位论文样例（删节版）

论文题目：ASSURE模式在"哥伦比亚在北京"（CIB）暑期汉语项目中的应用

1 绪论

1.1 研究背景

国内得天独厚的目的语环境正吸引着越来越多的海外教学机构"走进来"，采取与国内大学合作办学的形式开办暑期中文项目，进行以汉语作为第二语言的短期速成强化教学。如"普林斯顿在北京"（PIB），"哥伦比亚在北京"（CIB），"哈佛北京书院"

（HBA）等。他们逐渐形成了基于既定教学目标，通过短时间的强化训练、高效率的教学方式，在短期内快速提高学生汉语水平的办学特色。

1.2 研究意义

本文本着“从实践中来”的原则，择定教学设计领域中较为公认的 ASSURE 教学设计模式，对 CIB 的课堂教学进行逐要素、逐环节的解析和设计，探讨教学设计模式与媒体和技术因素在 CIB 课堂教学中的具体应用，构建了基于 ASSURE 模式的课堂教学操作流程图，为其他在华暑期汉语项目乃至国内短期汉语强化教学项目的改进和提高提供了理论和方法上的借鉴。

2 研究现状综述

2.1 在华暑期汉语项目研究综述

1966 年，美国明德学校（Middlebury College）创办了第一所暑期中文学校，取得了巨大的成功，教学效果得到了广泛的认同，其办学方式以及教学模式对 PIB、CIB、HBA 等在华短期汉语强化教学项目影响巨大。

2.2 CIB 暑期汉语项目的研究现状及分析

2.2.1 CIB 暑期汉语项目简介

CIB 暑期汉语项目是美国哥伦比亚大学东亚语言文化系中文部在常规语言课程之外在北京设置的短期强化教学项目。自 1997 年举办首期以来，已经成功举办了 14 期。CIB 每期学制九周，划分为以四周为单位的两个阶段，中间休假一周。根据学生汉语水平分为四个年级，由美国哥伦比亚大学和北京当地的教师合作进行教学。

课程以强化的课堂教学为主，辅以复习操练和专业教师的个别辅导、谈话。此外 CIB 还安排了丰富的课外活动，如自助语言实践、欣赏中文电影、举办汉语演讲比赛，提供入住中国家庭的机会，开展“家住”计划，促进语言学习。

2.2.2 CIB 暑期汉语项目研究综述

目前有4篇专门介绍和研究CIB的文章，还有4篇在讨论相关问题时涉及了CIB。研究成果主要集中在项目的理论探讨、实施过程、个案研究。其中理论探讨包含两方面，一是教学理念，二是教学法。高晨（2007）对CIB个案的行为和意义建构做出了解释，最终构建了CIB课堂教学模式流程图。

综上所述，目前关于CIB的研究主要集中在微观层面的描写、分析和讨论，以经验介绍性研究为主，尚无专门探讨针对CIB如何有效运用教学手段，特别是教学媒体和技术手段的研究，更没有如何将媒体和技术整合到CIB课堂教学活动中的教学设计模式研究。

2.3 ASSURE 模式的研究现状及分析

2.3.1 相关概念的界定

教学设计、模式、教学设计模式的界定。

2.3.2 ASSURE 模式的提出与内涵

ASSURE教学设计模式是美国罗伯特·海涅克（Robert Heinich）等人1982年在他们的著作《教学媒体与技术》（Instructional Media and Technologies for Learning）一书中提出的一个教学设计模式。

ASSURE模式是对整个教学设计的计划和执行过程的系统化和步骤化，其名称“ASSURE”是教学设计过程中六个环节的首字母缩写，每个字母分别代表设计过程中的一个环节。即：分析学习者（Analyze Learners），陈述教学目标（State Objectives），选择教学方法、媒体和材料（Select Methods，Media and Materials），利用媒体和材料（Utilize Media and Materials），要求学习者参与（Require Learner Participation），评价和修正（Evaluate and Revise）（海涅克等，1982）。六个环节前后勾连，环环相扣，便于教师针对课堂教学活动的具体需求生成具有个性化的教学设计方案和执行方案，从而“确保”（assure）真实课堂环境中教学媒体与技术运用的有效性。“ASSURE”是一个巧妙的双关语。

2.3.3 ASSURE 教学设计模式的特点

ASSURE 模式是对学习理论和教学理论的有效转化。除了具有教学设计模式的整体性、理论性特征外，还具有简明性、创新性、实用性。

2.3.4 ASSURE 模式在非语言教学领域和语言教学领域的应用现状

ASSURE模式在国外的应用已经比较成熟，其应用领域很广，几乎涉及了各个层次和各个学科领域的教学实践。

与非语言教学领域的广泛应用相比，ASSURE 模式在国内外语言教学领域中的推广和运用还相对较少。关于汉语作为第一语言教学和汉语作为第二语言教学的问题，有两位台湾学者运用 ASSURE 模式进行了相关探索。

徐娟（2009，2010）结合对外汉语的学科特色，设计了 ASSURE 模式在数字化对外汉语教学应用中的操作流程，为目前还没有完全驾驭媒体技术和教学设计方法的对外汉语教师科学进行教学设计提供了依据。

3 研究内容和方法

3.1 研究内容

本文重点研究ASSURE模式在CIB暑期汉语项目中的应用。即：

（1）ASSURE 模式与 CIB 暑期汉语项目相结合的可行性研究

通过文献综述，找到 ASSURE 教学设计模式与 CIB 暑期汉语项目教学实践之间的契合点，充分分析理论与教学实践相结合的可行性。

（2）ASSURE 教学设计模式在 CIB 暑期汉语项目中的应用流程研究

本文分析了该模式在 CIB 项目中进行教学设计的具体过程和操作流程，并尝试以思维导图的形式构建一个针对 CIB 暑期汉语项目的简单实用的教学设计框架。

（3）ASSURE 教学设计模式在 CIB 暑期汉语项目教学设计中的实证研究

本课题研究过程将始终与实践相结合。在 CIB 教学实践中按照 ASSURE 教学设计模式提供的普适性的教学步骤对课程进行具体化的有针对性的教学设计，并通过对比实验进行实证调查研究。

3.2　研究方法

（1）文献研究法

检索并整理国内外相关文献；研究分析国内外教学设计 ASSURE 模式的理论阐释和应用实例。

（2）行动研究法

在理论研究的过程中始终紧密结合课堂教学实践，在进行课堂教学跟踪之前，根据已有教学经验进行课堂教学的预分析；对学生进行问卷调查，获取相关数据。在课堂教学跟踪过程中，根据教学进度对相关课程进行相应的教学设计，通过听课观察教师和学生的课堂教学情况；通过与老师、学生以口头交谈的方式搜集教师的自评或感受及学生客观评价等材料。

4　结语

本文做了以下主要工作：

（1）以通用的 ASSURE 模式为过程指导设计其在 CIB 课堂教

学设计中的应用流程。将教学技术和媒体引入CIB课堂教学，并通过科学合理的教学设计实现CIB教学系统内部各要素的优化配置。

（2）以ASSURE模式在CIB课堂教学设计中的应用流程为框架，设计其在CIB微观课堂教学中的案例，并进行教学实践和反思性总结，为ASSURE模式走进暑期中文项目课堂提供了具有操作性的依据。

由于担任CIB教学时间短，本文还存在着未能在CIB各年级间进行长时段的教学实验，没有进行对比实验分析等缺陷。

参考文献

[1] Robert Heinich, Michael Molenda, James D. Russell, Sharon E. Smaldino 著 . 郭文革，译 . 教学媒体与技术（第八版）. 北京：高等教育出版社，2008.

[2] 高晨 . "哥伦比亚在北京"暑期汉语项目个案研究 . 北京语言大学硕士学位论文，2007.

[3] 徐娟 . ASSURE 模式在数字化对外汉语教学中的应用 . 数字化汉语教学专题研究——新模式、新方法、新技术、新产品 . 北京：清华大学出版社，2009.

[4] 徐娟 . ASSURE 模式对对外汉语教师的启示 . 教育传播与技术，2010（2）.

思考与练习题

1. 学位论文一般包括哪几个部分？

2. 练习一下参考文献中专著、析出文献、连续出版物的著录方法。

参考文献

[1] 笪佐领，陈馥瑛主编．网络信息检索及应用教程 [M]. 南京：南京大学出版社，2011.

[2] 段明莲，张久珍，李凤棠．学位论文撰写与参考文献著录规范 [M]. 北京：北京大学出版社，2009.

[3] 樊爱国，薛德钧．现代信息检索 [M]. 北京：北京大学出版社，2006.

[4] 符绍宏等．因特网信息资源检索与利用（第二版）[M]. 北京：清华大学出版社，2005.

[5] 高润芝．现代信息资源检索与利用（第二版）[M]. 北京：经济管理出版社，2007.

[6] 高祀亮，顾海明．人文社科信息检索 [M]. 北京：社会科学文献出版社，2010.

[7] 吉家凡，杨连珍，李明等．网络信息检索 [M]. 武汉：华中科技大学出版社，2010.

[8] 靳小青．信息检索 [M]. 北京：人民邮电出版社，2010.

[9] 李朝云，傅正．现代信息检索与利用 [M]. 合肥：安徽大学出版社，2006.

[10] 刘俊熙，王立义主编．信息检索 [M]. 北京：北京图书馆出版社，2002.

[11] 刘日升主编．外语信息检索概论 [M]. 大连：辽宁师范大学出版社，2009.
[12] 卢小宾，李景峰主编．信息检索 [M]. 北京：科学出版社，2003.
[13] 陆宏弟．慧科报刊新闻数据库的检索 [J]. 情报理论与实践，2003，(1)：75-79.
[14] 罗志尧，胡优新，张永红．文献信息检索与利用 [M]. 北京：科学技术文献出版社，2003.
[15] 马文峰．人文社会科学信息检索 [M]. 北京：北京图书馆出版社，2004.
[16] 马文峰．信息检索教程 [M]. 北京：北京图书馆出版社，2009.
[17] 毛一国，卓勇．实用社会科学文献信息检索 [M]. 杭州：浙江大学出版社，2005.
[18] 南开大学中文系．中国语言文学系学生阅读书目（修订本）[M]. 天津：南开大学中文系，1996.
[19] 彭奇志主编．信息检索与利用教程 [M]. 北京：中国轻工业出版社，2006.
[20] 彭志宏，王家驹主编．现代图书馆信息检索与利用 [M]. 郑州：郑州大学出版社，2008.
[21] 乔好勤，冯建福，张材鸿．文献信息检索与利用 [M]. 武汉：华中科技大学出版社，2008.
[22] 邱力军．新编计算机基础与应用 [M]. 西安：第四军医大学出版社，2002.
[23] 沈固朝主编．网络信息检索：工具•方法•实践 [M]. 北京：高等教育出版社，2004.
[24] 王彬．INTERNET 应用与信息检索 [M]. 北京：科学出版社，2005.

[25] 王立清主编．信息检索教程 [M]. 北京：中国人民大学出版社，2008.
[26] 王细荣，韩玲，张勤．文献信息检索与论文写作 [M]. 上海：上海交通大学出版社，2006.
[27] 王彦坤．文史文献检索教程 [M]. 北京：商务印书馆，2010.
[28] 肖东发，李武．学位论文写作与学术规范 [M]. 北京：北京大学出版社，2009.
[29] 肖珑主编．数字信息资源的检索与利用 [M]. 北京：北京大学出版社，2003.
[30] 谢德体，陈蔚杰，徐晓琳主编．信息检索与分析利用 [M]. 北京：清华大学出版社，2007.
[31] 徐天秀主编．信息检索 [M]. 北京：科学出版社，2006.
[32] 严大香主编．社会科学信息检索 [M]. 南京：东南大学出版社，2006.
[33] 杨涛．两个报纸全文数据库之比较研究 [J]. 图书情报工作，2006，(4)：135-138，142.
[34] 叶继元．学术规范通论 [M]. 上海：华东师范大学出版社，2005.
[35] 叶鹰主编．信息检索：理论与方法 [M]. 北京：高等教育出版社，2004.
[36] 于光．信息检索 [M]. 北京：电子工业出版社，2010.
[37] 袁津生．搜索引擎与信息检索教程 [M]. 北京：中国水利水电出版社，2008.
[38] 詹德优等. 中文工具书使用法（增订本）[M].北京：商务印书馆，1996.
[39] 张辉．信息检索与利用 [M]. 济南：山东人民出版社，2006.
[40] 赵国璋，朱天俊，潘树广主编．社会科学文献检索（增订本）[M]. 北京：北京大学出版社，2005.

[41] 朱强，戴龙基，蔡蓉华主编．中文核心期刊要目总览 [M]. 北京：北京大学出版社，2008.

[42] 邹秀英，舒悦．英汉—汉英图书馆实用核心词汇 [M]. 北京：国家图书馆出版社，2010.

[43] GB/T7714—2005，文后参考文献著录规则 [S]. 北京：中国标准出版社，2005.

[44] GB/T7713.1—2006，学位论文编写规则 [S]. 北京：中国标准出版社，2006.

[45] W. Bruce Croft 等．搜索引擎：信息检索实践 [M]. 刘挺等，译．北京：机械工业出版社，2009.

[46] 百度百科 PressDisplay. [2012-6-11]. http://baike.baidu.com/view/3233514.htm.

[47] 超星数字图书馆帮助中心． [2012-6-5]. http://sslibbook2.sslibrary.com/help/fq.htm.

[48] 大学数字图书馆国际合作计划 帮助． [2012-6-5]. http://www.cadal.zju.edu.cn/User_manual.htm.

[49] 电子期刊导航 (eJnavor). [2012-6-11].

[50] 慧科搜索． [2012-6-11]. http://cn.wisesearch.wisers.net.cn/cnws/index.do.

[51] 慧科搜索用户手册 百度文库． [2012-6-11]. http://wenku.baidu.com/view/5b5075a7f524ccbff121844c.html.

[52] 慧科新闻． [2012-6-11]. http://wisenews.wisers.net.cn/wisenews/index.do.

[53] 万方数据知识服务平台． [2012-6-8] . http://www.wanfangdata.com.cn/.

[54] 维普期刊资源整合服务平台 . [2012-6-7] . http://lib.cqvip.com/.
[55] 中国人民大学书报资料中心 . [2012-6-8] . http://rdbk.clcn.net.cn/.
[56] 中国知网 . [2012-6-6] .http：//dlib.edu.cnki.net.
[57] 中国国家图书馆特色资源（博士论文）. [2012-6-7] . http://res4.nlc.gov.cn/home/index.trs?channelid=3.
[58] CINFO 现代信息 . [2012-6-11]. http://www.cinfo.net.cn/index.htm.
[59] EBSCOhost. [2012-6-11] . http://search.china.epnet.com.
[60] eduChina 中国高等教育数字图书馆 . [2012-6-7] . http://www.calis.edu.cn/calisnew/.

附录一　常见术语中英文对照表

中　　文	英　　文
信息素养	information literacy
信息检索	information retrieval
图书馆	library
国家图书馆	national library
公共图书馆	public library
大学图书馆	college library; university library
专业图书馆	special library
数字图书馆	digital library
掌上图书馆	handheld library
呈缴本	legal deposit copy
采访部	acquisition department
编目部	cataloguing department
流通部	circulation department
阅览室	reading room
参考咨询部	reference department
信息共享空间	information commons
开放时间	opening hours
入馆指南	library orientation; library instruction
读者证件	patron ID; user ID
本馆用户	affiliated users
本地馆藏	local holdings

续表

中　文	英　文
本馆未藏	not owned by library
藏书地点	location
书库	stack room
开架式	open shelves
闭架式	closed shelves
出纳台	circulation desk
咨询服务	reference service
常见问题解答	frequently asked questions, FAQ
借书证	reader’s card
排架	shelving
按书籍分类号排架	shelving by classification number
按书籍索书号排架	shelving by call number
按书籍主题排架	shelving by subject
典藏	book reservation
著录	description
标引	indexing
分类	classifying
编目	cataloguing
自然语言	natural language
人工语言	artificial language
受控语言	controlled language
中国图书馆图书分类法	Chinese Library Classification, CLC
四部分类法	four-fold bibliographic classification system
美国国会图书馆分类法	Library of Congress Classification, LCC
汉语主题词表	Chinese thesaurus

续表

中　　文	英　　文
索书号	call number
卡片目录	card catalogue
机读目录	machine-readable catalogue
在线公共检索目录	online public access catalogue
新书通报	new books announcement
联合目录	union catalogue
目录室	catalogue room
分类目录	classified catalogue
书名目录	title catalogue
著者目录	author catalogue
主题目录	subject catalogue
馆际互借	interlibrary loan
国际互借	international loan
文献传递	document delivery
款目	entry
题名	title
复本	further copy
借出	in circulation; out
不在架上	not on shelf
不外借	not for circulation; non-circulating
图书借阅记录	circulation record
到期日期	due date; date of return; on expiration
催还通知	overdue notice; recall notice
超期罚款	overdue fines
续借	renewal

续表

中　　文	英　　文
预约借书	book reserving
自助借书机	self-checkout
代书板	book dummy
存取	access
人工标引	manual indexing
查全率	recall ratio
查准率	relevance ratio
工具书	reference book
汉语拼音排检法	filing rules by Chinese phonetic alphabet
笔画笔形排检法	filing rules by strokes
部首排检法	filing rules by radicals
数据库	database
登录	logon
注销	logout
数字化对象识别符	digital object identifier, DOI
检索功能	retrieval function
浏览	browse
基本检索	basic search
简单检索	simple search
高级检索	advanced search
模糊匹配	fuzzy match
精确匹配	exact match
菜单式检索	menu driven search
跨库检索	multi-database search
词频	term frequency

续表

中　　文	英　　文
顺查法	search in chronological order
倒查法	search in reverse chronological order
抽查法	sample checking
循环法	cycling search
检索词	search term
停用词	stop word
上位词	broader term
下位词	narrower term
任意词检索	free text search
全文检索	full-text retrieval
布尔逻辑检索	Boolean search
布尔逻辑算符	Boolean operator
截词，截断	truncation
字段检索	field search
限定检索	refined search
排序	sorting
相关度	degree of relevance
响应时间	response time
二次文献	secondary document
三次文献	tertiary document
现刊	current periodical
核心期刊	core journal
影响因子	impact factor
报纸	newspaper
学位论文	dissertation

续表

中　　文	英　　文
会议文献	proceedings
政府出版物	government publication
档案文献	archival document
视听资料	audiovisual materials
普通图书	general book
线装	stitch/thread bound
善本	rare book
书脊	book ridge
国际标准书号	International Standard Book Number, ISBN
国际标准刊号	International Standard Serial Number, ISSN
前言	foreword
跋（后记）	postface; postscript
版本说明	edition statement; printer's imprint
回溯书目	retrospective bibliography
索引（引得）	index
文摘	abstract
词典	dictionary
双语词典	bilingual dictionary
语料库	corpus
百科全书	encyclopedia
手册	handbook; manual
传记词典	biographical dictionary
地名辞典	gazetteer
地图	map
年鉴	yearbook; almanac; annual

续表

中　文	英　文
年表	chronology; chronological table
历表	calendar table; calendrical concordance
辅助索引	auxiliary index
搜索引擎	search engine
学科导航	subject navigation
开放存取	open access
参考文献	bibliography; references
版权	copyright
知识产权	intellectual property

附录二　中国大陆高校图书馆名录

图书馆名称	图书馆网址
北京	
北京大学图书馆	http://www.lib.pku.edu.cn/portal/
清华大学图书馆	http://lib.tsinghua.edu.cn/dra/
北京师范大学图书馆	http://www.lib.bnu.edu.cn/index.jsp
北京语言大学图书馆	http://lib.blcu.edu.cn/
中国人民大学图书馆	http://www.lib.ruc.edu.cn/
中国政法大学图书馆	http://www.cupl.edu.cn/library/
北京外国语大学图书馆	http://202.204.132.179/
中央财经大学图书馆	http://202.205.213.102/
北京邮电大学图书馆	http://www.lib.bupt.edu.cn/
北京理工大学图书馆	http://lib.bit.edu.cn/
北京工业大学图书馆	http://lib.bjut.edu.cn/
北京化工大学图书馆	http://www.lib.buct.edu.cn/
北京航空航天大学图书馆	http://lib.buaa.edu.cn/
中国传媒大学图书馆	http://lib.cuc.edu.cn/
中国农业大学图书馆	http://www.lib.cau.edu.cn/
对外经济贸易大学图书馆	http://lib.uibe.edu.cn/
中央民族大学图书馆	http://www.lib.muc.edu.cn/
华北电力大学（北京）图书馆	http://library.ncepu.edu.cn/
中国矿业大学（北京）图书馆	http://lib.cumtb.edu.cn/
北京交通大学图书馆	http://lib.njtu.edu.cn/

续表

图书馆名称	图书馆网址
北京科技大学图书馆	http://lib.ustb.edu.cn/
北京林业大学图书馆	http://www.lib.bjfu.edu.cn/
中央音乐学院图书馆	http://library.ccom.edu.cn/
北京中医药大学图书馆	http://202.204.33.222
中国地质大学（北京）图书馆	http://lib.cugb.edu.cn/
中国石油大学（北京）图书馆	http://www.cup.edu.cn/library/
北京体育大学图书馆	http://lib.bsu.edu.cn/
天津	
南开大学图书馆	http://www.lib.nankai.edu.cn/
天津大学图书馆	http://www.lib.tju.edu.cn/n17397/index.html
天津医科大学图书馆	http://lib.tijmu.edu.cn/
河北	
华北电力大学（保定）图书馆	http://202.206.214.254/
河北工业大学图书馆	http://lib.hebut.edu.cn/
燕山大学图书馆	http://library.ysu.edu.cn/
山西	
太原理工大学图书馆	http://202.207.250.15/
内蒙古	
内蒙古大学图书馆	http://202.207.0.244/portal/portal/
上海	
上海交通大学图书馆	http://www.lib.sjtu.edu.cn/
复旦大学图书馆	http://www.library.fudan.edu.cn/
同济大学图书馆	http://www.lib.tongji.edu.cn/
华东师范大学图书馆	http://www.lib.ecnu.edu.cn/
上海外国语大学图书馆	http://lib.shisu.edu.cn/

续表

图书馆名称	图书馆网址
东华大学图书馆	http://library.dhu.edu.cn/
华东理工大学图书馆	http://202.120.96.42/
上海大学图书馆	http://202.120.121.193/
上海财经大学图书馆	http://www.lib.shufe.edu.cn/
安徽	
中国科学技术大学图书馆	http://lib.ustc.edu.cn/lib/
合肥工业大学图书馆	http://210.45.242.3/
福建	
厦门大学图书馆	http://210.34.4.20/cn/
江西	
南昌大学图书馆	http://lib.ncu.cn/
广东	
中山大学图书馆	http://library.sysu.edu.cn/
暨南大学图书馆	http://lib.jnu.edu.cn/
华南理工大学图书馆	http://www.lib.scut.edu.cn/
华南师范大学图书馆	http://lib.scnu.edu.cn/
广西	
广西大学图书馆	http://www.lib.gxu.edu.cn/
海南	
海南大学图书馆	http://210.37.32.30/
山东	
中国海洋大学图书馆	http://www.ouc.edu.cn/index.htm
山东大学图书馆	http://www.lib.sdu.edu.cn/
中国石油大学（华东）图书馆	http://202.194.153.210:8080/

续表

图书馆名称	图书馆网址
江苏	
南京大学图书馆	http://www.njulib.cn/
东南大学图书馆	http://58.192.117.2/
苏州大学图书馆	http://library.suda.edu.cn/
南京师范大学图书馆	http://202.119.108.114
中国矿业大学（徐州）图书馆	http://lib.cumt.edu.cn/
中国药科大学图书馆	http://202.119.185.11/
河海大学图书馆	http://lib.hhu.edu.cn/
南京理工大学图书馆	http://lib.njust.edu.cn/
江南大学图书馆	http://lib.sytu.edu.cn/
南京农业大学图书馆	http://libwww.njau.edu.cn/
南京航空航天大学图书馆	http://lib.nuaa.edu.cn/
浙江	
浙江大学图书馆	http://libweb.zju.edu.cn/libweb/
河南	
郑州大学图书馆	http://lib.zzu.edu.cn/
湖北	
武汉大学图书馆	http://www.lib.whu.edu.cn/
武汉理工大学图书馆	http://lib.whut.edu.cn/
华中师范大学图书馆	http://lib.ccnu.edu.cn/
中国地质大学（武汉）图书馆	http://www.lib.cug.edu.cn/
华中科技大学图书馆	http://www.lib.hust.edu.cn/
中南财经政法大学图书馆	http://lib.znufe.edu.cn/
华中农业大学图书馆	http://lib.hzau.edu.cn/

续表

图书馆名称	图书馆网址
湖南	
湖南大学图书馆	http://lib.hnu.cn/
湖南师范大学图书馆	http://lib.hunnu.edu.cn/
中南大学图书馆	http://lib.csu.edu.cn/
黑龙江	
哈尔滨工业大学图书馆	http://www.lib.hit.edu.cn/
哈尔滨工程大学图书馆	http://lib.hrbeu.edu.cn/
东北农业大学图书馆	http://lbr.neau.edu.cn/
东北林业大学图书馆	http://lib.nefu.edu.cn/
吉林	
吉林大学图书馆	http://lib.jlu.edu.cn/
东北师范大学图书馆	http://www.library.nenu.edu.cn/
延边大学图书馆	http://www.lib.ybu.edu.cn/
辽宁	
大连理工大学图书馆	http://www.lib.dlut.edu.cn/
辽宁大学图书馆	http://library.lnu.edu.cn/
东北大学图书馆	http://www.lib.neu.edu.cn/
大连海事大学图书馆	http://lib.dlmu.edu.cn/
陕西	
西安交通大学图书馆	http://www.lib.xjtu.edu.cn/
西北大学图书馆	http://lib.nwu.edu.cn/
西北工业大学图书馆	http://tushuguan.nwpu.edu.cn/
长安大学图书馆	http://lib.chd.edu.cn/
西北农林科技大学图书馆	http://lib.nwsuaf.edu.cn/
陕西师范大学图书馆	http://www.lib.snnu.edu.cn/

续表

图书馆名称	图书馆网址
西安电子科技大学图书馆	http://202.117.122.28/
甘肃	
兰州大学图书馆	http://lib.lzu.edu.cn/
宁夏	
宁夏大学图书馆	http://www.lib.nxu.edu.cn/
青海	
青海大学图书馆	http://210.27.181.200/
新疆	
新疆大学图书馆	http://www.lib.xju.edu.cn/NTPT-web/
石河子大学图书馆	http://lib.shzu.edu.cn/
重庆	
重庆大学图书馆	http://lib.cqu.edu.cn/
西南大学图书馆	http://www.lib.swu.edu.cn/
四川	
四川大学图书馆	http://202.115.54.22/
西南交通大学图书馆	http://202.115.72.120/
电子科技大学图书馆	http://www.lib.uestc.edu.cn/
四川农业大学图书馆	http://www.lib.sicau.edu.cn/
西南财经大学图书馆	http://www.lib.swufe.edu.cn/
云南	
云南大学图书馆	http://www.lib.ynu.edu.cn/
贵州	
贵州大学图书馆	http://lib.gzu.edu.cn/
西藏	
西藏大学图书馆	http://lib.utibet.edu.cn/